杨 巨 —— 著

国有企业利润分配制度改革

Reform of Profit Distribution System in SOEs

Dynamic
Tracking and Effect
Evaluation

动态跟踪
与效果评估

社会科学文献出版社
SOCIAL SCIENCES ACADEMIC PRESS (CHINA)

本书是国家社科基金青年项目"中央企业利润分配制度改革的动态跟踪与效果评估研究"（17CJL030）和博士后科学基金面上项目"国有企业利润分配制度改革的动态跟踪与效果评估研究"（2015M572257）的成果。

摘　要

改革开放以来，我国的国有企业不断发展壮大，但是关于国有企业利润分配制度改革及其成效的争论没有消减。当前争论的焦点是：国有资本经营预算改革如何影响企业效率与社会公平。之所以存在争议，是因为没有对国有资本经营预算改革进行全过程跟踪，理论上缺乏包容性较强的综合分析范式，实证上没有对改革过程进行系统的效果评估。深化国有资本经营预算改革，关系到贯彻落实习近平总书记对国有企业改革的重要指示，关系到国有企业的健康发展、供给侧结构性改革的成功和社会公平正义，因此有必要对此进行详细的研究。

本书按照"理论框架构建—大国历史跟踪—国企长期历史—中央非金融企业—中央金融企业—国外经验借鉴—提出改革建议"的研究思路展开分析。首先借鉴马克思的利润分配思想，将利润分配制度分为利润初次分配制度和利润再分配制度，按照"社会目标/社会关系—利润分配制度—积累的动态"的基本思路，构建了国有企业和中央企业利润分配制度改革的动态跟踪与效果评估框架；重新梳理第一次工业革命以来英美日中四国的发展历史，追踪利润分配制度演进与工业生产力变迁过程，明确国企利润分配制度改革在中国经济发展过程中的重要作用；接着定位国有资本经营预算改革的历史坐标，并将其放在国企利润分配制度改革的历史进程中，从利润初次分配和利润再分配两个维度，对新中国成立以来国企利润分配制度改革重新进行阶段划分，以较好地解释国有企业的长期积累效率变迁情况；然后从收入预算和支出预算两个方面，对中央国有资本经营预算改革进行详细的动态跟踪与多维效果评估；之后结合 2020 年发布的文件，以四大行作为研究对象，分析我国进行中央国有金融资本经营预算的必要性，并分析继续提高四大行现金分红率的可行性；此后考察挪威和法国等七个国家的国企利润分配制度，明确我国国有企业利润分配制度的阶段性特点与可能的改革方向；最后结合之前的研究结论，从总体思路、政策重点和保障措施三个方面，提出国有企业利润分配制度改革的政策建议。

基于该研究思路，本书得到了以下五个主要观点。第一，新中国成立以来，国企利润分配制度改革是国企积累效率变迁的重要原因，在改革开放之后的较长时间里，国企积累效率之所以不断下降，重要原因是国企社会性负担较重，国企创造的利润被大量用于进行福利房、医院和学校建设等非生产性投资方面。第二，中央非金融企业的利润上缴已经开始抑制企业利润率提升，接下来需要加强对中央企业的民主管理，以更好地实现生产资料所有权和利润控制权相匹配，实现更大程度的生产资料节约，同时尝试改变利润上缴的方式，为此可以先评估企业的长期回报，再确定长期利润的上缴比例。第三，中央国有资本经营支出主要用于中央非金融企业自身的改革与发展，这些生产性支出在一定范围内表现出较高的经济效率，但是部分支出的经济效率较低，接下来要提高生产性支出的效率，以将更多的收益用于民生领域。第四，中央金融企业实际上已经将部分利润上缴中央财政，但是我国针对现有利润上缴缺乏统一的预算管理框架，因此有必要进行国有资本经营预算；相较于中央非金融企业，中央金融企业现有利润上缴比例更高，上缴的利润主要进入公共财政，并且现行"汇金模式"较为成熟，因此需要进行相对独立的中央国有金融资本经营预算。第五，国外国有企业的利润上缴比例普遍较高，但是上缴的利润并非全部用于国家公共开支，较多的国家已经形成或者正在探索不同的利润再分配方式，以更好地支持国家创新发展和为国民提供长远的福利。

有别于其他研究，本书主要有五个创新点。第一，基于利润初次分配制度、利润再分配制度、积累的动态、生产资料所有权、社会目标和社会关系等核心概念，构建国有企业和中央企业利润分配制度改革的马克思主义经济学理论分析框架。第二，从利润初次分配和利润再分配两个维度，对新中国成立以来的国企利润分配制度改革重新进行阶段划分，并以此解释国有企业的长期积累效率变迁情况。第三，从收入预算和支出预算两个方面，对中央国有资本经营预算改革进行详细的动态跟踪，同时评估其商业性效应和社会性效应。第四，结合 2020 年发布的文件分析进行中央国有金融资本经营预算的必要性，探讨四大行现金分红率变动的内在逻辑以及进一步提高现金分红率的前提条件。第五，从利润初次分配和利润再分配两个方面，对挪威、法国、英国、瑞典、芬兰、新西兰和新加坡七个国家的国企利润分配制度进行详细的研究与横向比较。

目　录

第1章
绪论

1.1 争议焦点：国有企业利润分配制度改革
如何影响效率与公平

改革开放以来，我国国有企业不断发展壮大，然而关于国有企业利润分配制度改革的争论却没有减少。当前争论的焦点是：国有资本经营预算制度改革如何影响国企经营效率和社会公平正义。很多研究认为，国有资本经营预算制度改革要全面铺开，以在较大程度上提高利润上缴比例，不仅有利于促进社会公平，也有利于加强企业治理、提升企业效率（《有效约束、充分自主：中国国有企业分红政策进一步改革的方向》，2010；白重恩，2016）；不过，有学者持保留态度，认为国有资本经营预算制度改革要慎重推进，否则就是"寅吃卯粮""杀鸡取卵"（孟建民，2011；林岗、张晨，2013）。关键的问题是，没有对国有资本经营预算制度改革进行全过程跟踪，理论上缺乏包容性较强的综合分析范式，经验上没有对改革过程进行系统的效果评估。深化国有资本经营预算制度改革，关系到贯彻落实习近平总书记对国有企业改革的重要指示，关系到国有企业的健康发展、供给侧结构性改革的成功和社会公平、人民幸福，因此有必要对其进行详细的研究。

有鉴于此，本书着重研究如下四个问题。第一，能否在理论上，基于马克思的利润分配思想，构建一个能够用于考察利润运动全过程的马克思主义经济学理论分析框架？第二，能否从利润运动全过程角度，对包括中央金融企业在内的国有企业利润分配制度改革，进行长期和全面的动态跟踪，从而为效果评估打下坚实的基础？第三，能否在动态跟踪的基础上，基于马克思主义经济学理论分析框架，对国有企业利润分配制度改革进行系统和多维的效果评估？第四，在完成这些工作之后，能否针对国有企业利润分配制度改革提出具体可行的政策建议和保障措施？

我们的基本思想是：马克思主义将资本积累看作不断重复的利润再投资过程，利润初次分配与利润再分配是利润运动过程中至关重要的两个环节，只有同时从这两个环节进行考察，才能对国有企业利润分配制度进行全面的动态跟踪和系统的效果评估。本书试图立足《资本论》中的理论和方法，以"剩余产品"相关理论为指导，将利润分配制度改革分为利润初次分配制度改革和利润再分配制度改革，建立马克思主义经济学理论框架，对国有企业利润分配制度改革进行较长时间和较全面的动态跟踪，从效率和公平等多个角度进行效果评估，为国有企业深化利润分配制度改革提供有价值的政策建议。

1.2 争议缘起：马克思主义经济学视域下的利润分配研究

在马克思主义政治经济学中，利润分配是资本主义分配过程的重要组成部分。资本主义分配过程可分为三个层次：第一层次是新价值在工人阶级和资本家阶级之间的分配，新价值包括劳动力价值和剩余价值；第二层次是剩余价值在产业资本和商业资本之间的分配，在这个过程中，剩余价值转化为利润，部门利润率趋于平均化；第三层次是产业资本和商业资本将部分剩余价值以利息的形式让渡给金融资本家，以管理者报酬的形式支付给管理层，以地租的形式让渡给土地所有者，以税收的形式上缴国家（张宇等，2016），其中，第二层次和第三层次可视作广义上的利润分配。

产业资本呈现利润率平均化趋势。一方面，如果资本可以在不同部门间自由流动，那么部门间的利润率差距将在资本竞争过程中趋于缩小，呈现利润率平均化趋势；另一方面，利润率平均化并不意味着部门间的利润率差距为零，较高的固定资本比例、较高的垄断程度都会导致部门间资本流动困难，进而使利润率存在长期的明显差异（张宇等，2016）。对于我国的产业结构调整和产业重组转型升级来说，利润率平均化理论指出当前的首要任务是破除资本流动面临的体制机制障碍，促进资本等要素跨部门流动（刘平，2001）。

超额利润是普遍存在的。经济理论可划分为静态理论和动态理论，静态理论即资源配置，动态理论即经济发展，在经济发展过程中，技术创新是普遍存在的，超额利润也是普遍存在的（杨锦英、肖磊，2015）。个别企业通过技术创新，率先提高劳动生产率，获得超额利润，即可能从以下两个来源获得超额利润：一是来自部门其他企业的价值转移；二是来自其他部门的价值转移（孟捷，2005）。随着技术的发展和劳动生产率的普遍提高，个别企业的超额利润消失，这实际上是一种部门内竞争的动态平面结构。在现代企业中，暗默知识仍然普遍存在，企业组织知识存在专用性，"帷幕撕碎论"① 并不成立，部门内企业之间可能围绕各自产品的性价比展开竞争，超额利润并不会随着竞争而消失，从而完成从动态平面结构到动态层级结构的转变（孟捷、冯金华，2015）。

商业资本获得平均利润。产业资本家选择将商品以低于生产价格的价格出售给商业资本家，商业资本家再将商品以生产价格出售，两者之间的差额构成了商业利润的来源。商业运作活动可以分为生产性活动和非生产性活动，生产性活动包括包装、运输等活动，生产性活动创造价值；非生

---

① "很能说明问题的是，各种特殊的手艺直到 18 世纪还称为 mysteries（mystères）[秘诀]，只有经验丰富的内行才能洞悉其中的奥妙。这层帷幕在人们面前掩盖他们自己的社会生产过程，使各种自然形成的分门别类的生产部门彼此成为哑谜，甚至对每个部门的内行都成为哑谜。大工业撕碎了这层帷幕。大工业的原则是，首先不管人的手艺怎样，把每一个生产过程本身分解成各个构成要素，从而创立了工艺学这门完全现代的科学。社会生产过程的五光十色的、似无联系的和已经固定化的形态，分解成为自然科学的自觉按计划的和为取得预期有用效果而系统分类的应用。"《资本论》（第一卷），人民出版社，2004，第 559 页。孟捷、冯金华（2015）将这个观点概括为"帷幕撕碎论"。

产性活动是指买卖活动本身和买卖活动所需耗费的物质材料和劳动力，非生产性活动是剩余价值的一部分。因此，商业资本家购进商品和出售商品之间的差额，扣除购买物质材料和劳动力成本之后的余额，才是商业利润（张宇等，2016）。如果商业资本只在一个产业资本的周转过程中起中介作用，那么商业资本规模必须大于产业资本规模；如果商业资本在多个产业资本的周转过程中起中介作用，并且商业资本的周转速度快于产业资本，那么商业资本规模就可以小于产业资本规模，并最终确定商业利润（沈民鸣，2010）。

金融资本取得利息收入。客观上，金融资本满足了产业资本和商业资本加速扩大生产规模的需要，促进了资本循环和资本积累，产业资本和商业资本进而将一部分剩余价值以利息的形式"给予"金融资本。利息的部分用于补偿金融资本购买物质材料和雇用劳动力的支出，剩余部分成为金融利润。利息率不能高于利润率，也不能低于零，具体数值由资本的供求关系决定，后者并非外生，而是内生于资本积累过程，因此，利息率也内生于资本积累过程（张宇等，2016）。也有学者认为，"资本革命"导致出现专业资本经营者，他们的劳动创造价值，因此，应该与专业资本经营者分享剩余价值（史正富，2002），亦应该与其分享超额利润（杨锦英、肖磊，2015）。

虚拟资本掠夺剩余价值。虚拟资本是指股票、债券等各类有价证券。虚拟资本有价格，价值则是不确定的，价格可能小于价值，但更多情况下，由于金融市场不稳定和存在金融投机行为，价格长期大于价值。20世纪八九十年代以后，资本主义社会出现了新自由主义思想，其本质特征是金融化。金融化导致资本大规模流向金融部门，金融部门规模扩大，利润增加，从实体经济中瓜分了更多的剩余价值（张宇等，2016）。

管理者参与利润分享。管理者的劳动可分为管理劳动和监督劳动，管理劳动和普通劳动一样，都创造价值；监督劳动存在的目的，只是强迫工人创造更多的剩余价值，因此，监督劳动不创造价值，管理者基于监督劳动所获得的报酬本质上来源于剩余价值。对于资本主义企业来说，监督劳动必不可少，但是对于合作制企业来说，监督劳动存在的必要性较小（张宇等，2016）。"管理革命"和"资本革命"导致出资、创业和管理相分离，它们都创造价值，经典意义上的产业资本家独占利润，只适用于出资、创业和管理合一即业主资本主义情境，在出资、创业和管理分离的经理资本主义情境中，或者出资、创业与管理三者分离的情境中，就应该与管理者和创业者分享企业利润（史正富，2002），加强"激励"而非"压榨"，促进价值创造（周建锋，2017）。

土地所有者获得地租。地租之所以存在，是因为土地具有两个属性：第一，土地不可复制；第二，地主阶级垄断了土地。相关学者将地租分为三种形式（张宇等，2016）。第一，垄断地租。垄断地租是指基于个别地主对特殊土地的垄断而产生的超额利润转化成的地租。第二，级差地租。级差地租是指租种位置较好、肥力较强等的土地而产生的超额利润转化成的地租。第三，绝对地租。绝对地租是指租种所有土地并且由于基于农业资本有机构成的较低利润率平均化受阻产生的超额利润转化成的地租。

国家参与利润的分配。国家可直接和间接参与利润分配。直接参与方面：一是国家直接投资建立国有企业；二是国家与私人垄断资本的结合。在两种方式中，国家均可以获得分红。间接参与方面：一是财政收入和货币政策；二是包括社会保障和社会福利等方式在内的再分配政策。如果部分资本家长期获得非正常超额利润，那么资本主义国家可能对超额利润征税以补贴其他资本家；如果国家产业资本和商业资本债务负担过重，那么资本主义国家可能通过货币政策降低利息率，减少金融资本的利润，促进实体经济发展；如果私人资本家利润率下降，那么资本主义国家可能通过提供廉价的土地，降低剩余价值转化为地租的比例，实现经济复苏（张宇等，2016）。

利润分配问题是国企面临的核心问题。剩余产品"由谁控制"和"如何被使用"，是理解不同的经济制度如何变革运行的关键所在（鲍尔斯等，2009），这样的话，对于国企制度也需要从剩余价值和利润分配的角度来理解。对于国企来说，"仅仅体现企业的一般属性和市场化的一般要求，是远远不够的，必须更好地体现全民所有、为民服务的性质和要求"，"国有资本的收益属于全体人民，现阶段要提高国有资本收益上缴公共财政的比例，更多用于保障和改善民生"，"国有资本投资运营要服务于国家战略目标，重点提供公共服务、发展重要前瞻性战略性产业、保护生态环境、支持科技进步、保障国家安全"（张宇等，2016）。从资本的角度来看，国企面临的核心问题是利润问题，而考虑到国家所有或者全民所有这种属性，国企面临的核心问题就是国家和国企间的利润分配问题，包括国家和国企分别获得的利润数量和比例，国家获得利润之后对利润的处置方式（张馨，2014）。对于国企利润分配制度改革，国有企业的特殊性要求保持国有资本经营预算的相对独立性（谭啸，2012），而从社会公平角度考量，提高分红比例，将国有资本经营预算纳入公共财政预算范围，可以做出更大的贡献（卢周来，2015）。在新加坡，国有企业利润通过分红的形式进入淡马锡控股私人有限公司和政府投资公司等主权财富基金，这些主权财富基金向国家精英提供就业机会，帮助中小企业进行地区化和全球化发展，避免了1997年亚洲金融危机期间来自国际货币基金组织和邻国等多家机构的干涉，从而保持了国内的金融稳定和促进经济长期发展（Huat，2016）。

综观而论，这些研究从马克思主义政治经济学角度，分析了利润分配和国企利润分配制度改革等重要问题，符合习近平总书记在不同的场合多次提到要发展当代中国马克思主义政治经济学的重要指示，为本书提供了根本指引、基本立场和思想来源。但现有研究仍存在以下不足之处：一是较少对国有企业利润分配制度进行长期动态的历史分析，而进行长期动态的历史分析是马克思主义分析方法的重要特征；二是较少对中央企业进行专门的分析，中央企业属于国有企业，相比地方国有企业，中央企业的盈利能力突出，也能够更好地体现国家意志；三是较少对国企利润分配制度改革的效果进行量化评估，而量化评估有助于明确深化改革的重点和难点。鉴于以上分析，本书将进行如下改进：时间维度上，本书将对新中国成立以来的国企利润分配制度进行较长时间的历史考察，并且专门分析中央企业的国有资本经营预算问题；方法选择上，本书将进行相对规范的绩效评估，以求明确国企利润分配制度改革的方向和重点。

1.3　争议再续：西方经济学视域下的国企利润分配研究

西方经济学文献主要研究国企利润分配中的红利分配，主要涉及对国企分红政策的评估、国企利润分配存在的问题、出现相关问题的原因和应对出路。2005 年之前，对国企利润分配的相关研究相对较少。新中国成立到改革开放之前，文献主要研究国企利润分配阶段的划分情况。对于新中国成立以来的国企利润分配制度改革，现有文献将其划分为如下几个阶段：统收统支（1949 ~ 1977 年）、利润留成（1978 ~ 1982 年）、利改税（1983 ~ 1987 年）、承包制（1988 ~ 1992 年）、税利分流（1993 ~ 2006 年）和国有资本经营预算（2007 年至今）等（许金柜，2009；周炜等，2011；李燕、唐卓，2013；吴晓红，2015）。20 世纪 80 年代，国企利润分配制度依次经历了利润留成、利改税和承包制三个时期，国企边际利润保留率稳步提升，从 1980 年的 24% 上升到 1989 年的 63%，国企经理的工资开始与利润和销售额挂钩，并且，经理利用这种自主权，提高了工人的工资，加强了对工人的激励，从而有效提升了企业投资水平和劳动生产率，然而，经理的报酬没有明显增加，国家从企业获得的收入也没有增加（Groves et al.，1994；Groves et al.，1995）。与企业产出真正相关的可能是与留利相关的企业奖励基金和生产发展基金，而非留利率本身（郭晋刚，1992）。1994 年，我国开始正式进行税利分流，并且由于国企亏损等多种原因，国有企业实际实行的是"缴税留利"机制，国企经历了长期不分红的历史。直到 2005 年，中国开始讨论国有资产经营预算，特别是 2007 年《中央企业国有资本收益收取管理办法》等相关文件的颁布，使国企结束了长期不分红的历史，国企利润分配重新进入研究者的视野。

2005 年以来，随着中国开始讨论、试点和正式进行国有资本经营预算，世界银行适时发布了两份报告。从当时来看，对于国有资本经营预算，有几大难点需要面对和解决：如何打破国企长期以来形成的既得利益分配机制，如何区分资本和资产并厘清国有资产，应该由谁编制国有资本经营预算，国企按什么原则上缴利润，应该建立一种什么样的运作机制，国企要不要成为"四自企业"，国资委要不要成立资产经营公司等（陶友之，2006）。2005年，世界银行发布的第一份报告提到，较长时间以来，一半以上的国企投资来源于国企利润，占到GDP的20%，然而，国企治理结构并不完善，无法保证利润在企业内配置是有效的，因此，作为改进公司治理结构的一部分，国企应该进行分红；接着讨论了外国国企分红的比例。该报告最后提到，国企分红首先应该交给国资委，国资委的红利开支情况交由政府和人大来评估（《国有企业分红：分多少？分给谁?》，2005）。2010年，世界银行再次发布一份报告，试图指明进一步改革中国国企分红政策的方向，该报告提到，合理的国企分红政策，应该能够权衡好国企留存收益的投资效率和对公共财政资源的整体配置，为达到这个目的，应该采取三项措施：第一，设计具有双层结构的国企分红机制，每个国企的分红都包括一个固定部分和一个可变部分；第二，政府对国有企业的平均分红率进行评估、监测和调控，目标分红率可为20%～50%；第三，加强国有资本经营预算与公共财政预算衔接（《有效约束、充分自主：中国国有企业分红政策进一步改革的方向》，2010）。

从2007年开始，我国正式进行国有资本经营预算，以自由现金流理论为基础，对国有资本经营预算改革的研究较多。自由现金流理论认为，当企业的现金流超过净现值且大于零的项目需要资金的时候，就会产生多余的现金流或者自由现金流，经理进而可能利用这种资源为自己谋取私利，比如使公司发展超过最优规模、投资收益少于成本的项目，产生严重的股东—管理层利益冲突（Jensen，1986）。以2001～2004年的国有上市公司为样本，有学者发现国有上市公司的低现金股利政策造成过度投资，自由现金流假说被验证（魏明海、柳建华，2007），而国有资本经营预算制度的实施和国有资本收益收取比例的上升有利于抑制这些企业的过度投资行为（陈艳利、迟怡君，2015）。同样基于自由现金流假说，有研究发现，在职消费与公司业绩负相关，国企分红将减少在职消费（罗宏、黄文华，2008；刘银国等，2016）。国有资本经营预算制度的实施将极大地增强国家对国企的控制力，有效应对较为严重的内部人控制、国有资产流失等问题（张炳雷，2015）。

关于国有资本经营预算制度的效率问题，也有研究得出了完全相反的结论。我国的绝大部分国有上市公司由国资委间接持股，集团公司直接持股，国有资本经营预算只作用于母公司即集团公司，集团公司可以直接截留部分或全部红利，国资委的收益权无法得到有效落实（陈少晖、朱珍，2011）。虽然分红比例的提高能够抑制国企过度投资，但是国有资本经营预算制度由于实施范围有限，不能优化国企资金配置水平（王佳杰等，2014）。利润分配对公司的积极影响建立在完善的公司治理基础之上，如果国企治理得不到相应改进，那么利润分配将演变成利润转移，其反过来会恶化公司治理（蒋建湘，2013）。

2015年以来，研究者除了继续关注国有资本经营收入预算之外，也开始分析国有资本经营支出预算的效果。虽然国有资本经营支出用于民生方面的比例有所提高，但是社会保障水平对经济增长的弹性较小，并且用于民生方面的国有资本经营支出也没有显著提高经济增长的弹性（李丽琴、陈少晖，2015）。国有资本经营支出很容易"原路"返还给国有企业，实际上在进行"体内循环"，加剧国企内部人进行利润转移，抑制国企分红对企业投资的积极效果（钱雪松、孔东民，2012；孙刚，2015）。基于动态一般均衡模型和数值模拟，随着国有资本收入上缴政府部分中划拨养老保险的比例提高，社会人均福利水平提高，生育数量减少，子女教育投入增加，进而可能促进人力资本积累和经济增长，但是收入不平等将加剧（高奥、龚六堂，2015a；高奥等，2016）。同时，政府可以根据银行对民营企业的信贷供给情况，调整国有资本收入对养老保险的划拨力度，使国有企业和民营企业长期共存（高奥、龚六堂，2015b）。

有的研究认为，可能存在一个最优的国企利润上缴比例和国企红利划拨养老保险比例。提高分红率虽然会降低代理成本，但是会提高融资成本，基于两项成本之和得到的最小分红率就是最优的（Rozeff，1982），按照这个思路，汪立鑫、刘钟元（2014）估算了我国一般竞争性中央企业的最优分红率，在 62 家竞争性中央企业中，38 家企业的利润应该全部留存，24 家企业的利润应该全部上缴。与这个思路不同，基于资本资产定价模型，可以计算得出电力行业利润上缴比例的合理区间为 35% ~ 55%（杨兰品、郑飞，2013）。国有资本净收入可划拨至财政部门或者直接用于补充养老保险，随着国有资本收入补充养老保险的比例提升，总消费水平先上升后下降，因此存在一个最优的划拨率水平（杨俊、龚六堂，2008），随着劳动人口增长率下降，最优划拨率从 38% 降到 14%（庞杰、王光伟，2016）。

综观而论，这些研究以大量数据和事实为基础，为我们提供了很好的研究基础和研究参照，但现有研究仍存在两点不足之处：一是现有研究大多采用非金融上市国有企业子公司数据，鲜有文献从集团公司层面对改革的效果进行评估，并且也缺乏对金融企业国有资本经营预算的详细考察；二是现有研究或者单独分析国企分红对企业效率的直接影响，或者分析分红用于养老等渠道对经济增长和利润分配的影响，鲜有文献同时分析两种利润分配机制的共同影响。鉴于以上分析，本书将进行两点改进：分析对象上，从整体层面考察国有企业，而在专门分析中央企业时，则在集团层面考察中央企业和中央非金融企业；研究思路上，顺着利润的运动轨迹，考察利润运动的全过程，对利润初次分配制度和利润再分配制度进行全过程动态跟踪与系统的效果评估。

1.4 争议解读：研判思路与分析方法

本书按照"理论框架构建—大国历史跟踪—国企长期历史—中央非金融企业—中央金融企业—国外经验借鉴—提出改革建议"的研究思路展开深入研究（见图 1-1）。首先，借鉴马克思主义的利润分配思想，将利润分配制度分为利润初次分配制度和利润再分配制度，按照"社会目标/社会关系—利润分配制度—积累的动态"的基本思路，构建国有企业

```
┌─────────────────────────────┐
│   马克思主义经济学理论评估框架   │
└─────────────────────────────┘
              ↓
      ┌─────────────┐
      │  生产资料所有权  │
      └─────────────┘
        ↓        ↓
┌──────────────┐ ┌──────────────┐
│  利润初次分配制度  │ │  利润再分配制度  │
└──────────────┘ └──────────────┘
              ↓
      ┌─────────────┐
      │   积累的动态   │
      └─────────────┘
```

第一阶段：理论框架构建

- -

```
┌─────────────────────────────┐
│  利润分配制度演进与大国生产力变迁  │
└─────────────────────────────┘
        ↓            ↓
┌──────────────┐ ┌──────────────┐
│  第一次工业革命至今  │ │   英美日中   │
└──────────────┘ └──────────────┘
```

第二阶段：大国历史跟踪

- -

```
┌─────────────────────────────────┐
│  国有企业利润分配制度改革的动态跟踪与效果评估  │
└─────────────────────────────────┘
        ↓            ↓
┌──────────────┐ ┌──────────────┐
│   新中国成立以来  │ │  初次分配+再分配  │
└──────────────┘ └──────────────┘
```

第三阶段：国企长期历史

- -

```
┌─────────────────────────────────┐
│  中央国有资本经营预算改革的动态跟踪与效果评估  │
└─────────────────────────────────┘
        ↓            ↓
┌──────────────┐ ┌──────────────┐
│  中央企业集团层面  │ │  收入预算+支出预算  │
└──────────────┘ └──────────────┘
```

第四阶段：中央非金融企业

- -

```
┌─────────────────────────────┐
│  中央国有金融资本经营预算改革研究  │
└─────────────────────────────┘
        ↓            ↓
┌──────────────┐ ┌──────────────┐
│  独立预算的必要性  │ │  提高分红率的可行性  │
└──────────────┘ └──────────────┘
```

第五阶段：中央金融企业

- -

```
┌─────────────────────────────┐
│   国外国企利润分配制度研究   │
└─────────────────────────────┘
        ↓            ↓
┌──────────────┐ ┌──────────────┐
│  挪威等七个国家  │ │  初次分配+再分配  │
└──────────────┘ └──────────────┘
```

第六阶段：国外经验借鉴

- -

```
┌─────────────────────────────┐
│  国有企业利润分配制度改革的政策建议  │
└─────────────────────────────┘
      ↓      ↓      ↓
  ┌──────┐┌──────┐┌──────┐
  │ 总体思路 ││ 政策重点 ││ 保障措施 │
  └──────┘└──────┘└──────┘
              ↓
      ┌─────────────┐
      │   结论与展望   │
      └─────────────┘
```

第七阶段：提出改革建议

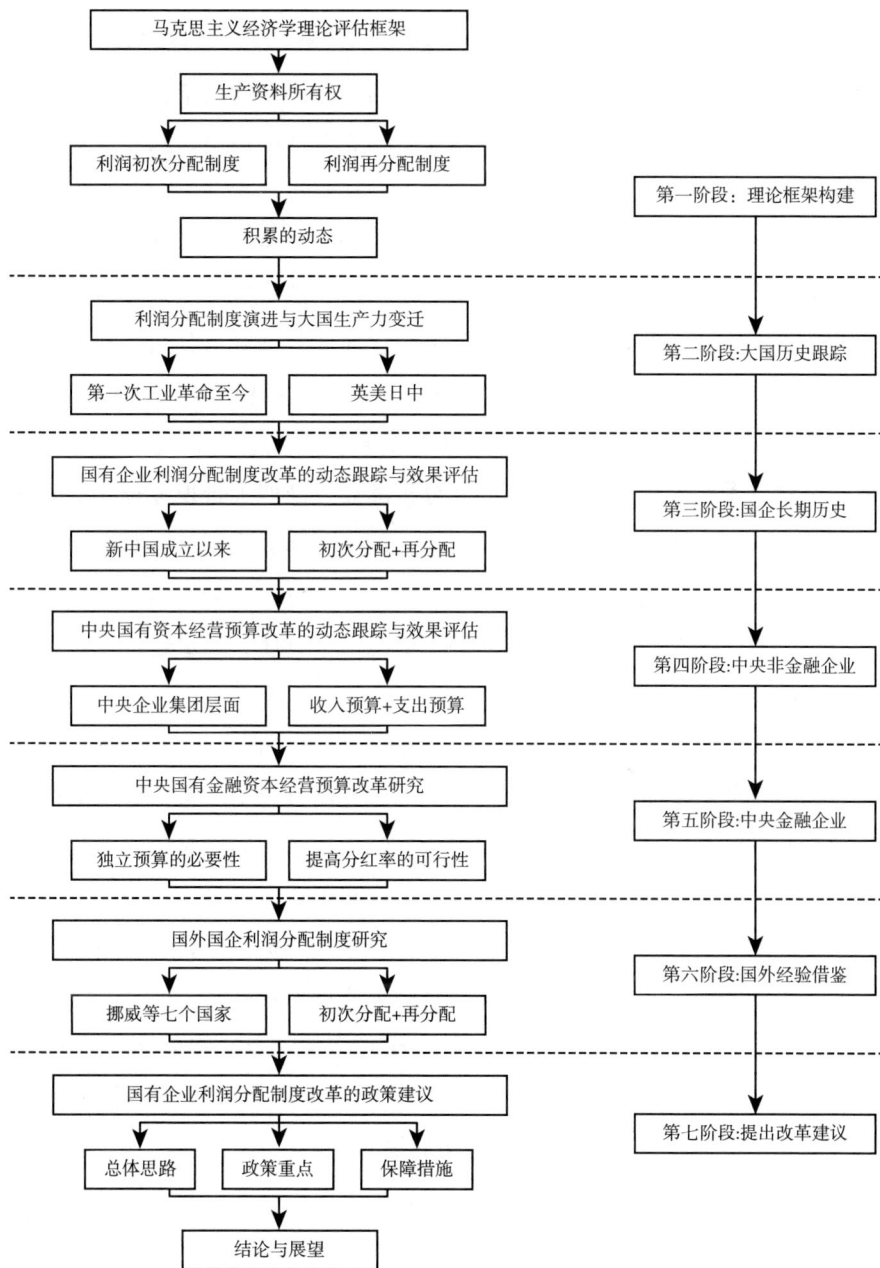

图 1-1 研究思路

利润分配制度改革的动态跟踪与效果评估框架；根据此理论框架，重新梳理第一次工业革命以来"英美日中"四国的发展历程，追踪利润分配制度演进与工业生产力变迁过程，明确国企利润分配制度改革在中国经济发展过程中的作用；接着定位国有资本经营预算改革的历史坐标，并将其放在国企利润分配制度改革的历史进程之中，从利润初次分配和利润再分配两个维度，对新中国成立以来国企利润分配制度改革重新进行阶段划分，较好地解释国有企业的长期积累效率变迁情况；然后从收入预算和支出预算两个方面，首次使用中央企业集团公司层面的数据并将其加总到行业层面，对中央国有资本经营预算改革进行详细的动态跟踪与多维效果评估；之后结合 2020 年发布的文件，以四大行为研究对象，分析我国进行中央国有金融资本经营预算的必要性，并分析继续提高四大行现金分红率的可行性；此后考察挪威和法国等七个国家的国企利润分配制度，明确我国国有企业利润分配制度的阶段性特点与可能的改革方向；最后结合之前的研究结论，从总体思路、政策重点和保障措施三个方面，提出进行国有企业利润分配制度改革的政策建议。

一是文献研究法。在对国有企业利润分配制度改革的国内外文献综述、国有企业历史阶段的重新划分、中央企业国有资本经营预算改革和国外国企利润分配制度等内容进行详细考察时，本书搜集和整理了大量相关学术文献、政策文件、统计年鉴、公司报表和国企报告等，获得了重要的数据、观点和建议，在构建马克思主义经济学理论框架时，批判性地吸收了激进政治经济学和制度经济学等文献的重要理论观点。

二是历史与逻辑一致性方法。研讨现有相关文献，提炼出"利润初次分配制度"、"利润再分配制度"、"生产资料所有权"和"积累的动态"等核心概念，分析这些概念之间的逻辑关联，建立马克思主义经济学理论框架。利用建立起来的理论逻辑，定位国有资本经营预算改革的历史坐标，并将其放在国企利润分配制度改革的长期历史进程之中，从符合历史实践的概念出发，结合现代统计工具，实现利润分配逻辑与利润分配历史相统一。

三是专家咨询法。围绕国有资本经营预算改革、中央国有资本经营预算改革和国外国企利润分配制度等研究主题，形成系列工作论文，通过参与学术会议汇报工作论文，听取与会专家的建议，以工作论文为基础形成最终成果，将最终成果提交给相关专家，按照专家反馈进行修改和再研究，形成和完善课题成果。

1.5　争议认知：结构安排与边际贡献

本书试图从马克思主义经济学的视角，对国有企业利润分配制度改革进行长期动态跟踪与多维效果评估，最后提出相应的政策建议。

第1章为绪论。本章交代国企利润分配制度改革的争议焦点，从马克思主义经济学和西方经济学两个视角进行较为详细的国内外文献综述，概括本书对于争议的研判思路与分析方法，最后总结研究内容和边际贡献。

第2章为马克思主义经济学下的利润分配分析框架。本章首先明确了利润和利润分配制度等基本概念，然后回顾马克思关于利润分配的相关论述，最后构建了国有企业利润分配制度改革的效果评估框架。在基本概念部分，我们将利润分配制度分为利润初次分配制度和利润再分配制度，从而为国有企业利润分配制度改革的系统考察提供了新的角度。在利润分配相关论述部分，马克思提出了剩余价值资本化理论，将剩余价值资本化置于资本积累的核心地位，认为只有联系生产资料所有权才能分析利润控制权对资本积累的影响，并且认为利润使用方式会影响资本积累。在理论框架构建部分，按照"社会目标/社会关系—利润分配制度—积累的动态"的基本思路，将《资本论》中的三个积累模型放入"积累的动态"这个理论内核之中，接着参照社会积累结构理论的基本逻辑，认为利润分配制度能够影响"积累的动态"，最后借鉴马克思和哈维等学者的基本思想，认为生产资料所有权是识别社会目标和社会关系的重要标准，从而将"国有企业"和"中央企业"引入进来以完成理论框架的构建。

第3章为利润分配制度演进与大国生产力变迁。依据前文构建的理论框架，研究利润初次分配制度和利润再分配制度，通过联系背后的社会目标和社会关系，对第一次工业革命以来英美日中四个国家的长期发展历史进程进行回顾与分析。结果显示，当技术条件发生明显的变化时，利润分配制度能够适应这种变化，从而在发展前期适应和促进生产力发展，然而，利润分配制度由于嵌入社会权力关系之中而能够自我强化，从而往往在后期抑制生产力发展。当前，为了完成建设制造强国的紧迫任务，我们需要完善公有经济和非公有经济的利润分配制度，公有经济需要完善国有资本经营预算制度，以更好地权衡微观效率与宏观效率，非公有经济需要发展和完善企业内工会，推进劳资和谐与劳资互信，将企业利润同时投入工人技能、机器设备和专业管理之中，形成工人素质提升和企业技术创新的良性循环，而不是致力于进行机器对劳动的简单替代以弱化工人的地位，这样才能更好地适应和促进生产力发展。

第4章为国有企业利润分配制度改革与长期积累效率（1952～2012年）。本章对新中国成立以来国有企业利润分配制度改革进行了系统的动态跟踪和效果评估。首先，通过梳理20多份相关政策文件，从利润初次分配和利润再分配两个维度，对国企利润分配制度改革进行全新的阶段划分：1952年以来，国企利润初次分配制度改革可以分为奖励基金时期、企业奖金时期等七个阶段，并且通过证明福利房建设投资比例是国企利润再分配制度的较好代理变量，认为国企利润再分配制度改革分为计划经济时期、双轨制时期和市场化主导时期三个阶段。接着结合生产资料的国家所有权制度，提出国企利润分配制度改革效果评估假说，然后分析1952～2012年国有工业企业的生产率和利润率变迁情况。我们发现，在考察时间段的前期和中期，由于没有实现"两权"相匹配，国企利润初次分配制度改革对生产率和利润率的影响较为有限，在考察时间段的后期，当国资委获得了较为完整的生产资料所有权后，国有资本经营预算的实行使国资委获得了利润控制权，在一定程度上实现了"两权"相匹配，从而有利于提升国企积累效率；同时发现，国企利润越多用于福利房建设等非生产性支出，意味着国企的社会性负担越重，导致生产率和利润率下降，国企利润再分配制度改革对国企积累效率有非常强的解释力。

第5章为中央国有资本经营预算改革的动态跟踪与效果评估。基于马克思的利润运动学说，从利润初次分配和再分配两个维度分析收入预算和支出预算两个过程，对中央企业国有资本经营预算改革进行动态跟踪与效果评估。从利润初次分配或者收入预算来看，中央国有资本经营收入主要来源于烟草、采矿、电力和电信等行业，越来越多的中央企业被纳入预算范围，利润上缴比例普遍上升，从利润再分配或者支出预算来看，中央国有资本经营支出可以分为生产性支出和民生性支出，生产性支出的方向主要为制造业、生产性服务业和交通运输等行业，民生性支出的方向主要为社保基金和转移支付等领域。从实际效果来看，如果控制各行业获得的支出预算即利润流入，则利润上缴比例的小幅提升有利于提高利润率，但是由于现行中央企业"两权匹配效应"仍然较弱，生产资料的节约程度仍然较低，企业利润率较早地进入下降轨道，分红率与利润率之间呈现倒 U 形关系；如果同时考虑收入预算和支出预算而计算利润净流入比率，则利润净流入比率与利润率之间也呈现倒 U 形关系，支出预算中的生产性支出在一定范围内表现出较强的经济效率；此外，利润净流入比率还影响中央企业布局调整；尽管中央国有资本经营收益上缴公共财政的比例稳步提升，但是用于民生性支出的比例仍然相对较低，其对于总体社会保障和社会公平的影响仍然较为有限。

第6章为中央国有金融资本经营预算改革研究。以 2020 年 3 月发布的《国有金融资本出资人职责暂行规定》为标志，我国即将开启中央国有金融资本经营预算进程，四大行将被纳入这个新的预算框架。本章集中分析四大行的利润分配情况，发现四大行实际上已经将部分利润上缴中央财政，但是现有的利润上缴安排缺乏统一的预算管理框架和规定，因此有必要进行规范的国有资本经营预算。长期以来，四大行的现金分红率从高位下降，最近 5 年稳定在 30% 的水平，四大行将利润上缴汇金公司或者直接上缴财政部，汇金公司将利润上缴公共财政的比例超过 70%，财政部所获现金红利也上缴公共财政。比较来看，在现行由国资委主导的中央国有（非金融）资本经营预算中，中央非金融企业利润上缴比例分为五档，最高不超过25%，上缴的利润较多用于中央企业自身的发展，较少用于公共财政和社保基金，考虑到公共财政压力加大的现实背景，并且财政部主导的"汇金模式"较为成熟，因此有必要建立由财政部主导而非由国资委主导的中央国有金融资本经营预算制度。进一步来看，四大行的利润上缴比例是否还有进一步的提升空间呢？长期来看，资本充足率将达到较为安全的水平，四大行现金分红率可以在30%的基础上继续提升；短期来看，如果出于防范系统性金融风险的考虑，给四大行设定相对较高的资本充足率目标，特别是较高的核心资本充足率目标，同时要求提升四大行的现金分红率，就需要减缓加权风险资产的增长速度。

第7章为国外国企利润分配制度研究。关于国有资本经营预算改革，还有一些重要问题需要研究：从利润初次分配角度来看，国有企业在未来应该上缴多少利润？从利润再分配角度来看，国有企业上缴的利润是否还有其他可行用途？为了回答这些问题，我们系统分析和总结了国外国企的现行利润分配制度。综合考虑国企规模和数据可获得性，我们选择挪威、法国、英国、瑞典、芬兰、新西兰和新加坡七个国家的国有企业作为分析对象，从利润初次分配和利润再分配两个维度，全面考察这些国家的国企利润分配制度，发现如下重要特征：各国国企分红制度的设计均会重点考虑"利润红利化"和"利润资本化"，国企分红率普遍满足预期性、长期性和稳定性要求，公益性国企的分红水平远低于营利性国企。国企上缴的利润主要有两种使用方式：一是通过公共财政预算实现"利润民生化"；二是通过投资基金和主权基金等方式用于生产性支出，进而完成特殊的"利润资本化"。

第8章为国有企业利润分配制度改革的政策建议。对于国有企业利润分配制度改革的政策建议，我们可以从总体思路、政策重点和保障措施三个方面进行论述。总体思路是"两条腿走路"：一是协调推进生产资料所有权改革和国企利润初次分配制度改革，国有企业和国企利润分配都需要进行分类改革；二是统筹推进国企利润初次分配制度改革和再分配制度改革，两种制度改革要有效衔接。政策重点是"分类推进，紧密联动，动态调整"。分类推进主要基于公益性国企、垄断性国企和竞争性国企等不同类型国企的国有资本经营预算制度存在差异。紧密联动是指不仅要推进国有资本经营收入预算改革，而且要推进国有资本经营支出预算改革，还要实现收入预算改革和支出预算改革紧密联动。动态调整是指国有资本经营的收入预算目标和支出预算结构需要在长期内进行动态调整。其中，中央企业的政策重点是"不断完善，相对独立"，既要完善中央国有（非金融）资本经营预算制度，建立和完善中央国有金融资本经营预算制度，还要保持两种预算的相对独立。保障措施是"多管齐下"：完善组织保障、制度保障和法律保障，为国有企业利润分配制度改革保驾护航。

本书主要在以下五个方面做出贡献。

一是构建国有企业和中央企业利润分配制度改革的马克思主义经济学理论分析框架。明确利润、利润分配和利润分配制度等核心概念，回顾和整理马克思的利润分配思想，按照"社会目标/社会关系—利润分配制度—积累的动态"的基本逻辑，首先对《资本论》中的三个积累模型进行一定程度的综合，建立起"积累的动态"这个理论内核，接着参照社会积累结构理论的基本逻辑，将"利润分配制度"嵌入理论内核之中，然后联系社会目标和社会关系，将"国有企业"和"中央企业"引入进来，最终完成理论框架的构建。

二是从利润初次分配和利润再分配两个维度，对新中国成立以来的国企利润分配制度改革重新进行阶段划分，并以此解释国有企业的长期积累效率变迁情况。通过整理相关政策文件，挖掘国企利润分配历史，将新中国成立以来的国企利润初次分配制度改革分为奖励基金、企业奖金和统收统支等七个阶段，将国企利润再分配制度改革分为计划经济、双轨制和市场化主导三个阶段，通过计算国有工业企业的生产率和利润率，发现国企利润分配制度改革能够较好地解释国有企业的长期积累效率变迁情况。

三是从利润初次分配和利润再分配两个方面，对中央国有资本经营收入预算改革和支出预算改革进行详细的动态跟踪，同时评估其商业性效应和社会性效应。从收入预算角度来看，中央企业利润上缴比例普遍上升，预算范围不断扩大，从支出预算角度来看，中央企业上缴利润较多用于生产性支出，较少用于民生性支出，同时考虑收入预算和支出预算而计算利润净流入比率，发现其与利润率之间呈现倒 U 形关系，表明生产性支出在一定范围内具有较强的经济效率，同时，民生性支出对社会保障和社会公平的影响较为有限。

四是从利润初次分配和利润再分配两个维度，结合 2020 年发布的文件分析进行中央国有金融资本经营预算的必要性，探讨四大行现金分红率变动的内在逻辑以及进一步提高现金分红率的前提条件。四大行的利润初次分配和再分配都缺乏统一的预算管理框架，因此有必要进行国有资本经营预算；相比中央非金融企业，四大行利润上缴比例处于相对较高的水平，汇金公司所获红利主要上缴公共财政，因此有必要进行相对独立的中央国有金融资本经营预算。此外，资本充足率目标在四大行现金分红率的变动中扮演重要角色，提高现金分红率的空间取决于资本充足率目标的设定情况。

五是从利润初次分配和利润再分配两个方面，对挪威、法国和英国等七个国家的国企利润分配制度进行详细的介绍。将挪威、法国、英国、瑞典、芬兰、新西兰和新加坡七个国家的国有企业作为分析对象，考察这些国家的国企利润初次分配制度和国企利润再分配制度，发现这些国家的国企利润初次分配都需要权衡分红与再投资，国企分红率普遍满足预期性、长期性和稳定性要求；国企利润再分配制度方面，国企上缴利润不仅进入公共财政，而且较多国家在探索将国企上缴利润用于生产性支出，支持中小企业创新和向国民提供长远福利。

第2章
马克思主义经济学下的利润
分配分析框架

系统的经验研究需要科学的理论指导。马克思主义经济学以剩余价值资本化理论为核心，将利润分配置于经济运行的关键位置，较好地阐明了利润运动与价值创造之间的逻辑关联，自然成为框架构建和理论来源的优先之选。为此我们首先尝试厘清利润和利润分配制度等基本概念，然后回顾马克思主义关于利润分配的相关论述，最后建立马克思主义经济学理论分析框架。

2.1 企业利润分配的相关概念

科学的理论框架的构建以明确的概念为前提。马克思在《资本论》中定义了多个"利润"，企业财务报表也列出了多个"利润"指标，因此首先要对"利润"进行说明；定义好了"利润"之后就可以对"利润分配"和"利润分配制度"进行说明；最后还要对"国有企业"和"中央企业"进行合适的界定。

2.1.1 利润

在马克思看来，"利润"是剩余价值的转化形式。在《资本论》中，每个商品的价值 W 都可以表示为 $W = c + v + m$，其中，c 表示不变资本，v 表示可变资本，m 表示剩余价值，剩余价值来源于工人的无酬劳动。在资本家看来，工人一旦进入生产过程，就会成为生产资本的一个组成部分，c 和 v 都会被视作商品本身的实际费用，c 和 v 一起构成了成本价格 k，即 $k = c + v$，如果商品按照价值出售就会得到利润 p，那么 $W = k + m = k + p$，"作为全部预付资本的这样一种观念上的产物"[①]，剩余价值 m 取得了利润 p 这种转化形式，剩余价值 m 和利润 p 在数量上相等。但是商品并不会总是按照价值出售，当出售价格低于商品价值时，剩余价值就不等于利润，如果出售价格高于成本价格，那么利润为正值，如果出售价格低于成本价格，那么利润为负值。

在现行企业会计准则下，利润表列出了多个"利润"指标，其中，毛利润 = 营业收入 − 营业成本，利润总额 = 毛利润 − 营业税金及附加 − 管理费用 − 营业费用 − 财务费用 + 营业外收支，净利润 = 利润总额 − 所得税。在多数场合，本书所探讨的"利润"是指"净利润"，而在少数场合，"利润"则近似"利润总额"，之所以有这样的差别，是因为我国国有企业的利润分配制度经历了多次改革，从新中国成立到 20 世纪 80 年代进行"利改税"之前，国有企业只需要上缴红利而不需要缴纳所得税，自然也就不会存在现行企业会计准则下的"净利润"。需要注意的是，资本主义下的企业生产的是私人剩余价值，而社会主义下的国有企业和中央企业生产的是公有剩余价值，这是为生产使用价值和满足全体人民需要服务的（Cheng，Ding，2017），因此，资本主义国家企业的利润是私人剩余价值的转化形式，而我国国有企业和中央企业的利润则是公有剩余价值的转化形式。

2.1.2 利润分配和利润分配制度

利润分配可以分为利润初次分配和利润再分配。所谓利润初次分配，是指对企业在一定时期内已经实现的净利润在企业和投资者之间进行分配。企业利润初次分配大致可以分为以下三种情况：当企业选择进行现金分红时，那么投资者将获得现金红利，企业将获得保留利润，其中，投资

---

① 《资本论》（第三卷），人民出版社，2004，第 43 页。

者包括持有企业股票的高管与员工，企业获得的保留利润通常以法定盈余公积金、任意盈余公积金、未分配利润等多种形式存在，特别地，对于银行等金融机构来说，保留利润还会以一般风险准备的形式存在；如果企业选择进行股票回购，那么将有部分利润流出企业，企业的保留利润就会减少，投资者不会直接获得现金红利，由于回购股票会减少流通股票数量而提升股票价格，因此，投资者所获得的利润主要由股票价格的上升来体现；如果企业选择送股或者保留全部利润，那么不会有利润流出企业。

所谓利润再分配，是指在完成利润初次分配之后，企业和投资者对各自所获得的利润的再次分配。企业获得利润之后，一般会将其用于进行再投资，根据再投资的方向，利润会被用于进行生产性投资与非生产性投资，具体来看，在生产性投资中，有可能用于发展自动化机器和专业管理技能，也有可能用于发展工人技能。投资者所获得的利润的再分配具有多样性，如果投资者是自然人，那么投资者所获得的利润就会以财产性收入或者经营性收入的形式进入居民账户，与工资性收入和转移性收入等其他收入一起被用于消费和储蓄；如果投资者是法人，那么投资者所获得的利润会进入机构账户，作为机构的投资性收益进入新的使用和分配流程；如果投资者是政府这种非常特殊的法人，那么投资者所获得的利润会按照较为复杂的预算流程进行再分配。

利润分配制度可以分为利润初次分配制度和利润再分配制度。所谓利润初次分配制度，是指企业利润初次分配所需要遵循的规则。企业利润初次分配不能随意而为，需要遵循某些规则。我国1993年版和2005年版《公司法》皆规定，公司净利润弥补累计亏损后，可以按照10%的比例提取法定公积金；当法定公积金累计额达到注册资本的50%时，则不再需要提取法定公积金，此外，经过股东大会批准可提任意公积金。为了引导和规范上市企业分红，证监会陆续出台导向性政策，通过限定最低分红比例以约束企业再融资资格的获取，2008年出台的《关于修改上市公司现金分红若干规定的决定》规定，上市公司公开发行证券应符合"最近三年以现金方式累计分配的利润不少于最近三年实现的年均可分配利润的百分之三十"。新中国成立以来，国有企业经历了统收统支、利润留成、利改税、承包制、税利分流和国有资本经营预算等多个阶段，每个阶段都有关于国有企业利润初次分配的具体要求，中央国有资本经营收入预算规定了哪些中央企业需要上缴利润以及利润上缴的比例。

所谓利润再分配制度，是指企业和股东对所获利润进行再分配所需要遵循的规则，企业和股东所获利润的再分配并不能总是自主安排，也需要遵循某些规则，对于不同类型的企业，相关的政策要求存在差异性。《中华人民共和国外商投资企业和外国企业所得税法》第十条规定，"外商投资企业的外国投资者，将从企业取得的利润直接再投资于该企业，增加注册资本，或者作为资本投资开办其他外商投资企业，经营期不少于 5 年的，经投资者申请，税务机关批准，退还其再投资部分已缴纳所得税的40% 税款，国务院另有优惠规定的，依照国务院的规定办理；再投资不满5 年撤出的，应当缴回已退的税款"[①]。1990 年以后，地方政府规范了乡镇企业的利润分配方式，一半以上的利润必须再投入本企业，用于扩大生产规模、进行现代化改造和增加福利与奖励基金，剩余利润中的大部分用于进行农业基础设施建设、提供技术服务、为公众提供福利和进行新企业投资（阿里吉，2009）。国有企业所经历的统收统支、利润留成等阶段也都有关于国企利润再分配的具体要求，中央国有资本经营支出预算规定了中央企业上缴利润主要用于资本性支出、费用性支出和其他支出，投向关系国家安全和国民经济命脉的重要行业和关键领域，弥补国企改革成本，剩余部分调入一般公共预算和补充全国社会保障基金。

2.1.3 国有企业和中央企业

对于国有企业，可以从马克思生产资料所有权的角度来定义。生产资料所有制，不仅包括生产资料归属权，还包括与之对应的雇佣关系的特

[①] 《中华人民共和国企业所得税法》第六十条规定，"本法自 2008 年 1 月 1 日起施行"。1991 年 4 月 9 日第七届全国人民代表大会第四次会议通过的《中华人民共和国外商投资企业和外国企业所得税法》同时废止。

征。国有企业生产资料所有制不仅包括生产资料归全民所有或作为全民代表的国家所有，还包括围绕劳动者和生产资料相结合的经济关系。产权或者财产权是作为劳动者和生产资料相结合形式的所有制的法律表现：赋予一定所有制形式中的各主要生产关系当事人的利益，以及这些利益的相互关系与相互作用以合法的权利和责任的形式。对于国企产权，不能仅简单地规定谁是生产资料的所有者，要对不同利益主体之间的关系进行界定（林岗，2007）。

对于国有企业，亦可以从马克思财产权的角度来定义。在马克思的论著中，产权即财产权，是所有权、使用权等的综合体。马克思把财产权看作生产关系的法律表现，把所有权看作所有制的法律形态。按照马克思关于财产权的权利统一和分离学说，我国国有企业是社会主义全民所有制企业，国家享有所有权，企业享有经营权。所谓国家所有权是指企业财产归国家和全民所有，国资委和其他部门代表国家和全民统一行使对企业财产的所有权，具体来说，国家和全民作为所有权主体，可以获得资产收益、做出战略决策和任免高级管理者，此外，还享有监督管理权和资产最终处置权。企业享有的经营权，则包括生产经营决策权、产品销售权、人事管理权、工资等资金分配权等，国家所有权和企业经营权都受法律保护（吴易风，1995）。

因此，在分析和界定国有企业的生产资料所有权时，不能简单地分析名义上的生产资料所有权，还要分析实际上的生产资料所有权。在过去较长时间里，我国国有企业的资本金基础管理职能由财政部行使，财政部拥有名义上的生产资料所有权，但是对由生产资料和劳动者衍生出来的经济关系进行调整大多归属于其他部门，比如，投资职能原来由国家计委行使，国有企业高管的任免由中组部和人事部分别负责，企业薪酬分配由劳动部门监管等，这种现象也被形象地称为"九龙治水"（刘青山，2019），自然导致出现管资产和管人、管事相脱节的问题，也导致出现权利、义务和责任不统一的问题。从马克思主义经济学角度来看，这些问题其实就是生产资料所有权归属不清楚的问题。

本书所分析的国有企业是指各国政府代表国家履行出资人职责的国有独资企业、国有独资公司以及国有资本控股公司，包括国有资产监督管理机构、政府股权局、政府投资公司等部门所监管的企业本级及其逐级投资形成的企业。首先，根据财政部关于我国国有企业认定问题的有关意见，国有企业不仅包括国有独资企业和国有独资公司，还包括国有控股、参股企业以及其他经济成分的各类企业。[①] 因此在针对我国的分析中，国有企业是指国务院和地方人民政府分别代表国家履行出资人职责的国有独资企业、国有独资公司以及国有资本控股公司，包括中央和地方国有资产监督管理机构和其他部门所监管的企业本级及其逐级投资形成的企业。[②] 再者，国外国有企业由各国政府授权相关机构进行管理，比如，法国、瑞典和新加坡分别授权股权局、企业与创新部和淡马锡控股私人有限公司管理所有国有企业，在股权安排上，这些机构可能全资持股、控股或者参股国有企业。

本书所分析的中央企业是指国务院代表国家履行出资人职责的国有独资企业、国有独资公司以及国有资本控股公司，包括国务院国有资产监督管理委员会（以下简称"国资委"）、教育部、中国国际贸易促进委员会、工业和信息化部、国家体育总局和财政部等中央部门所监管的中央本级企业及其逐级投资形成的企业。中央企业有狭义和广义之分，狭义中央企业是指国资委监管的中央本级企业及子公司，根据国资委发布的《央企名录》，国资委直接监管的中央企业为97家[③]；而广义中央企业还包括其他中央部门所监管的企业及子公司。值得特别说明的是，由于中国工商银行、中国农业银行、中国银行和中国建设银行等中央金融企业由汇金公司或者财政部控股，财政部持有中投公司100%的股权，中投公司持有汇金公司100%的股权，所以我们所定义的中央企业也包括中央金融企业。

① 《财政部关于国有企业认定问题有关意见的函》，中华人民共和国财政部资产管理司网站，http：//zcgls. mof. gov. cn/zhuantilanmu/qiyecaiwuzhidujianshe/200806/t20080625_ 53398. html。
② 《财政部关于印发〈国有企业境外投资财务管理办法〉的通知》，中华人民共和国中央人民政府网，http：//www. gov. cn/gongbao/content/2017/content_ 5241932. htm。
③ 《央企名录》，国务院国有资产监督管理委员会网站，http：//www. sasac. gov. cn/n2588035/n2641579/n2641645/index. html。

2.2　马克思主义关于利润分配的相关论述

关于利润分配及其重要地位，马克思进行了详细的论述。首先，马克思将剩余价值的资本化定义为资本积累，因此，利润分配对资本积累来说相当重要；其次，马克思认为生产资料所有权和利润控制权天然联系在一起，因此，不能脱离生产资料所有权单独分析利润初次分配；最后，为了获得更多的剩余价值，资本家将少量利润进行消费而将大部分利润用于积累，这种节俭是一种历史的进步，因此，利润再分配对资本积累具有重要的影响。

2.2.1　剩余价值资本化理论

马克思在《资本论》（第一卷）分析了资本的积累过程。在正式分析资本积累过程之前，马克思提出了两个假定：第一，假定生产商品的资本家能够卖掉生产的商品，按照正常的方式完成流通过程；第二，假定生产商品的资本家是全部剩余价值的所有者，是所有参与瓜分剩余价值的人的代表。对这两个过程的详细分析将分别放在《资本论》（第二卷）和《资本论》（第三卷）中进行。在这两个假定下，马克思首先分析简单再生产，思考资本主义生产过程，如在联系中加以考察，或将其作为再生产过程加以考察时，认为其不仅生产商品和剩余价值，还生产和再生产资本关系本身：一方面是资本家；另一方面是雇佣工人。①

在完成简单再生产的分析之后，马克思正式提出剩余价值的资本化理论。如果说以前的分析重点是剩余价值如何从资本中产生，那么资本积累过程则考察资本如何从剩余价值中产生，"把剩余价值当作资本使用，或者说，把剩余价值再转化为资本，叫作资本积累"②。马克思提到了一个

---

① 《资本论》（第一卷），人民出版社，2004，第666~667页。
② 《资本论》（第一卷），人民出版社，2004，第668页。严格来说，资本积累有两种方式，即资本集中和资本集聚，本部分讨论的是资本集聚。

例子，一个纱厂主预付了 10000 英镑的资本，其中，4/5 用于购买棉花、机器等不变资本，1/5 用于支付工资，并且假定每年生产棉纱 240000 磅，价值为 12000 英镑，如果剩余价值率为 100%，那么剩余价值首先包含在数量为 40000 磅价值为 2000 英镑的棉纱剩余产品中，随着产品的出售，这 2000 英镑的价值转化为 2000 英镑的货币。在这一轮中，虽然 2000 英镑的剩余价值已经归资本家所有，但是还没有改变货币的本性，因此在新一轮中，纱厂主不仅会将收回的 10000 英镑充当资本，而且会将新增加的 2000 英镑货币转化为资本，预付其中的 4/5 用于购买棉花等不变资本，1/5 用于购买劳动力，2000 英镑新资本继续执行相关职能，从而在这一轮中带来 400 英镑的剩余价值。这样的过程还会不断地重复下去，资本积累过程就是一个连续的剩余价值资本化过程。

顺利完成剩余价值的资本化，自然要求资本家能够从市场上购买到新增不变资本和新增劳动力。在上述例子中，当纱厂主将 2000 英镑货币转化为资本时，必然要求市场中已经存在 1600 英镑的棉花、机器等不变资本，如果市场上只有奢侈品，那么资本家将无法顺利地把剩余价值转化为资本，同时也要求市场中存在 400 英镑的新增劳动力，"剩余价值所以能转化为资本，只是因为剩余产品（它的价值就是剩余价值）已经包含了新资本的物质组成部分"[①]。对于新增劳动力的来源，马克思主要考虑的是现有劳动力的后代，因为资本家支付给现有劳动力的工资不仅可以用来维持自身，而且可以用来养育子女并进行教育投资。"资本只要把工人阶级每年向它提供的各种年龄的追加劳动力同已经包含在年产品中的追加生产资料合并起来，剩余价值向资本的转化就完成了。"[②]

从短期来看，预付资本发挥了重要作用，但是从长期来看，剩余价值可以看作资本的唯一来源。在上述例子当中，纱厂主预付了 10000 英镑的资本，最终得到了 2000 英镑的剩余价值，剩余价值进行资本化之后，在

---

① 《资本论》（第一卷），人民出版社，2004，第 670 页。
② 《资本论》（第一卷），人民出版社，2004，第 671 页。

新一轮中，纱厂主预付了 12000 英镑的资本，最终得到了 2400 英镑的剩余价值，在不断地重复这个过程之后，由于原预付资本保持不变，而剩余价值越来越多，剩余价值资本化对剩余价值总量和资本积累的影响越来越大，所以马克思总结得出，"在生产的巨流中，全部原预付资本，与直接积累的资本即重新转化为资本（不论它是在积累者手中，还是在他人手中执行职能）的剩余价值或剩余产品比起来，总是一个近于消失的量（数学意义上的无限小的量）"①。"在社会的初期阶段，同工资和地租相比，利润……是一个不重要的积累源泉……当国民劳动的力量真正得到显著发展时，利润作为一个积累源泉就相当重要了。"②"马克思—马格林资本积累理论"强调，资本积累并非简单的个人储蓄行为，而是将剩余价值不断资本化的扩大再生产行为（赵峰等，2012）。所以，可以将"剩余价值资本化"作为资本积累分析的起点。

剩余价值和剩余产品不仅在资本积累中居于重要地位，而且是理解不同经济制度如何运行、变革的关键所在。鲍尔斯等（2009）认为，在分析任何社会结构时，剩余产品如何形成、剩余产品的规模、剩余产品控制主体以及剩余产品如何被使用，是研究者需要考虑的核心问题，对这些问题的回答可以让我们追溯一个社会的历史演进情况，并且决定社会成员是否以及在多大程度上过上繁荣发达的生活。从剩余产品角度来看，所谓资本主义制度，是指剩余产品由资本家阶层控制和使用的制度；所谓传统的计划经济制度，是指剩余产品由国家控制和使用的制度；而中国特色社会主义市场经济制度，是指剩余产品由国家、国企和民企等多个主体控制和使用的制度。可以看到，剩余产品是一面透镜，通过这面透镜可以看到不同经济制度之间的关键差异，在我们试图考察国有企业和中央企业的变革发展情况之时，自然也需要将注意力放在对剩余产品的控制和使用上，需要重点分析国有企业和中央企业的利润分配制度改革情况。

---

① 《资本论》（第一卷），人民出版社，2004，第 678 页。
② 《资本论》（第一卷），人民出版社，2004，第 690 页。马克思援引理查·琼斯在《国民政治经济学教程》中的论述。

2.2.2 生产资料所有权、利润控制权与资本积累

根据有关剩余产品的相关论述，可以发现利润控制主体是进行利润分配分析的重点，而在马克思看来，生产资料所有权与利润控制权天然联系在一起，因此要对不同所有制企业进行详细分析。在《资本论》（第三卷）中，马克思提到了三类企业，即传统工厂、股份公司和合作工厂，在这三类企业里，利润控制权同生产资料所有权自然地联系在一起。（1）在传统工厂里，传统资本家拥有生产资料所有权，自然就拥有了利润控制权。所谓传统资本家，是指经常亲自参与工厂管理的资本家，由于一方面属于管理者，因此会获得管理工资；另一方面属于资本家，因此会获得企业主收入和利息。在传统资本家身上，这些收入不易区分，所以，传统资本家常常将自己所获利润更多地视作管理工资而非企业主收入，否定这些收入主要来源于工人的无酬劳动，从而天经地义地控制利润。（2）在股份公司里，货币资本家拥有生产资料所有权，自然就拥有了利润控制权。与传统资本家不同，货币资本家不再直接参与工厂管理，实际执行职能的资本家转化为单纯的经理，而资本所有者则转化为单纯的货币所有者。在股份公司中，经理因为参与管理而获得管理工资，而货币资本家未参与管理只能获得企业主收入和利息，货币资本家很难否定所获收入与工人劳动无关，更加无法混淆管理工资和企业主收入。（3）在合作工厂里，工人拥有生产资料所有权，自然也就拥有了利润控制权。工人雇用经理，经理因为参与管理而获得管理工资，工人作为所有者而获得企业主收入和利息，企业主收入和利息仍然来源于工人的无酬劳动，但是企业主收入由工人自己控制。

生产资料所有权和利润控制权的"两权合一"能够通过节约不变资本而影响资本积累，在满足"两权合一"的情况下，从传统工厂到股份公司再到合作工厂，不变资本的节约程度依次提高。（1）在传统工厂里，传统资本家同时拥有生产资料所有权和利润控制权，为了实现更高的利润率，传统资本家有动力节约生产资料，但是由于劳资对抗较为严重，生产

资料的节约程度较为有限。在剩余价值和剩余价值率既定的情况下，剩余价值与总资本的比率越大，资本利润率也就越高，因此"资本家狂热地节约生产资料是可以理解的"①。在传统工厂里，资本家通过多种方式节约生产资料，包括总体工人共同使用生产资料带来的节约、机器不断改良使流通时间缩短而带来的节约、工作日延长使固定资本加速折旧带来的节约等，在多数场合，这些不变资本节约都需要工人的配合才能实现，因此能够实现的节约程度又取决于工人的训练、教育和要求工人遵守的纪律，由于传统工厂的劳资对抗最为严重，资本家能够实现的不变资本节约程度也是较为有限的。（2）在股份公司里，货币资本家同时拥有生产资料所有权和利润控制权，为了实现更高的利润率，货币资本家有动力节约生产资料，由于股份公司的劳资对抗相对缓和，生产资料的节约程度有所上升。"这是资本主义生产方式在资本主义生产方式本身范围内的扬弃"②，相比传统工厂，股份公司的生产资料所有权和利润控制权的社会化程度更高，劳资对抗有所缓和，货币资本家对于生产资料的节约尝试能够得到工人更多的配合，生产资料的节约程度必然上升，资本利润率也将随之上升。然而，由于股份公司只是在资本主义制度下的扬弃，生产资料所有权和利润控制权仍然只归少数人所有，劳资对抗仍然相对严重，不变资本的节约程度仍然有限。（3）在合作工厂里，工人同时拥有生产资料所有权和利润控制权，为了实现更高的利润率，工人有动力节约生产资料，由于不存在劳资对抗，生产资料的节约程度最高。在合作工厂里，工人联合体成为工人自己的资本家，利用他们自己拥有的生产资料实现劳动增殖，"工人理解到，他们没有理由比对待资本家的财产还更厉害地浪费自己的财产"③。根据英国各合作工厂公布的财务数据，马克思发现合作工厂的企业主收入水平高于平均利润，而合作工厂利润水平高的原因是对不变资

---

① 《资本论》（第三卷），人民出版社，2004，第98页。

② 《资本论》（第三卷），人民出版社，2004，第497页。

③ 《资本论》（第一卷），人民出版社，2004，第385页。在脚注中，马克思援引《旁观者》在1866年对一个合作工厂的报道。

本的使用更为节约。①

生产资料的节约现象意味着我们需要改进劳动生产率的度量方法。继续沿用上面的例子，纱厂主预付 10000 英镑的资本，8000 英镑用于支付不变资本，2000 英镑用于支付工资，每年生产棉纱的价值为 12000 英镑，剩余价值率为 100%，剩余价值量为 2000 英镑。现在进行如下的定义，直接劳动生产率 = 可变资本生产率 = 棉纱产值/可变资本，间接劳动生产率 = 不变资本生产率 = 棉纱产值/不变资本，利润率 = 剩余价值/预付资本，可计算出纱厂的直接劳动生产率 = 12000/2000 = 6.0，间接劳动生产率为 12000/8000 = 1.5，利润率 = 2000/10000 × 100% = 20%。现在假定在这种情形中存在对不变资本的浪费，浪费的数量的价值为 2000 英镑，而如果采用某种方法能够避免这种浪费，那么在改进情形中，纱厂主的预付资本减少为 8000 英镑，不变资本减少为 6000 英镑，可变资本仍然为 2000 英镑，棉纱年产量的价值仍然为 12000 英镑，进而可计算出直接劳动生产率 = 12000/2000 = 6.0，间接劳动生产率为 12000/6000 = 2.0，利润率 = 2000/8000 × 100% = 25%。相比存在浪费的情形，改进情形的直接劳动生产率不变，间接劳动生产率上升，利润率也上升，如果仍然沿用传统的劳动生产率度量方法，即直接劳动生产率的度量方法，那么就无法捕捉到新的生产方法的改进程度，这个结论提醒我们，如果全面度量企业劳动生产率，就需要同时观察直接劳动生产率和间接劳动生产率，或者采用考虑两种劳动生产率的某些综合指标。

2.2.3　利润使用方式与资本积累

根据剩余产品的相关论述，可以发现利润使用方式改革也是利润分配分析的重点，在马克思看来，利润使用方式或者说利润的再分配是资本积累的重要影响因素，将所获利润更少地用于消费、更多地用于积累是资本家的历史使命。剩余价值或者剩余产品不完全是资本家的消费基金，也不

① 《资本论》（第一卷），人民出版社，2004，第436页。

完全是资本家的积累基金，而是两者兼而有之，剩余价值的一部分作为资本家的收入而消费，另一部分用作资本而积累起来。当剩余价值量既定时，用于消费的比例越高，用于积累的比例则越低，这种分割的比例决定积累量。在古典经济学家看来，无产者创造剩余价值，土地贵族、领取国家和教会俸禄的人等传统食利阶层挥霍剩余价值，而资本家摆脱这种享受欲，把剩余价值中尽可能大的部分重新转化为资本，独立承担积累的历史职能。马克思认为，资本家之所以承担积累的任务，是因为资本家想获得更多的剩余价值，"竞争使资本主义生产方式的内在规律作为外在的强制规律支配着每一个资本家。竞争迫使他不断扩大自己的资本来维持自己的资本，而他扩大资本只能靠累进的积累"①，资本家狂热地追求价值增殖，进而迫使所有人为生产而生产，去提高社会生产力水平，去创造更好的物质条件，从而为社会主义和共产主义的建立提供物质基础，正是在这个意义上，作为人格化的资本，资本家具有历史的价值。

2.3 国有企业利润分配制度改革效果评估框架

为了建立合理的效果评估框架，我们首先借鉴马克思和鲍尔斯等学者的思想，对《资本论》三卷的三个资本积累模型进行一定程度的综合，从而搭建"积累的动态"这个理论内核；接着参考社会积累结构理论（SSA 理论）的基本逻辑，认为利润分配制度能够影响积累的动态，从而将"利润分配制度"嵌入理论内核之中；最后借鉴马克思和哈维等学者关于"联系社会目标和社会关系分析物理技术和管理制度"的基本思想，认为生产资料所有权是识别社会目标和社会关系的重要标准，从而将"国有企业"和"中央企业"引入进来，完成对国有企业利润分配制度改革效果评估框架的构建（见图 2 - 1）。

---

① 《资本论》（第一卷），人民出版社，2004，第683页。

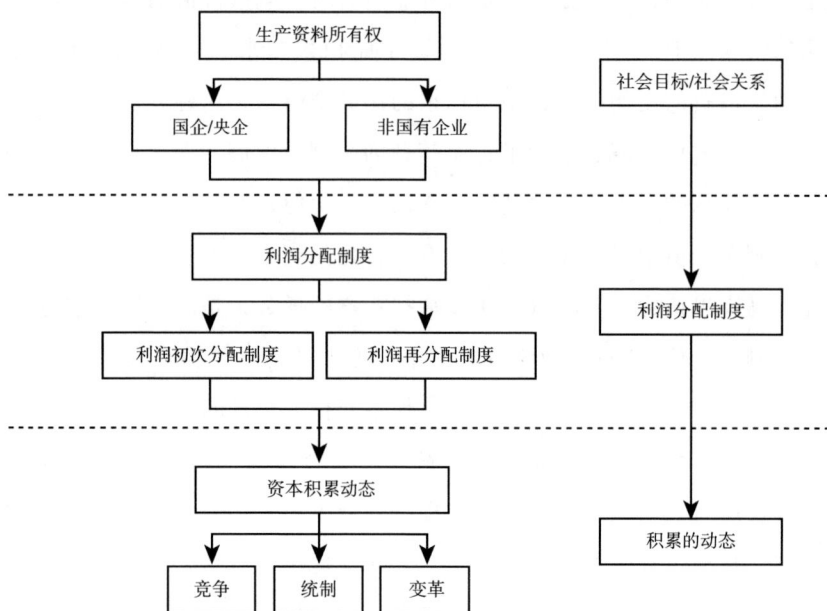

图 2 - 1　国有企业利润分配制度改革效果评估框架

2.3.1　积累的动态

所谓积累的动态，是指资本积累的方式和过程。关于积累的动态，《资本论》三卷依次呈现了三个模型，即第一卷的"剩余价值转化为资本和资本主义积累的一般规律"（以下简称模型Ⅰ），第二卷的"社会总资本的再生产和流通"（以下简称模型Ⅱ）和第三卷的"利润率趋向下降规律"（以下简称模型Ⅲ）。关于这三个模型之间的深入联系和彼此地位，现有文献进行了较为深入的探讨（哈维，2017；张雷声，2017），总体上，模型Ⅰ集中分析了剩余价值的生产问题，模型Ⅱ集中分析了剩余价值的实现问题，模型Ⅲ则对剩余价值的生产和实现进行了一定程度的综合。在我们看来，其实可以借鉴马克思和鲍尔斯等学者的思想，对这三个模型进行一定程度的综合（见图 2 - 2），当然，我们的综合只是框架性的和方向性的，更为详细的讨论可能是下一步的工作。

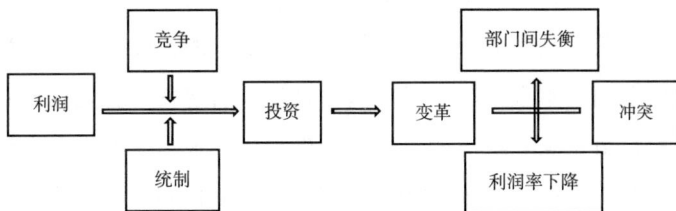

图 2 - 2 积累的动态：竞争、统制与变革

模型Ⅰ的核心是利润再投资。第一，在竞争市场中，企业只有创造利润才能生存，利润给资本家提供了强大的激励。第二，在企业获取利润之后，激烈的市场竞争促使资本家将利润进行再投资，每个资本家都别无选择，如果消费掉全部或者大部分利润，那么他们将很快失去精英地位。第三，在进行具体的利润再投资活动时，资本家通过统制或者命令调动资源，而为了更好地统制，资本家选择投资智能化和自动化机器，通过机器进行劳动打压工人的地位，资本有机构成的水平不断提高和产业后备军逐渐形成。第四，持续的利润再投资带来连续的变革，涉及技术、经济、社会和政治等多个方面，变革之中包括改进，也蕴含冲突，冲突的两个重要表现是部门间失衡和利润率下降。

模型Ⅱ的核心是部门间的价值实现。第一，如果资本家消费掉全部利润，那么就对应模型Ⅱ中的简单再生产情形；如果资本家进行利润再投资，那么就对应模型Ⅱ中的扩大再生产情形。第二，在扩大再生产的情形中，如果只考虑生产资料的生产部门和消费资料的生产部门，那么两个部门都将进行利润再投资，由于利润用于投资的比例是资本家的自主选择，因此并不能保证两个部门一直保持平衡，只有在一种比较特殊的情况下，两个部门之间才能够进行完全的价值实现。第三，如果考虑其他的部门划分方法，那么也存在同样的逻辑，即部门之间的平衡并不容易实现。特别地，在考虑公共品部门和私人品部门时，对公共品部门来说，如果完全按照市场原则，那么公共品部门很难获得利润，两个部门之间无法达到均衡，部门间的价值实现很难完成，自然也无法进行有效的利润再投资。

模型Ⅲ的核心是利润率趋于下降规律。在马克思看来，利润率之所以趋于下降，本质上是因为资本家个体与群体之间的冲突。首先，激烈的市场竞争导致个别资本家不断进行利润再投资，引起资本有机构成水平不断提高。其次，由于工人组织能力提升、生理与心理承受能力存在极限等原因，资本家对工人的压榨和控制也存在限度。对市场上的每个资本家而言，他们都接受相同的竞争规则，面临相似的剩余价值上限，因此在整体行动逻辑之下，全社会的资本有机构成水平迅速提高，剩余价值率触顶，经济体利润率趋于下降。虽然置盐定理通过严格的数理过程证明资本有机构成水平的提高会使利润率上升，试图否定马克思提出的利润率趋于下降规律，但是现有研究发现，置盐讨论只有在一种非常严格的假设下才能成立，本质上是对马克思的背离，在资本主义经济内部，始终存在资本家个体与资本家群体之间的"囚徒困境"（张衔、薛宇峰，2020）。

2.3.2 利润分配制度与积累的动态

社会积累结构理论认为，随着资本积累的推进，资本主义内部的产品类型、技术选择、生产区位、劳动种类等多个领域都在不断变化，但是最重大的变革是制度安排上的变革，这些制度安排被定义为积累的社会结构，具体指各种法律、制度、社会习俗等，为资本积累提供了基本的游戏规则（鲍尔斯等，2009）。在我们看来，资本积累的动态的核心是利润再投资，利润分配制度自然能够影响资本积累的动态，因此有必要对其进行单独和详细的考察。由于利润分配制度可以分为利润初次分配制度和利润再分配制度，因此，本书接下来将从这两个方面分析利润分配制度对资本积累的动态的影响。

1. 利润初次分配制度与积累的动态

企业与股东之间的利润初次分配规则影响资本积累的动态。在现代社会中，价值创造单位主要以企业的形式存在，股东作为企业的所有者参与到企业的利润分配过程之中，为了制约和激励企业与股东之间的利润分配，现代社会制定了一系列的规则，这样的规则通过多种机制影响资本积累的动态。第一，股东激励机制。作为企业的出资人，股东既通过现金分红获得短期回报，也希望通过将利润留存企业而获得长期回报，为了在短期和长期之间取得一种权衡，企业与股东之间会存在现金分红、转送股、股票回购等多种利润分配规则，对于不同分配规则的选择会影响企业的积累进程。第二，企业激励机制。在现代企业中，企业实际上由高管层和员工控制，高管层和员工希望保留较多的利润，企业发放给股东的利润越多，企业自身保留的利润越少，对高管层和员工的激励越弱。第三，再投资可用资金机制。企业保留利润是企业成长最为重要的财务资源，企业现金分红越多，保留的利润越少，利润再投资的可用资金越少，从而影响到资本积累的强度和速度。

资本与劳动之间的利润初次分配规则影响资本积累的动态。在资本积累过程中，资本可能让劳动者参与企业的利润分配，从而形成劳动者参与利润分享的各种规则，这样的规则通过多种机制影响资本积累的动态。第一，劳动激励机制。在企业的利益相关者中，劳动者始终是最为重要的价值创造主体，但是劳动者并不能"自由地"创造价值，而往往处于资本的管理和控制之下，在这些管理和控制手段中，资本可能会建立利润共享机制，从而将劳动者的利益和企业的发展绑定起来。在众多劳动者当中，资本最有可能让高级管理者和高级技术人员参与到利润分享之中，从而更好地代表资本的利益，更好地动员普通劳动力。第二，再投资可用资金机制。资本选择与劳动者进行利润共享的好处是能够更好地激励和控制劳动者，以产生更多的利润，代价是利润的一部分将归属于劳动者，两者的强度一般不会完全相等，因此企业保留利润会受到影响，利润再投资可用资金和资本积累的强度也随之受到影响。

资本与资本之间的利润初次分配规则影响资本积累的动态。对现代企业相关的资本可以进行不同的区分，从资本的性质来看，可以分为股权资本和债权资本等资本类型，而在股权资本内部，则可以分为大股东和中小股东等资本类型，这些资本之间的利润分配规则会影响资本积累的动态。第一，股权资本和债权资本之间的利润初次分配规则影响资本积累的动态。在企业的利润分配流程中，企业的息税前利润首先要支付债权资本的利息，然后才能进行股权资本的分红，在这种利润分配规则下，企业的负债水平会较大程度地影响资本积累的进程，在负债率攀升的情况下，资本积累会受到较大的负面影响。第二，大股东和中小股东之间的利润初次分配规则影响资本积累的动态。一般而言，大股东和中小股东按照不同的股本规模和相同的分红水平参与企业利润分配，但是通过参与董事会和高管层等企业治理单元，大股东往往能够成为企业内部控制人，进而通过关联交易、股权质押等手段进行利益输送，形成大股东和中小股东之间各种显性或潜在的利润分配规则，最终影响资本积累进程。

2．利润再分配制度与积累的动态

企业保留利润的使用规则影响资本积累的动态。保留利润的使用并非完全取决于企业主的自主安排，可能受到劳资关系和规章制度等多种因素的影响而形成各种使用规则。在劳动和资本处于对抗的情况下，企业保留利润更有可能投资自动化机器以打压工人的地位，更有可能用于支付管理报酬和提升管理技能以监督和控制工人，而在劳资关系较为和谐的环境中，企业保留利润则更有可能用于提升工人技能以更好地为资本创造价值；企业利润的再分配决定新增就业规模和新增税收水平，因此，一个国家可能引导和规范外商企业的保留利润再分配行为，地方政府也可能会对当地企业的保留利润再分配行为提出明确要求或者出台鼓励措施，从而形成保留利润再分配的各种规则，最终影响资本积累的进程。

不同性质的利润主体的使用规则影响资本积累的动态。当企业完成利润初次分配后，股东所获得的红利和债权人所获得的利息有可能进入机构账户，也有可能进入居民账户，如果进入机构账户，那么这些利润就会成为机构收入的组成部分，对这些利润的使用就会受到相关规则的制约，比如，在商业银行以债权人身份从产业部门获得利息之后，这些利息构成了商业银行的收入并最终带来利润，对这些收入的使用会受到资本充足率等规则的制约，国家以股东身份获得的红利会受到利润预算制度的制约；如果进入居民账户，那么和劳动者通过利润共享所获得的红利一样，其成为居民可支配收入的组成部分，进而会受到各种消费规则和储蓄规则的制约，影响各种社会产品的出售和剩余价值的实现，最终影响资本积累的进程。

2.3.3　社会目标/社会关系、利润分配制度与积累的动态

社会目标反映了一个社会的基本价值取向，而社会关系则是社会阶级关系或阶层关系的总和，社会目标向社会关系的建立和完善提供了指引，社会关系发展和变革的方向应该有利于实现社会目标。在马克思主义政治经济学的理论框架中，对资本、利润和积累等概念并不能进行直观意义上的简单理解，比如，资本不能被理解成设备、利润不能被理解为收入等，而是要理解成"关系"，在资本主义社会的众多"关系"中，劳资关系是最为重要的关系，资本家拥有生产资料，劳动者只能出卖劳动力，正是在这种劳资关系中，才产生了马克思在《资本论》中提到的各种概念。中国特色社会主义的本质在于中国共产党的领导，中国的社会目标在于坚持以人民为中心的发展，中国的社会关系则是中国共产党领导的各类关系的总和，在中国共产党的领导之下，中国的社会关系不断发展和完善，从而可以更好地实现以人民为中心的发展目标。所以，当我们利用这些概念对中国经济进行政治经济学分析之时，也需要联系中国的社会目标和社会关系。

对物理技术和管理制度的分析需要联系背后的社会目标和社会关系。哈维（2017）提到，首先，马克思所说的技术是广义的，不仅包括机器、工具等物理技术，还包括劳动分工、劳动协作、命令链条、科层授权、所使用的协作和控制方法等。再者，就挖渠这项技术来说，一方面，我们可以进行物理描述：劳动对象上，土地被开发的难易程度；劳动工具上，使用铁锹、挖土机还是推土机；劳动者上，使用的脑力和体力数量；劳动生产率上，每小时挖掘的沟渠里程。另一方面，纯粹进行物理描述毫无意义，而应该联系技术背后的社会目标和社会关系，需要回答挖渠人是一个奴隶、工薪劳动者、手工艺人、社会主义者还是一个宗教仪式中的狂热分子，处于一种什么样的社会关系中，有着什么样的社会目标？针对"鞍

钢宪法"，崔之元（1996）认为，"两参一改三结合"，特别是"三结合"，其实就是丰田生产方式中的工人、技术人员和管理者的团队合作，然而，如果将"鞍钢宪法"放在特定的社会目标和社会关系中考察，就会发现"鞍钢宪法"不等同于丰田生产方式或后福特主义，崔之元教授所犯的错误就在于，他认为，"鞍钢宪法"仅仅是一种工厂管理制度，而这种工厂管理制度既可以适合社会主义也可以适合资本主义。① 这也就忽略了社会目标的差异，即资本主义社会的社会目标都是为了从工人身上榨取更多的剩余价值，而在社会主义社会中，社会目标是满足人们的生活需要。

生产资料所有权可以作为识别社会目标和社会关系的重要标准。对于任何经济体来说，批评者可以说其目的是榨取更多的剩余价值，但支持者可以辩解说是更好地满足人们的生活需要，因此，对社会目标和社会关系的评价需要某种相对客观的标准，从马克思主义政治经济学角度来看，生产资料所有权可以作为重要的评价标准。在典型的资本主义社会中，资本家拥有生产资料，资本主义政府代表资本家的利益，资本主义社会的技术进步和管理改善的主要目的是榨取更多的剩余价值；在中国特色社会主义社会中，实行公有制为主体、多种所有制经济共同发展的基本经济制度，国有企业是中国共产党执政的重要物质基础和政治基础，通过做大做强做优国有企业，可以更好地代表人民利益，实现以人民为中心的发展。所以，生产资料所有权的差异可以基本反映社会目标和社会关系的差异，我们可以联系生产资料所有权来分析利润分配制度对资本积累的动态的影响。

国有企业的商品性使国企利润分配制度也具有商品性。对于国有企业来说，虽然生产资料由全民所有，但是生产资料不属于任何个人，劳动仍然是谋生的手段，使国有企业具有商品性的特点。国有企业的商品性使国企利润分配制度也具有商品性，在利润初次分配层面，国有企业出资人与国有企业之间的利润初次分配规则能够影响资本积累的动态，同时拥有完

---

① 《鞍钢宪法的划时代意义》，搜狐网，https：//www.sohu.com/a/131126451_ 425345。

整的生产资料所有权和利润控制权能够向国有企业出资人提供必要的激励，但是上缴过多利润会减少再投资可用资金从而对国企发展不利，国企员工持股和国企不同资本之间的利润初次分配规则都能够影响资本积累的动态；在利润再分配层面，国有企业保留利润的使用规则和上缴利润的再分配规则也都能够影响资本积累的动态，这些层面的逻辑与之前的一般分析并无明显差异。

国有企业的社会性使国企利润分配制度也具有社会性。在资本主义社会中，生产社会化与生产资料私有制之间存在无法克服的矛盾，而在社会主义社会中，国有企业生产资料归全民所有，通过公共品提供、战略控制、参与宏观调控等途径，能够较好地适应生产社会化的要求，使国有企业具有较强的社会性。国有企业的社会性使国企利润分配制度也具有社会性，在利润初次分配层面，对于社会性或者公益性较强的国有企业，只需要向国有企业出资人上缴较低比例的利润甚至保留全部利润，由于这些国有企业不是利润导向的，因此往往不会让员工参与企业利润共享；在利润再分配层面，国有企业的保留利润需要更多地支持公共品提供、战略控制等社会性任务，国企上缴利润不仅需要用于社保基金、公共财政等方面的民生性支出，也要用于国企改革创新、国企布局优化等生产性支出。利润分配制度的社会性方面能够较好地适应生产社会化，从而影响资本积累进程。

中央企业利润分配制度具有全国范围内的商品性和社会性，从而能够在全国范围内影响资本积累的动态。我国的国有企业可以分为中央企业和地方国有企业，在商品性方面，中央企业和地方国有企业并无明显差异，进而使利润分配制度具有商品性，需要参考其他类型的企业制定利润分配规则，以使国有企业与非国有企业相互竞争和共同发展；在社会性方面，中央企业和地方国有企业存在差异，中央企业更多地代表中央政府的意志，在全国范围内提供公共品、进行战略控制或者参与宏观调控，承担全国范围内的社会性任务，进而使中央企业利润分配制度具有全国范围内的社会性，地方国有企业则更多地代表地方政府的意志，更多地在地方范围内承担社会性任务，进而使地方国有企业利润分配制度具有地方范围内的社会性，如果地方国有企业突破地域限制而发展为全国性质的企业，那么其在全国范围内将更多地体现出商品性。

2.4　本章小结

本章首先明确了基本概念，然后阐述了马克思主义的利润分配思想，最后构建了国有企业利润分配制度改革的动态跟踪与效果评估框架。基本概念部分说明了利润、利润分配、利润分配制度等概念，利润分配制度可以分为利润初次分配制度和利润再分配制度，从而为国有企业利润分配制度改革的系统考察提供了重要的理论工具。在利润分配思想部分，马克思提出了剩余价值资本化理论，将利润分配置于资本积累的核心地位，认为只有联系生产资料所有权才能分析利润控制权对资本积累的影响，并且认为利润在消费和积累之间的分割对于资本积累来说至关重要。在理论框架构建部分，按照"社会目标/社会关系—利润分配制度—积累的动态"的基本思路，首先借鉴马克思和鲍尔斯等学者的思想，对《资本论》中的三个积累模型进行一定程度的综合，建立起"积累的动态"这个理论内核；接着参照社会积累结构理论的基本逻辑，认为利润分配制度能够影响积累的动态，从而将"利润分配制度"嵌入理论内核之中；最后借鉴马克思和哈维等学者的基本思想，认为生产资料所有权是识别社会目标和社会关系的重要标准，从而将"国有企业"和"中央企业"引入进来，最终完成理论框架的构建。

第3章
利润分配制度演进与大国生产力变迁

出于以下两个理由，我们认为有必要研究利润分配制度演进对大国生产力变迁的长期影响。第一，国有企业利润分配制度改革如何影响宏观生产力和积累动态？我国实行公有制为主体、多种所有制经济共同发展的基本经济制度，这意味着宏观生产力和积累动态必然受到公有经济利润分配制度和非公经济利润分配制度的共同影响，而全面分析利润分配制度演变与生产力变迁的客观规律，就有必要将中国放在大国生产力变迁中进行历史考察。第二，我们提出的马克思主义理论框架是否具有较为广泛的解释力？前面提出的马克思主义理论分析框架具有较强的开放性，只需要结合不同的社会目标和社会关系，就可以将其应用于不同的所有制背景，因此进行利润分配制度与生产力变迁的大国历史分析，可以初步检验理论框架的解释力，厘清大国利润分配制度的演进脉络，明确国有企业利润分配制度改革在我国经济发展过程中的历史作用。

制造业或者工业实力演变能够较好地体现宏观生产力变迁情况。自新中国成立，特别是改革开放以来，我国制造业快速发展，我国已经成为制造业大国，却远远不是制造业强国。当前，我国制造业中的许多产品门类齐全、独立完善，劳动力成本优势明显，出口竞争力较强。然而，与世界先进水平相比，我国制造业存在原始创新能力较弱、信息化程度较弱、长期处于产业链底端、获得的附加值较低等诸多问题，不利于形成长期竞争优势。

成功迈入制造业强国，就必须坚持以劳动者为本，进而需要一套行之有效的利润分配机制。要重构制造业竞争优势，实现由低成本竞争优势向高质量竞争优势转变，就必须重视参与人的积极性和创造力，形成愿意配合企业创新战略的工作环境，创造和谐的劳资关系，化解劳动力之间的矛盾，最终提高企业生产率。实现这个转变，需要一套行之有效的收入分配机制，其中，极为重要的就是健全的利润分配制度。在 2013 年出台的《关于深化收入分配制度改革的若干意见》中，对于企业利润分配制度改革，提出要"建立健全以实际贡献为评价标准的科技创新人才薪酬制度""探索建立科技成果入股、岗位分红权激励等多种分配办法""健全技术要素参与分配机制"，并且"落实上市公司分红制度""实施员工持股计划""多渠道增加居民财产性收入"，还要"建立健全国有资本收益分享机制"。因此，我们需要分析利润分配制度、制造业生产力发展和劳动者作用之间的关系。

关于大国制造业生产力与竞争格局的历史演变，现有文献试图从多个方面寻找原因，比如，新古典经济学框架下的技术革新、产权制度和要素禀赋等（诺斯、托马斯，1999；Ju et al.，2015），演化经济学框架下的贸易保护、国内市场等（贾根良，2011；邓久根、贾根良，2015），马克思主义政治经济学框架下的社会权力结构、劳动过程等（拉佐尼克，2007；谢富胜，2007）。本章借鉴了马克思、哈维等的基本思想，通过分析英美日中四国制造业格局的历史演变情况，探寻利润分配制度、价值创造和资本积累之间的一般逻辑，发现当技术条件发生明显的变化时，利润分配制度能够适应这种变化，从而在前期适应和促进生产力发展，然而，由于嵌入社会权力关系之中，利润分配制度能够自我强化，从而在后期抑制生产力发展。

与以往有关马克思主义的文献相比，本章主要有两个方面的创新：第一，不同于有关社会权力结构、劳动过程等方面的文献，本章从利润分配制度角度，重新梳理英美日中四个国家的工业演变历程；第二，从利润初次分配与再分配两个层次，分析利润分配制度与生产力之间的长期互动，分析利润分配制度如何影响劳动者地位、价值创造、资本积累与生产力变迁。本章接下来首先借鉴马克思的基本思想，提出分析思路，接着遵循世界工业中心从英国到美国，再到日本，最后回到美国的基本脉络，总结每个国家在不同阶段的利润分配制度特征，分析利润分配制度如何适应、促进或者抑制工业生产力发展，概括中国的利润分配制度，分析其在世界工厂形成过程中的明显作用。本章认为中国要想成为制造业强国，就必须深化利润分配制度改革。

3.1 利润分配制度的马克思主义分析与扩展

利润分配可以分为利润初次分配和利润再分配。企业利润分配包括两个过程：在物质生产领域的初次分配和初次分配后的再次分配。所谓利润初次分配，是指企业获得利润后，其被分割为不同的部分，分别属于不同的主体，比如，利润被用来向借贷资本家分配利息、向土地资本家分配地租、向股东分配股利、向企业经理分配高管报酬，此外还包括企业保留未分配利润等。所谓利润再分配，是指完成初次分配后，获得利润的各主体会将利润分割为不同的部分。

利润分配制度是理解经济制度如何运行、变革的关键所在。所谓利润分配制度，是指利润分配的相关法律、原则和规则。在新古典经济学分析框架中，利润分配只是收入分配的一个组成部分，其发挥相对有限的作用，而在马克思主义政治经济学框架中，剩余产品由谁控制和如何被使用，是理解不同经济制度如何变革的关键所在[①]（鲍尔斯等，2009）。马克思—马格林资本积累理论强调，资本积累并非简单的个人储蓄行为，而是将剩余价值不断资本化的扩大再生产行为（赵峰等，2012）。由于"在生产的巨流中，全部原预付资本，与直接积累的资本即重新转化为资本（不论它是在积累者手中，还是在他人手中执行职能）的剩余价值或剩余

---

① 鲍尔斯等（2009）认为，经济上的阶级是通过剩余产品如何被控制和使用来定义的，阶级和剩余产品是理解不同的经济制度如何运行、变革的关键所在。

产品比较起来，总是一个近于消失的量（数学意义上的无限小的量）"①。经济剩余通过三种方式得以消化：剩余消费、非生产性活动和资本积累。非生产性活动影响美国二战后的生产力、资本积累和社会福利（Wolff，2006）；非生产性活动对世界上 39 个主要国家的经济增长均有影响（姬旭辉等，2016）。所以，准确把握大国生产力变迁情况，需要从利润分配制度着手分析。

需要联系社会目标和社会关系思考利润分配制度。如前所述，马克思所分析的技术不仅包括机器、工具等狭义范围内的物理技术，而且包括劳动分工、劳动协作、科层授权等广义范围内的技术。就具体某项技术而言，一方面，我们可以对其进行物理描述，比如，劳动对象的特征、劳动工具的种类、劳动者调用体力和脑力的程度、劳动生产率的大小等；另一方面，我们可以对其进行社会描述，比如，生产资料由谁所有和控制、劳动者所处的社会关系、生产的社会目标等，马克思甚至认为社会描述相比物理描述更有意义（哈维，2017）。对于计划经济时代的"鞍钢宪法"，也不能将其简单地看成一种工厂管理技术，将其视作中国的丰田生产模式，一旦考虑到其背后的社会目标和社会关系，这两种管理技术其实是截然不同的。

利润初次分配和利润再分配之所以制度化，就是因为利润分配嵌入了社会权力关系之中。在利润初次分配层面，如果劳动与资本之间相互不信任，那么资本倾向于用机器代替劳动，发展管理型资本主义，从而削弱工人势力，同时资本倾向于与管理者进行利润共享以使后者更好地维护资本家的利益；如果劳动与资本之间相互信任，资本仍然相信技能工人，那么会将技能工人留在车间，同时资本倾向于与技能工人进行利润共享以使后者更好地承担技能培养和工人管理职能。在利润再分配层面，如果劳动和资本相互对抗和相互不信任，那么资本就倾向于不投资工人技能，因为拥有技能的工人会进一步提高工人阶级的谈判能力，与之相反，资本家更倾

---

① 《资本论》（第一卷），人民出版社，2004，第 678 页。

向于将利润投资自动化机器，用机器代替工人技能，选择只需要提供简单劳动的工人，增加可用的劳动力数量，降低工人的谈判能力，从而进一步加剧劳资对抗；如果劳动和资本相处和谐且相互信任，那么资本就更有可能将利润用于发展工人技能，因为资本不会担心拥有技能的工人反过来要求更高的收入分成而威胁到资本的获利能力，技能工人也会因为达到稳定预期目标而愿意发展技能并为企业长期工作，工人技能的发展和资本利润的增加进一步强化劳资信任。

关于利润初次分配，在马克思看来，利润控制权与生产资料所有权天然联系在一起。在传统工厂里，利润控制权和生产资料所有权都属于资本家，资本家狂热地节约生产资料以获取更多利润；在股份公司里，这两者都属于单纯货币资本家；在合作工厂里，这两者都属于工人，工人不断地节约属于自己的生产资料以获得合作利润。关于利润再分配，马克思在《资本论》（第一卷）分析资本积累过程时提到，资本家获得剩余价值后，剩余价值可分割为消费基金和积累基金，分割的比例影响资本积累。在剩余价值量已定时，这两部分中的一部分越大，另一部分越小，在其他一切条件不变的情况下，这种分割的比例决定积累量。古典经济学家认为，为了实现规模不断扩大的再生产，节俭或者说节欲——把剩余价值或剩余产品中尽可能大的部分重新转化为资本——是资产阶级的历史使命。马克思虽然批判了这种"节欲论"，认为资本家出于占有更大财富的动机，才将剩余价值用于积累，但是没有否认这一事实：剩余产品越小比例地用于消费，资本积累的速度就越快。作为价值增殖的狂热追求者，资本家将较大比例的剩余价值用于资本积累，"肆无忌惮地迫使人类去为生产而生产，从而去发展社会生产力，去创造生产的物质条件"。在这个意义上，作为人格化的资本，资本家具有"历史的价值"[1]。

马克思的论述对于利润分配制度的分析具有重要启示。第一，生产资料所有者自然拥有利润控制权。对于传统资本主义企业来说，利润控制权

---

[1]　《资本论》（第一卷），人民出版社，2004，第683页。

自然属于私人资本家，从而向资本积累提供强大的激励；对于现代资本主义股份企业来说，利润控制权自然属于货币资本家；对于合作工厂来说，利润控制权自然属于工人。在这三类企业中，由于生产资料所有者同时拥有利润控制权，因此其会持续地节约生产资料，提高生产资料的使用效率以获取更多的利润。按照这个逻辑，对于国有企业来说，由于国资委或对应机构代表全体人民行使所有权，因此，利润控制权也应该被同时授予国资委或对应机构，后者为了争取较多的利润，实现国有资本保值增值，就会不断减少对生产资料的浪费，防止国有资产流失，提高生产资料的使用效率。

除了生产资料所有权之外，还有什么因素影响利润控制权？生产资料所有权是决定社会权力关系的关键因素，工人技能和管理技术也是重要因素，因此，在一个更宽泛的意义上，社会权力关系影响利润控制权。除了生产资料的节约之外，利润初次分配的制度安排还能通过哪些机制影响资本积累？生产资料需要与劳动力相结合才能完成价值的生产和积累，要完成生产资料的节约和有效利用，必然伴随着劳动力的协调和管理。在资本主义主导世界的体系中，一个国家要在全球范围内建立起生产力优势，根本途径是实现剩余价值的大规模生产。就剩余价值的生产来说，要求拥有数量较多且质量较高的劳动力，并对这些劳动力进行恰当的管理和监督。对于对劳动力的管理和监督来说，利润初次分配制度并不是唯一的先决条件[1]，但从资本主义诞生开始，利润初次分配制度的确构建了一个重要的分配关系，使资本家能够调动工人阶级的积极性。

第二，利润再分配对生产资料的使用和资本积累有着重要影响。资本家将利润较少地用于自身消费而较多地用于再生产，这种利润再分配对于资本积累的加速和社会生产力的提升具有重要意义。马克思在《资本论》

---

[1] Schiller（2014）提到，在经济全球化时代，网络是资本家利用巨大而分散的全球新生工人库存的重要工具。

（第一卷）中的分析只涉及剩余价值资本化的一般逻辑，那么具体到不同国家不同时期，在生产资料所有者获取利润之后，如何进行利润再分配？这种安排对于资本积累和生产力会产生何种影响？在这个过程中，资本家和劳动者处于一种什么样的关系当中？劳动者地位发生了什么样的变化？马克思的分析为我们提供了框架，而我们则试图在这个框架下深化马克思的分析。

3.2 英国、美国与日本经验

从世界工业发展过程来看，工业中心从英国转移到美国，再到日本，最后回到美国。第一次工业革命之后，英国建立起了全球范围内的工业竞争优势；第二次工业革命之后，美国于20世纪初赶超英国成为世界霸主；20世纪80年代，美国工业受到日本的严重挑战，在许多领域丧失领袖地位；20世纪90年代，美国半导体工业成功突围，开启无工厂时代，并在以半导体为基础的通信工业重建竞争优势。在这个过程中，通过考察这些国家的利润分配制度，可以发现国家之间存在的空间差异、国家内部存在的时间差异。总体上，利润分配制度能够较好地解释英美日三国生产力优势的变迁情况。

3.2.1 英国

以第一次工业革命为标志，英国快速取得了全球范围内的工业领袖地位，这种优势一直持续到20世纪初。以19世纪六七十年代为分水岭，可以将英国的利润分配制度分为两个阶段。

从18世纪末到19世纪60年代，英国前后经历了普通纺纱机时代和自动纺纱机时代①。在这两个时代中，资本家支付工头计件工资，工头支

---

① 纺织业在英国崛起过程中居于关键位置，马克思的分析大多以纺织业为例证，邓久根、贾根良（2015）得出"成也纺织业，败也纺织业"的结论，虽然原因分析与本章不同，但可以从中看出纺织业的重要地位。

付助手小时工资。（1）普通纺纱机时代。在普通纺纱机工厂里，纺织工人采用一种内部承包制（Internal Subcontract System）即下包制的方式来工作，纺纱工按纺织品件数收取报酬，纺纱工从自己的酬劳里支付自己雇用和监督的助手小时工资。（2）自动纺纱机时代。19世纪30年代和40年代，英国从普通纺纱机时代转向自动纺纱机时代，纺纱工也被机器看护工所取代，逐渐形成看护工—接线工体制，并且依然采用内部承包制（Lazonick，1979）。名义上，资本家向机器看护工支付固定工资，实际上，资本家按件支付报酬。具体做法是，"先扣除清理、络纱和偶然性停工的时间，然后计算当纺纱支数一定的时候，按照正常水平，一对锭子一周应该有多少产量。然后用标准每周工资除以这个正常的产量，得到每1000缕纱线的报酬率。机器看护工的实际毛收入就是这个报酬率乘以其实际纺出的1000缕纱线的数目，并根据该经济周期劳资双方谈判的一定的百分比上调或下调"（Lazonick，1979）。然后，看护工根据工资表上具体标示的固定数目，从自己的每周毛收入中，支付大接线工和小接线工小时工资。

计件工资形式体现了资本家和工头之间的利润分成情况。马克思提到，实行计件工资以后，劳动的质量和强度由工资形式本身来控制，资本家不需要直接监督劳动，因此，计件工资形式成为层层剥削制度的基础，这种制度有两种基本形式：第一，计件工资使资本家和雇佣工人之间的"寄生虫的下包制"更容易实行，中间人的利润来自资本家支付的劳动价格和中间人实际支付给工人的那部分劳动之间的差额，"如果一件劳动产品要经过许多人的手，他们都要从中分取利润"[1]；第二，"计件工资使资本家能与工头（在手工工场是组长，在矿井是采煤工人等等，在工厂是真正的机器工人）签订按件计酬的合同，工头按照合同规定的价格自己负责招募帮手和支付给他们工资，在这里，资本对工人的剥削是通过工人

---

[1] 马克思援引《童工调查委员会。第2号报告》第 LXX 页第424号的论述，出自《资本论》（第一卷），人民出版社，2004，第637页。

对工人的剥削来实现的"①。因此，纺纱工或者看护工获得的计件工资，可以从额外收益中提成，实际上参与了利润分成，助手即使对产量增加做出了额外贡献，也只获得固定工资，不参与利润分配。

纺纱资本家不断将利润投入纺纱技术方面。出于进一步提高生产率、摆脱麻烦的、以罢工相威胁的纺纱工人等原因，纺纱资本家持续在纺纱技术方面投资，使英国从普通纺纱机时代走向自动纺纱机时代。此时的纺纱资本家往往没有自己的研发部门，但是他们会向整个社会提出要求，整个社会中有公司或个人纷纷进行自动纺纱机的研发并申请专利。1818~1830年，人们至少推出了6种自动纺纱机进行试验，最后罗伯特纺纱机取得成功。1833年，250~300个罗伯特自动纺纱机投入使用，这些自动纺纱机总共带了10万个锭子。19世纪50年代早期，自动纺纱机可以纺出50支的纱，而到了60年代，则可以纺出90支的纱（拉佐尼克，2007）。可以看出，英国纺纱技术快速更新。值得注意的是，资本家投资纺纱技术方面并非完全出于提高生产率的要求，其也是为了减少对雇工体力和精力方面的要求，从而使男性纺纱工不再不可或缺，资本家希望，当男性和女性能够相互替代时，雇佣成本自然能够大幅降低。

可以看出，从18世纪末到19世纪60年代，在利润初次分配制度方面，英国形成了资本家和工头的利润分成制度；在利润再分配制度方面，英国资本家持续投资纺纱技术方面。利润初次分配制度调动了纺纱工/看护工的积极性，利润再分配制度促成了规模的扩大和技术的革新，两者一起适应和促进了生产力发展。（1）资本家和工头的利润分成制度适应和促进了生产力发展。就物质技术条件而言，无论是普通纺纱机时代还是自动纺纱机时代，全部机器仍然处于工人的看管之下，整个生产仍然需要纺纱工人的技能支持，助手或者接线工需要进行较长时间的学习才能上升到

---

① 《资本论》（第一卷），人民出版社，2004，第637页。同时，马克思援引霍吉斯金的论述："师傅和他们的帮工一样是工人。在这一点上，他们的利益和他们帮工的利益完全相同。但除此之外，他们还是资本家或是资本家的代理人，在这方面，他们的利益和工人的利益则截然相反。"《资本论》（第三卷），人民出版社，2004，第437页。

纺纱工或者接线工的位置，在这种情况下，资本家让渡部分利润给纺纱工或者接线工，让这些工头负责对底层工人进行技能培训，以代替资本家监督底层工人进行劳动，从而较好地适应和促进生产力发展。经典理论认为，以纺织为代表的英国工业之所以起飞，是因为圈地运动和财富掠夺为之提供了充足的劳动力和资本，劳动力、资本与工业革命带来的技术基础相结合，大幅促进了生产力发展。毫无疑问，圈地运动和财富掠夺是非常重要的，同时，劳动力的规模和质量，以及对劳动力的管理、监督和控制，在资本主义工厂中处于最重要的位置。在工业革命早期，资本家在工人的招聘、培训和监督方面都存在困难，进而使资本家采用承包制将这些任务交给纺纱工，资本家让渡部分利润，调动了纺纱工的积极性。在我们看来，正是由于对剩余价值和生产利润的追求，看护工对接线工进行了有效的招聘和管理，强化了等级劳动分工，使普通纺纱机时代的计件工资制度一直持续到自动纺纱机时代。在这两个时代，通过利润分成，工头获得的"工资"较多，助手或者接线工等普通工人获得的工资较少，工资差距为普通工人确立了工资晋升阶梯，使他们愿意为获得非常低廉的报酬长期工作。（2）利润再分配适应和促进了生产力发展，也正是基于生产力优势，利润再分配在社会权力关系的作用下制度化。对于生产力的发展来说，不能只强调利润分成的激励作用而忽视剩余价值资本化的力量，《资本论》（第一卷）出版于1867年，此时英国已经进入自动纺纱机时代，马克思对"剩余价值资本化"有着深刻的理解，对资本家的"节俭"进行了辩证的分析。虽然工头参与了利润分成，但在当时的纺纱工厂中，纺纱资本家拥有对厂房和机械等生产资料的所有权，因此，纺纱资本家进行了利润再投资和利润再创新。虽然这些纺纱资本家普遍没有自己的研发部门，但是他们通过专利购买的方式投资、引进和更新纺纱机械和纺纱技术，纺纱技术的改进促进了资本积累，利润再投资策略与生产力发展相适应，从而有利于英国在19世纪的大部分时间里成为"世界工厂"。同时，基于这种策略带来的生产力优势，工头们建立起了强大的工会，推动企业利润不断投入纺纱技术创新方面，虽然资本家试图通过投资更加自动化的机器降低对男性技能的要求进而打压工人的地位，但是工人们仍然保持了对机器的控制，这种利润再分配在社会权力关系的作用下制度化。

从19世纪70年代开始，利润分成制度抑制了接线工的积极性，资本家没有将利润投入管理方面，两者共同作用，加速了纺织业的衰退，抑制了生产力的发展。（1）利润分成制度不利于资本的持续积累和生产力的进一步提升。19世纪70年代，纺纱企业的扩张期结束，增速放缓和企业破产数量增加导致市场上看护工供过于求（拉佐尼克，2007），低廉的工资和晋升无望的前景，使接线工供应的劳动变得极其不稳定。在这种情况下，资本家尝试通过"搭伙"削弱看护工—接线工体制：在保持总工资不变的情况下，降低看护工的工资，将接线工提升至与看护工一样的级别，两者获得相同的工资，实际上剥夺了看护工的利润分取权。然而，机器看护工利用自动纺纱工协会①，成功地将新的体制拒之门外，继续参与利润分成，让接线工只获得生存工资，并且由此认识到，自己的技术工人地位"并不是靠劳动力市场中训练充分且能干的纺纱工的稀缺来保障，而是要靠团体的力量让接线工始终处于下属地位，才能保障自己的地位"（拉佐尼克，2007）。可以看出，工头不愿意放弃利润控制权，削弱了劳工队伍，加速了纺织业的衰退。（2）利润再分配制度无法使英国纺织工业保持全球竞争优势。利润分成制度只是加速了纺织业的衰退，但更为根本的原因在于利润再分配制度。按照钱德勒的说法，英国之所以逐渐丧失优势，是因为没有进行大规模的管理资本投入，自始至终让工头代行管理职能，没有把管理职能单独分离出来，进而通过大企业进行规模经济和范围经济发展，顺利进入管理资本主义时代。我们关心的问题是，纺织工业利润再分配处于一种什么样的社会权力关系之中，以至于英国资本家没有能够孕育出现代专业管理机制以协调更多的工人并且加强对工人的控制？英国当时的劳资对抗程度非常高，机器看护工联盟异常强大，如果资本家

---

① 在自动纺纱机时代，机器看护工为了巩固自身的地位，于1861年成立自动纺纱工协会，协会成员全部是男性看护工，这个协会迅速发展壮大，存在了一个多世纪（拉佐尼克，2007）。

试图削弱对机器看护工的控制而引入任何新的劳动分工方式，那么机器看护工联盟都能够成功地拒绝，实际上，强大的机器看护工联盟一直维持到二战后。从后来美国的发展情况来看，美国资本家就是因为利用了工会势力较弱的空隙，采用各个击破的方法，最终成功完成机器对劳动的替代，顺利地将技能工人赶出车间。在这种社会权力关系之下，英国资本家的确进行了较大规模的利润再投资和利润再创新，但是这种投资始终没有跳出技工控制模式，没有重构有关进行劳动过程投资专业管理的机制，阻碍了英国纺织工业继续引领世界的步伐。从搭伙体制的引入来看，资本家只是试图在保持总工资不变的情况下改变内部分配格局，这表明资本家选择的纺织技术的确已经无法显著提高劳动生产率。

3.2.2 美国

20 世纪二三十年代，美国取代英国成为世界工业霸主，"黄金时期"之后，美国工业的优势逐渐被日本吞噬。关于美国的利润分配制度，可以从三个阶段来看：工业发展初期、19 世纪末至 20 世纪 30 年代和 20 世纪 30 年代至 70 年代。

工业发展初期，美国工业利润分配制度适应和促进了生产力发展。在工业发展初期，美国棉纺织业移植了英国的计件工资制，资本家让渡小部分利润给纺纱工。棉纺织业是美国工业化的重要基础，19 世纪 40 年代，美国新英格兰地区①开始引入自动纺纱机，资本家向工人支付计件工资。美国模仿英国发展棉纺织业，然而美国赶超英国主要依靠金属制造业。美国的金属制造业也采用计件工资制，资本家让渡小部分利润给承包人。从 19 世纪中期到 20 世纪初，金属制造业的资本家和承包人之间采用内部契约制（Inside Contract）（Buttrick，1952），承包人付给助手小时工资，而自己拿计件工资，即可以拿到团队业绩报酬的所有剩余。与英国的前期情

---

① 19 世纪，马萨诸塞州罗威尔地区的棉纺织业极为发达，因此，罗威尔也被称为"美国工业革命的摇篮"。

形基本相同，计件工资制意味着资本家让渡部分利润给承包人以调动后者的积极性，同时资本家也进行持续的利润再投资与利润再创新，推动美国纺织业和金属制造业迅速发展。

与英国有所不同的是，美国的工头们并没有因此建立起强大的工会保护自己的利润分享权利。19世纪40~80年代，美国新英格兰地区纺纱能力大幅提升，但是工人的计件报酬率没有随之上涨。比如，1886~1892年，新英格兰地区的资本家与纺纱工人签订协议，计件报酬率没有与工人生产率及利润增长率保持一致。"没有一个从业人员知道这个工资表上的工资是根据什么原则制定的……不管纺纱机是新的还是旧的，计件报酬率都是一样的；不管纺纱机转得快还是慢，计件报酬率还是一样的；实际上纺纱车间的监工可以要求工人将纱线扭转到他觉得合适的任何程度，而计件报酬率还是一样。"（拉佐尼克，2007）出现这一现象的原因是，在美国新英格兰地区，资本家联盟的力量非常强大，工会对利润的控制能力极为有限。当自动纺纱机引入新英格兰地区后，资本家集中于几个大家族，他们相对英国的同行更为团结，对利润的控制能力更强；纺纱工人工会组织发起了数次罢工，均以失败告终，美国的工人似乎只有用脚投票的权力，没有用手投票的权力，只有"退出"的个人流动权力，没有"呼吁"的集体谈判权力。对于金属制造业来讲，承包人能够拿到的利润分成也是极为有限的。虽然在19世纪后期，美国金属制造业工人开始加入劳联（American Federation of Labors，AFL），但是，20世纪初，在以卡耐基公司为代表的资本家联盟的强烈压制下，美国工会势力日渐衰退，导致承包人只能拿到少部分的利润分成。实际上，在1935年通过《瓦格纳法》（Wagner Act）之前，美国工人通过组织工会，向雇主提出提高工资、参与利润共享等要求，会被认定为一种刑事共谋犯罪（周剑云，2009）。

19世纪末至20世纪30年代，美国的资本家发展出了管理资本主义：利润初次分配制度层面，资本家与职业管理层共享利润；利润再分配制度层面，投资去技能化的机器设备。两者一起适应和促进了生产力发展。（1）资本家通过与管理层共享利润适应和促进了生产力发展。就物质技术条件而言，大规模流水线技术要求大量的专业管理者对流水线工人进行严格的控制，由于劳动分工安排和专业管理技能的复杂性，资本家选择与管理层共享利润以更好地调动后者的积极性，进而发挥大规模流水线技术提高生产力的作用。按照钱德勒的说法，美国之所以赶超英国，是因为出现了管理资本主义，而科学管理是管理资本主义的核心要素，正是由于泰勒的科学管理运动，大企业进行大规模的投资。在马克思主义学者看来，在这个时期，美国进入了福特制生产阶段，其核心就是泰勒制科学管理和流水线生产方式：泰勒制将组织劳动的信息掌握在职业管理者手中，劳动者就像机器上的零件，"去技能化"的劳动者完全丧失了对劳动过程的控制权（谢富胜、李安，2008）。马克思主义始终将劳动力的规模和质量置于资本积累的核心位置，在福特制生产方式下，工厂不再需要有技能的工人，而只需要标准化的工人，这意味着可用劳动力的数量大幅增加，为价值生产提供了最为重要的条件。与此同时，高等教育和职业教育等培养了大量标准化的管理者，从而可以有效地控制和协调数量众多的工人。美国的资本家为了管理大幅增加的劳动力，选择与管理层共享利润。1919～1929 年，制造业劳动生产率年均增长 5.6%，大大高于此前的增长率，然而工人工资却下降了 5.7%，企业剩余价值和管理人员工资分别增长了62.6% 和 21.9%（拉佐尼克，2007）。（2）"去技能化"的利润再分配适应和促进了生产力的发展，同时，也正是基于生产力优势，"去技能化"的利润再分配在社会权力关系的作用下开始制度化。就物质技术条件而言，大规模流水线技术要求利润进一步投资专业管理和自动化机器。英国的机器看护工联盟异常强大，不会给英国资本家任何"去技能化"的机会，在美国的资本家推行泰勒制进行科学管理之时，工人们没有强大的工会支持，资本家采取各个击破的方法推动工人"手脑分离"。在实际推进过程中，专业管理技术"优化"了劳动分工，美国工人的工资水平也随之明显上升，从而表现为劳动生产率和资本利润率快速提升。然而，在劳动生产率快速上升的时候，工人的劳动强度也随之大幅上升，并且工资上升的幅度远远小于劳动量的上升幅度，工人的劳动报酬关系并没有改善，因此，工人开始寻求建立工会以改善劳动报酬关系。

20世纪30年代至60年代中期，在利润初次分配制度方面，资本家仍然提升了专业管理层的利润共享程度。在利润再分配制度方面，由于工会势力不断加强，资本家利润再分配的去技能化倾向进一步制度化。20世纪30年代，为摆脱大萧条，美国在罗斯福的领导下进行了经济改革。在一系列的改革中，非常重要的是1935年通过《国家劳资关系法》（National Labor Relations Act）即《瓦格纳法》，该法第7条规定，"雇员有权自己组织起来，建立、参加或帮助劳工组织，有权通过自己选择的代表进行集体谈判，并且有权进行以集体谈判或互助或保护为目的的其他一致行动"（周剑云，2009），并且，这个法案还要求创建"国家劳资委员会"，这标志着劳联正式走向了"体制内"路线，政治家和政府机构开始为劳工行使权力保驾护航。该法虽然存在一些不足，但明显增强了工会的实力。为对抗日益强大的工人阶级，一方面，美国资本家选择用更加自动化的流水生产线削弱工人阶级的谈判能力，利润再分配的"去技能化"倾向进一步加强；另一方面，美国资本家更加依赖专业管理层对工人进行监督与控制，更大规模的监督工资支出意味着资本家提高了与管理层的利润共享程度。

20世纪30年代至60年代中期，资本家与管理层的利润共享初次分配制度能够有效调动和控制劳动力，去技能化的利润再分配制度进一步"优化"劳动过程，工人阶级收入的稳步增加拉动了消费需求，供给侧的效率改进和需求侧的消费增长一起促进了资本积累，形成了美国历史上的"黄金时期"。在这个时期，福特制生产模式开始主导美国制造业，进一步提升了美国的国际地位，二战后，福特制生产模式开始在世界范围内扩散，整个发达资本主义国家经历了20多年的经济快速增长的"黄金时期"。在利润初次分配层面，美国的福特制生产模式需要大量的低技能的劳动力，为使用和控制这些劳动力，美国资本家提升了与管理层的利润共享程度；在利润再分配层面，由于劳资对抗关系和福特制生产模式的相互加强，利润再投资更加偏向去技能化而进一步制度化，利润再分配制度持续"优化"劳动过程，进一步提升了劳动生产率，利润分配制度从供给侧的角度促进了剩余价值的生产。同时，工人运动的兴起提升了工人的地位，工会的首要目标不再是进行技能和生产控制（封凯栋等，2015），通过进行集体谈判，劳资之间形成工资增长与生产率挂钩机制（杨思远，2015），从而确保工人收入能够稳定增加，进而形成了强劲的消费需求，从而在需求侧发力促进剩余价值实现。剩余价值的生产效率较高，剩余价值的实现比较顺利，进而表现出比较快速的资本积累。经济增长速度较快，工人收入稳定增加，在经济增长和工人福祉之间似乎找到了某种平衡，可能正是由于这个原因，这个时期才被称为"黄金时期"。

20 世纪 60 年代中期至 70 年代中期，在福特制生产模式下，劳动分工重组空间已经非常有限，去技能化的利润再投资制度无法继续提高劳动生产率。对于 20 世纪 70 年代福特主义的危机的原因有两种解读：工资制度僵化和劳动生产率低下。与之伴随的是两种出路：新福特主义和后福特主义。前者意味着打破僵化的工资制度，采用弹性的工资体系，从而恢复利润率；后者意味着创新福特劳动过程，进行多技能劳动者的自我管理和协调合作，进而提高利润率（谢富胜，2007）。这次危机其实也是"劳动力数量危机"和"劳动力质量危机"：从劳动力数量角度来看，正是过高的工资限制了可雇用的劳动力数量①，从而限制了福特制生产模式的剩余生产能力；从劳动力质量角度来看，正是过度的去技能化，导致劳动力质量下降，进而限制了福特制生产模式的价值生产能力。从后来的工业实践来看，通过实现生产的全球化，可以在世界范围内控制更多的劳动力，部分国家和地区走出了一条"增加劳动力数量之路"；通过招聘和培养技术

---

① 随着外部冲击的到来和劳动生产率的下降，工资制度并没有表现出足够的弹性。比如，1960～1965 年，美制造业劳动生产率年均增长 5.1 个百分点，1965～1970 年平均增长 0.6 个百分点；制造业工资在 1960～1965 年的平均增长率是 3.9%，在 1965～1970 年的平均增长率是 5.9%。即使在石油危机冲击下的 20 世纪 70 年代，美国制造业工人工资仍然保持常规的增长速度（拉佐尼克，2007）。

工人，部分国家和地区走出了一条"提升劳动力质量之路"。利润分配制度的限制，使美国资本家发现两条路都走不通：一方面，利润初次分配制度的空间有限，由于可供分配的利润较少，利润初次分配制度能够发挥的作用较小，无法调动和控制更多的劳动力；另一方面，利润再分配制度的潜力不足，"强管理去技能"利润再投资倾向已经完全制度化，美国资本家极力增加一线监管员数量，在美国资本家看来，"有技术的工人代表着一种对管理剩余的威胁而不是增加价值创造的源泉"（拉佐尼克，2007）。

3.2.3　日本

20世纪80年代，以日本汽车为标志，在纺织、钢铁、造船、家电、汽车等诸多制造领域，日本工业向美国发起了强有力的挑战，日本取得了世界工业领袖的地位（冯昭奎，2002）。关于日本的利润分配制度，也可以分为两个方面，即利润初次分配制度和利润再分配制度。

利润初次分配制度层面，日本资本家与管理者和熟练技术工人共享利润。在工业发展初期，美国复制了英国的生产模式，与之类似，日本也复制了美国的生产模式，发生了与美国类似的管理革命，所有权与经营权开始分离，职业经理开始控制生产流程①（高超群，2008），为了调动职业经理的积极性，更好地管理数量众多的生产工人，企业选择与职业经理共享利润。同时，在工业发展初期，日本的劳动力需要通过接受企业内培训才能掌握现代工业技术，培训这些劳动力的制度就是"亲方制"：亲方是企业内部下包制的包工头，他们是技术工人出身，每个人带60～300名徒弟，亲方负责员工的录用和培训，对下包制的设计意味着亲方参与了利润分配。美国的资本家选择用机器代替工人，通过管理层剥夺工人对于生产流程的控制权，虽然日本也引进了自动化机器，但是将相当大的生产管理权和责任下放到车间。后来亲方由包工头开始向领取月

---

① 第二次世界大战期间，中国工业企业与日本企业展开了激烈的竞争，在竞争中显露出中国企业在管理上的弊端，引发中国企业开始向日本企业学习，进行科学管理改革，经理制开始取代工头制，参见高超群（2008）。

薪的监管者转变，但仍然负责对员工的录用和培训，考虑到这些下属的学习效果仍然能够影响亲方的劳动付出与劳动绩效，因此仍然可以认为亲方参与到了利润共享过程。

利润再分配制度层面，日本资本家将利润持续投入工人技能和自动化机器方面。与之前的分析逻辑类似，我们需要分析背后的社会权力关系。二战前，工人没有强大的工会支持①，这种权力结构有利于完成机器对技能的替代。在 20 世纪初的大部分时间里，技术工人严重短缺，但是日本企业没有选择用自动化机器替代劳动者以将技术工人逐出工厂，而是选择建立内部培训学校。1946 年，作为二战的后果之一，日本重新成立了全国性质的工会，但是由于受到之前日本工会社会主义思潮的影响，战后初期的日本工会因为较为激进而很快受到政府的压制，全国性的企业间工会转变为企业内工会，后者开始占据主导地位。虽然与行业工会和全国性工会存在联系，但是企业内工会不仅在组织运营和活动方面具有很大的权力，而且在财政上进行独立核算，企业内工会起着基础性作用，全国性工会起着统筹协调作用（北京市总工会劳动关系考察团，2011）。资本家和管理层逐渐正视企业内工会的作用，现有研究认为，不同于美国全国性的对抗性工会，日本发展了企业内工会，工人没有把工会当作重要的政治工具，而是将工会当作企业的管理协商机制的组成部分，这有利于让员工具备较高技能和多项技能（封凯栋等，2015）。

利润初次分配制度有利于日本资本家同时调动管理层和熟练工人的积极性，协调管理更多的劳动者；利润再分配制度有利于日本资本家持续将利润投入管理和技术工人方面，进而形成独具特色的丰田模式，促进生产力发展。作为新福特主义的典型代表，现有研究创造了丰田模式、弹性生

---

① 受到美国的影响，日本企业间工会组织发展的时间较早。早在 1897 年，重工业企业就普遍成立了工会组织。然而，日本首相山县有朋于 1900 年颁布了《治安警察法》（The Public Order and Police Law of 1900），禁止工人自由组织工会和参与罢工，工会活动受到镇压，此时，和美国工业发展初期类似，日本的工会活动是非法的。

产、柔性制造、灵活积累等概念，将日本的成功归结为对生产方式和劳动过程的创新，发展雇佣工人的专业技能，赋予技术工人足够的生产控制权，成功摆脱了福特主义危机（谢富胜，2007）。弹性生产技术要求将熟练劳动力置于重要的位置，自然需要在利润分配上体现熟练劳动力的重要地位。劳动力是价值增殖的源泉，日本正是通过"提升劳动力质量之路"提高了劳动生产率，促进了价值生产和生产力提升。要协调这些拥有技能的劳动力，日本资本家选择与管理层和熟练工人共享利润，从而调动他们的积极性。日本曾经成功地用机器替代劳动者技能，为什么没有沿着美国式的去技能模式走得更远？这是因为日本发展了企业内工会，企业内工会具有较强的灵活性，日本的资本家选择在企业内发展工人技能，而没有像美国的资本家那样，担心技术工人反过来要求更高的工资而威胁到资本家的利润。对于投资机器设备和工人技能，日本资本家发现，高技能工人的存在能够大幅降低自动化机器的故障率，减少不同生产批次所需要的机器的重新装配时间，进而形成更好的"机器—劳动者"关系和更有弹性的生产模式，最终带来更高的效率和更快的资本积累，效率的大幅提升最终形成了弹性制造模式，同时投入管理和技能工人方面的利润再分配制度促进生产力发展。

3.2.4　再回美国

20世纪90年代，面对日本的挑战，美国几乎全面落败，只有半导体产业成功突围（Lazonick et al.，2014），美国通过采用无工厂化模式（Bernard，Fort，2015），在以通信技术为代表的高新技术领域重新夺回原本的世界领先位置。

美国之所以能够在这些高新技术领域拥有较强的竞争力，是因为这些领域具有非常特殊的技术特征。在这些领域中，工程师呈现年轻化特征，学历相比经验更为重要，工程师和技术人员可以通过接受教育大批量标准化生产相关产品，以至于我们经常看到思科、IBM、谷歌等公司辞退工作了较长时间的老员工，而直接雇用刚从高校毕业的新员工（Lazonick et al.，2014）。在这些产业中，通过经验积累和企业培训提升劳动力质量已经不是很重要了，劳动力数量起着决定性作用，资本家不需要投资于工人技能，甚至在 21 世纪初利润再投资比例大幅下降的情况下，这些领域仍然拥有世界范围内的竞争优势。

就利润初次分配制度而言，通过发起新自由主义运动和采用无工厂化模式，美国资本家与核心管理层和核心技术层共享利润，在全世界范围内调动和控制普通劳动力，从而适应了上述技术特征，表现出较高的生产力水平。20 世纪 80 年代，里根就任总统并开始推行新自由主义，资本家公然向工会发起进攻，减少全日制和固定工人的劳动岗位，以削弱工会赖以生存的基础，工会由盛转衰，工会进行各种努力也未能挽回颓势。1955年，工会会员占劳动力的比例为 39%，而 1995 年和 2006 年分别为 15%和 13%（丹·克劳逊、玛丽·安·克劳逊，2010），工会的颓势使资本家可以大规模关闭工厂，解雇本土蓝领工人，许多蓝领工人的工作机会永久丧失，实际工资长期趋于下降（刘英，2003），美国的资本家将工厂转移到以中国为代表的拥有廉价劳动力的国家，开启了无工厂化时代。第一，在美国国内，美国资本家与核心管理层和核心技术层共享利润。在半导体等领域，资本家、核心管理层和核心技术层主要存在个体关系，核心管理层和核心技术层没有较强的内部联系和集体行动能力。在 20 世纪 30~70年代的"旧经济模式"背景下，美国实际采用的是终身雇佣制，为了让员工顺利进入"新经济模式"，不做出终身雇佣承诺，无论是类似于微软、惠普、思科等大企业，还是新企业和小企业，都普遍向核心工程师和核心管理人员提供期权（Lazonick et al.，2014）。第二，在不同国家或地区，美国资本家利用由地理和行政区域差异造成的劳动力市场分割，采取"分而治之"的策略，弱化普通劳动者的地位，攫取巨额利益（Peoples，Sugden，2000）。大企业让渡小部分利润给中小企业。最典型的例子莫过于苹果公司。就 iPhone 4 来说，苹果公司基本没有本地工厂，公司利润在价值链中的比重却达到 58.5%，中国的工厂生产了一半的 iPhone 4，完成了 90% 的装配环节，中国劳动力的收益只占所有价值的 1.8%；就 iPad来说，苹果公司的利润在价值链中的比重达到 30%，而中国劳动力的收益只占2%（Kraemer et al.，2011）。

就利润再分配制度而言，美国企业鼓吹股东价值最大化的好处，进行了较大规模的股票回购，从而导致企业利润大量流出企业，利润再投资强度大幅下降。2003～2012年，属于标准普尔500指数且股票持续挂牌的449家公司将利润的54%（总共2.4万亿美元）用于回购股票，将37%用于发放股息；在这期间，艾克森美孚、微软、IBM等股票回购规模较大的10家公司将利润的68%（总共8590亿美元）用于回购股票。理论上，如果采用要约收购的形式进行股票回购，就往往意味着高级管理者认为当前股价偏低，通过回购股票可以释放社会各方对于企业未来的信心，但是实际上，美国企业股票回购中要约收购的比例较低，大部分股票回购通过公开市场进行，在这种形式中，它们往往在多头市场上回购股票，而在空头市场上卖出股票，即高价买进，低价卖出。美国企业在极力鼓吹股东价值最大化的好处的同时，授予高管大量股票和期权以更好地代表股东的利益。2012年，美国上市公司委托书上的500名收入水平较高的职业经理人平均获得3030万美元薪酬，其中，42%来源于股票期权，41%来源于股票奖励。2003～2012年，在股票回购规模较大的10家公司中，平均每位CEO获得1.68亿美元的薪酬，其中，34%来源于股票期权，24%来源于股票奖励。为了自己的利益，同时迎合华尔街对股票收益不断上涨的期望，企业高管被激励大规模回购股票（Lazonick et al.，2014）。

利润初次分配制度有利于美国在全世界调动和控制劳动力，而利润再分配制度不利于美国保持世界领先地位。对于美国的重新崛起，现有研究将其概括为新自由主义或者新福特主义的表现，认为工资制度僵化是美国在这之前表现不佳的罪魁祸首，进而竭力打压工会，抨击劳动合同法，提高工作强度，提高劳动弹性。其实，从劳动力视角观之，正是通过"增加劳动力数量之路"，选择在全球范围内控制和动员劳动力，促进了剩余价值生产和资本积累。美国的资本家通过让渡一定范围的利润，较大限度地动员了全球巨大而分散的劳动力，促进了资本积累。但是，这种利润共享只限于资本家、核心管理层和核心技术层等精英阶层，普通工人阶层并没有从中得到好处，相反，他们会永远失去很多工作机会，现有工作也变得极不稳定。同时，美国资本家引入并宣扬股东价值最大化理念，为了让投资者获得超额回报，资本家主导董事会不断进行股票回购而持续拉抬股价，从而导致利润再投资强度大幅下降，这不利于美国在以通信技术为代表的高新技术领域继续保持领先地位。

3.3　中国经验

在美国再次"领先"的过程中，中国也迅速成长起来，经济总量快速增加，生产力水平快速提升。美国主要依靠的是无工厂化生产，而中国承接了大部分生产制造环节，并且，中国生产制造的产品的原创性和技术含量逐渐提高（林岗等，2015），所以，我们需要研究中国的利润分配制度，以及利润分配制度与生产力水平提升之间的关系。一个基本的共识是，中国快速发展的重要原因在于社会主义市场经济体制的建立和完善，其核心是公有制为主体、多种所有制经济共同发展的基本经济制度，在我们看来，需要重点分析与公有经济和非公经济相关的利润分配制度。

改革开放以来，公有制企业的利润初次分配制度和利润再分配制度均处于不断变革之中。第一，从利润初次分配角度来看，国有企业先后经过了利改税、税利分流和国有资本经营预算等多个时期。1983 年出台了《关于国营企业利改税试行办法》，规定国营企业利润首先以所得税的形式上缴，盈利国营大中型企业的所得税税率为 55%，剩余部分则采取递增包干、固定比例等多种方式上缴；1993 年出台了《国务院关于实行分税制财政管理体制的决定》，所得税税率统一为 33%，从而开启了较长时间的税利分流时期；2007 年出台了《国务院关于试行国有资本经营预算的意见》，决定由国资委监管企业和由国家烟草局进行国有资本经营预算，从而进入国有资本经营预算时期。第二，从利润再分配角度来看，也有相当多的政策文件对国企利润用途进行规定。国企保留利润需要用于特定领域。1978 年出台了《关于国营企业试行企业基金的规定》，要求企业基金主要用于举办职工集体福利设施和弥补企业福利基金不足等；1983年出台的《关于国营企业利改税试行办法》规定，企业留用利润用于建立五大基金，即新产品试制基金、生产发展基金、后备基金、职工福利基金和职工奖励基金，前三项金额之和不低于留利总额的 60%；1986 年出台的《国务院关于深化企业改革增强企业活力的若干规定》指出，对企业用税后留利进行生产性投资所增加的利润，按 40% 的税率征收所得税。国企上缴到上级部门的利润也需要用于特定领域。国有企业利改税之后，国企上缴的所得税直接进入公共财政，按照公共财政预算进行支出。2007年出台的《国务院关于试行国有资本经营预算的意见》规定，国有企业上缴利润主要用于资本性支出、费用性支出和其他支出。第三，对乡镇企业的利润再分配也进行相应的规定。1978～2003 年，从事非农生产的农村劳动力从 2800 万人增至 1.76 亿人，其中，大多数在乡镇企业就业，1990 年，地方政府规范了乡镇企业的利润分配方法：一半以上的利润必须再投资到本企业，用于扩大生产规模和进行现代化改造并增加福利和奖励基金；剩余利润的大部分用于农业基础设施建设、技术服务、公众福利领域和对新企业进行投资（阿里吉，2009）。

　　非公经济的利润分配制度并非完全市场化，也有诸多硬性规定和潜在的要求。(1) 国家鼓励外资企业进行长期的利润再投资。《中华人民共和国外商投资企业和外国企业所得税法》第十条规定，"外商投资企业的外国投资者，将从企业取得的利润直接再投资于该企业，增加注册资本，或者作为资本投资开办其他外商投资企业，经营期不少于 5 年的，经投资者申请，税务机关批准，退还其再投资部分已缴纳所得税的 40% 税款，国务院另有优惠规定的，依照国务院的规定办理；再投资不满 5 年撤出的，应当缴回已退的税款"[①]。2018 年，财政部、国家税务总局等四部委联合

---

① 《中华人民共和国企业所得税法》第六十条规定，"本法自 2008 年 1 月 1 日起施行"。
　 1991 年 4 月 9 日第七届全国人民代表大会第四次会议通过的《中华人民共和国外商投资
　 企业和外国企业所得税法》同时废止。

发布了《关于扩大境外投资者以分配利润直接投资暂不征收预提所得税政策适用范围的通知》，规定境外投资者从中国境内居民企业分配的利润直接投资鼓励类投资项目，凡符合规定条件的，实行递延纳税政策，暂不征收预提所得税。（2）社会权力关系与非公经济利润分配。第一，工会的独立性较差。改革开放以来，虽然中国工会进行了两次大改革，要求普及工会，增强自主性和活力（游正林，2010），但是工会的独立程度仍较低，更多地服务于生产。工会的职能不是与企业"分割利润"，而是与企业"共谋"如何保留利润（冯钢，2006），工会的存在并没有提高劳动收入份额（魏下海等，2013）。第二，城乡户籍制度不健全。一方面，城乡户籍制度塑造了农民工模糊的身份认同，农民工的流动主要通过家族、亲属以及族群等非正式网络进行，不容易团结一致进行集体谈判（任焰、潘毅，2006）；另一方面，农村土地的存在也使再生产劳动力和生产关系的成本由农村承担，私人企业主需要承担的成本大幅下降，私人企业为农民工提供的工资甚至低于生存工资，实际上，工资过低和劳动超时成为私人经济发展模式的"双生儿"，导致私人企业的盈利能力虚高（李钟瑾等，2012）。可见，非公经济资本强势，劳动弱势。根据前述历史和逻辑，这种权力结构有利于形成"去技能化"的利润再分配制度，同时，由于雇用大量的专业管理者以管理数量众多的从事简单工作的劳动力，而为了调动专业管理者的积极性，资本方会让渡部分利润给管理层，从而形成资本方与管理层进行利润共享的初次分配制度。

改革开放之后，公有经济和非公经济的利润分配制度总体上促进了生产力发展，公有企业将利润用于技术研发、固定投资、公共福利等领域，解释了自身效率的变化，实现了宏观效率的提升，民营资本方通过与管理层共享利润，调动了数量众多的劳动力，实现了微观效率的提升，同时也存在劳动者"去技能化"趋势，这不利于长期效率的提升。

第一，公有经济利润分配制度解释了自身效率的变化，并且实现了宏观效率提升。（1）国有企业利润分配制度能够解释国企微观效率的变化。以福利房建设为例，改革开放之初，国企就被要求改善工人的待遇，向工人提供福利房，作为一项政治任务，这种状况直到 1998 年《国务院关于进一步深化城镇住房制度改革加快住房建设的通知》出台才得以改变。利润用于福利房建设的比例从 1978 年的 5.1% 上升到 1998 年的 27.7%，随后开始迅速下降，2012 年之后，国企已经基本不再将利润用于福利房建设；与此同时，国有企业利润率从 1978 年的 23.8% 迅速下降到 1998 年的 1.1%，然后快速上升到 2012 年的 8.4%[①]，可见利润再分配制度对国企效率有较强的解释力。（2）国有企业利润分配制度有利于实现宏观效率提升。中国劳动力成本优势是中国能够发展壮大的重要原因，而劳动力更好地发挥作用，需要具备一系列条件：掌握更前沿的技术、拥有更稳定的预期、拥有更好的公共福利等，而对于这些条件的获得，国有企业都厥功至伟。在中国快速发展的过程中，国有企业开发了大量技术公共品，国企向非国企的技术交易比例接近 60%，成为技术模仿、移植、赶超和扩散的中心；国有企业的逆周期投资平衡了宏观市场波动；国有企业提供了大量的公共品和福利品，降低了民营经济的劳动力使用成本（刘元春，2001）。要实现这些职能，国有企业利润再分配制度是重要原因：通过引导国企将利润用于基础研究和应用研究，国有企业提供了大量的技术公共品；国有企业将利润较多地用于逆周期调节、宏观调控、公共品提供等，提供了更稳定的预期，降低了整个社会的价值生产成本和流通成本，实现了民营企业和整个社会宏观效率的提升。（3）集体企业利润分配制度有利于实现宏观效率提升。阿里吉（2009）认为，中国经济之所以能够快速增长，重要原因就是乡镇企业将利润进行再投资和再分配，以及将利润用于学校、诊所建设和其他集体消费等方面。

第二，非公经济利润分配制度有利于提高自身的微观效率，但也导致出现一系列问题。类似于泰勒管理和福特工厂，随着以富士康为代表的非公经济的产生和发展，中国引入流水线生产技术，并且采用多层级的科层管理模式，通过与高级管理者共享利润，实现了对劳动力的大规模动员和使用，巨

---

① 更为详细的分析参见第 4 章。

大规模且管理较好的劳动力有利于价值生产、资本积累和生产率提升。在这个过程中，由于工人的势力相对较弱，资本方采用自动化机器代替工人技能，减少了岗位对于工人技能的需求，从而使正常的成年劳动力皆可以通过接受简单的培训就参与生产流程，并且由于技能标准降低，产业后备军大幅增加，这进一步提高了资本的相对优势，从而减缓和压低了劳动报酬的上涨速度和上升空间，有效保障了非公经济的盈利能力。同时，非公经济利润初次分配制度意味着私营企业主与管理层能够共享经济剩余，从而带动管理层收入快速增加，私营企业主与管理层收入的快速增加成为居民收入差距拉大的重要原因；"去技能化"的利润再分配制度不利于对工人技能进行培育与提升，这不利于持续优化生产流程，不利于培养和坚守工匠精神，不利于工人的就业机会保持长期稳定，不利于工人收入稳步增加，不利于缩小收入差距。

3.4 中国启示

当前，我国面临从制造业大国成为制造业强国的战略任务。要实现这个目标，就必须坚持以人为本，重视对劳动力数量的管理，不断提升劳动力质量，而这需要一套行之有效的利润分配制度。

在未来的历史转型中，中国劳动力始终是价值创造之源。当前，工人工资有所增加，同时，资本利润率开始下降，甚至出现资本"出逃"的现象，现有部分文献将两者视作因果关系。20世纪70年代以来，美国制造业面临同样的问题，工人工资持续增加，资本家选择解雇本土蓝领工人，将工厂迁移出去，采用"分而治之"的办法在全球动员和控制大量廉价劳动力。然而，随着我国经济总量不断增加，人均GDP、工人工资和普通劳动者报酬的合理上涨都是应该的，在我们看来，利润分配制度的缺陷能够解释美国当时的困境，利润分配制度的完善有助于解决我国当前的难题。美国的利润初次分配制度过于重视管理技术的作用，利润再分配制度不利于提升工人的技能，甚至将技术工人赶出车间，进而导致劳资之间相互不信任和进行更加剧烈的对抗，工人工资刚性上涨只是这种剧烈对抗的后果之一。中国非公经济利润初次分配制度相对更加重视管理技术，偏向于用自动化机器代替工人技能，用现代管理技术协调和组织工人。在改革开放特别是中国加入WTO成为"世界工厂"的过程中，这种利润分配制度发挥了重要作用，让规模庞大的低技能劳动力就业，普遍提高了农民工和低技能劳动力的收入水平，实现了非公经济的迅速发展。然而，低技能劳动力的供给总是有限的，住房、教育、医疗等成本上升也会导致劳动力价值提高，工人收入水平自然普遍会攀升，资本方发现工人所获即自身所失，资本利润率开始下降。

现有利润分配制度的潜力逐渐减小，中国非公经济站在了转型的十字路口。出路之一，将利润投入更加自动化的智能机器方面（进一步用机器代替人工，减少用工成本），将利润投入劳动过程的编码化和数字化方面，重视对专业管理技术的运用，充分"挖掘"工人的劳动潜能，实现资本方和管理层共享利润，以使管理者更好地维护资本方的利益；出路之二，将利润同时投入自动化机器和工人技能方面，实现机器设备与工人技能相结合，提高工人的生产效率，更加重视进行专业管理与培育技术工人，资本方、管理层和技术层共享利润，以使管理者和熟练技术工人能够更好地协调资本和劳动的利益。当前，由技术革新驱动的制造业转型升级掀起了一股"机器换人"浪潮（许怡、叶欣，2020），然而，从世界工业发展历史来看，第一种出路其实早就已经走到了尽头，只是因为中国是后发国家，在以劳动力低成本优势逐渐融入世界生产体系的过程中，强调自动化机器和专业管理技术是实现技术积累和资本积累的必要探索和必然过程；如果回望工业发展历史，我们就需要选择第二种出路，坚持以人民为中心的发展思想，坚持发展机器与劳动的合作关系而非替代关系，将利润同时投入机器设备、管理技术和工人技能方面，"建设知识型、技能型、创新型劳动者大军，弘扬劳模精神和工匠精神，营造劳动光荣的社会风尚和精益求精的敬业风气"[1]。

---

[1] 《习近平：决胜全面建成小康社会 夺取新时代中国特色社会主义伟大胜利——在中国共产党第十九次全国代表大会上的报告》，中华人民共和国中央人民政府网，http://www.gov.cn/zhuanti/2017－10/27/content_5234876.htm。

对于非公经济来说，新的利润分配制度要求构建和谐的劳资关系。英美日的工业发展历史显示，利润分配制度改革并非企业主、政府机构或者其他主体通过进行倡导或者提出临时政策就可以进行的，要将企业利润用于发展工人技能、完善机器设备和进行专业管理方面，促进生产力提升并带来良好的经济绩效，发展和谐的劳资关系。在日本的精益生产方式中，劳动者掌握高技能需要在实践中长期学习和进行积累，掌握多技能需要靠企业执行有计划的轮换制，这些都依赖劳动者与管理者之间的长期稳定的协调关系（封凯栋等，2015）。将企业利润投入自动化机器方面，或者用于劳动过程编码，可以控制劳动过程，客观上降低了工人的谈判能力；而将企业利润用于培育工人技能，则提高了工人的主体地位，客观上提升了工人的谈判能力，对这些方面的协调推进需要劳资和谐与劳资互信。中国需要继续发展和完善企业内的工会，基于党组织的有效领导，可以适度提高企业内工会的独立性，突出其为生产服务的功能，搭建一系列正式和非正式的劳资对话协调平台，稳定参与各方的长期预期，从而将新的利润分配"制度化"，形成劳资共享型的利润分配制度。

同时，我们也要继续完善公有经济利润分配制度。根据党的十八届三中全会的方针政策，应完善国有资本经营预算制度，提高国有资本收益上缴公共财政的比例，2020年提高到30%，并且强调用其充实全国社保基金等民生方面。国有资本经营预算制度的建立和完善，能够更好地让生产资料所有者也就是政府主导利润分配进程。一方面，需要提高国有资本经营预算支出的效率，在将更大比例的利润用于民生方面以提高普通劳动者的福利水平时，在战略领域、新兴领域和国际竞争领域，应继续提供技术公共品，参与推动制造业创新中心建设等，逐步解决产业共性技术的缺失问题，通过完善产业基金的使用方式，在基础性、战略性、先导性等领域提供更好的引领和支持，继续稳定宏观经济环境，为普通劳动者更好地劳动提供更加良好的条件；另一方面，根据社会权力关系和生产资料所有权分类推进国企利润分配制度改革，国企生产资料所有权的形式包括国有国营、国有国控、产权多元化等（中国宏观经济分析与预测课题组，

2017），按照生产资料所有权与利润分配决策权相匹配的原则，与三种形式相对应的利润分配制度应该是政府直接做出利润分配决策、政府主导董事会做出利润分配决策和董事会自主做出利润分配决策，这种安排更有可能在国企宏观效率和国企微观效率之间找到某种平衡。

3.5　本章小结

依据《资本论》的基本思想，通过联系制度背后的社会目标和社会关系，将利润分配制度分为利润初次分配制度和利润再分配制度，对工业革命以来英美日中四个国家进行长期的历史分析，我们发现，当技术条件发生明显变化时，利润分配制度能够适应这种变化，从而在前期促进生产力发展，然而，由于嵌入社会权力关系之中，利润分配制度能够自我强化，从而能够在后期抑制生产力发展。当前，我国已经站在了转型的十字路口，完成制造强国建设的紧迫任务，需要同时完善公有经济和非公经济的利润分配制度，公有经济需要完善国有资本经营预算制度，以更好地权衡微观效率与宏观效率，非公经济需要发展和完善企业内工会，推进劳资和谐与劳资互信，将企业利润同时投入工人技能、机器设备和专业管理方面，加强机器与劳动的有效合作，避免机器对劳动的简单替代，弘扬劳模精神和工匠精神，以更好地适应和促进生产力发展。

第4章
国有企业利润分配制度改革与长期积累效率（1952～2012年）

要较好地研究国有资本经营预算改革，极其简单而有效的办法是将其置于国企利润分配制度改革的长期历史进程之中。从 2007 年我国开始推动国有资本经营预算改革至今不到 15 年的时间，而自中华人民共和国成立以来，国有企业的利润分配制度就一直处于不断的改革变化之中，对于马克思主义政治经济学理论来说，如果不能够解释国有企业利润分配制度改革的较长历史过程，那么很有可能不足以解释和指导国有资本经营预算改革。因此，本章试图从利润初次分配和利润再分配角度，对新中国成立以来国企利润分配制度改革进行系统的动态跟踪，提出马克思主义经济学理论假说，用国企利润分配制度改革解释国有企业的长期效率变迁情况，完成对国企利润分配制度改革的效果评估。

4.1 国有企业利润分配制度改革的动态跟踪

为了顺利完成效果评估，首先需要对国企利润分配制度的改革进程进行详细回顾，其按两条线索展开：第一，详细梳理有关现有国企利润分配制度阶段划分的文献，从利润初次分配角度重新进行阶段划分；第二，从利润再分配这个新的维度进行分析、跟踪和阶段划分。在完成这两条线索的梳理后，就可以呈现国企利润分配制度改革的全貌。

4.1.1 现有文献关于国企利润分配制度改革的阶段划分

对于新中国成立以来的国企利润分配制度改革，不同的文献进行了不同的阶段划分（见表4-1）。顾钰民（1999）进行的阶段划分的关键线索是从利润独享到利润分享，结合改革开放后国企产权制度改革进程，进而区分不同形式的国企利润分享制度安排；许金柜（2009）则结合经济体制改革进程进行利润分配制度的阶段划分，认为我国大体经历了四种经济体制时期，即计划经济时期、由计划经济向社会主义市场经济转轨时期、社会主义市场经济的建立时期和完善时期，与这四种经济体制相伴随的是四类不同的国企利润分配制度；徐文秀、朱珍（2012）则认为我国总体上经历了两种经济体制，即传统体制和改革开放体制，传统体制的重要特征是缺乏弹性，这种高度集权体制下的国企利润分配制度改革必然会经历刚性试错过程，改革开放体制的重要特征是富有弹性，这种适度分权体制下的国企利润分配制度改革必然是柔性变迁的过程；李燕、唐卓（2013）和吴晓红（2015）则从税利关系角度进行阶段划分，前者认为国企利润分配制度改革依次经历了"税利合一"的利润全额上缴阶段、"税利并存"或"以税代利"的部分上缴阶段、"缴税留利"的税后利润全额留存阶段和"税利并存"国家分享所得税和通过国有资本经营预算收缴部分税后利润的阶段，后者则认为国企利润分配制度改革经历了统收统支、税利合一、税利分流和国有资本经营预算四个阶段。

表4-1 现有文献关于国企利润分配制度改革的阶段划分

阶段数目	阶段划分	作者
四阶段	计划经济时代的利润独享制度阶段、改革开放后所有者出让型的利润分享制度阶段、20世纪80年代中期后两权分离型的利润分享制度和现代企业制度建设阶段、企业主体型的利润分享制度阶段	顾钰民
四阶段	计划经济时期的统收统支阶段（1949～1977年），由计划经济向社会主义市场经济转轨时期的企业基金制度、利润留成制度、利改税制度和含税承包制度阶段（1978～1993年），建立社会主义市场经济时期的税利分流制度阶段（1994～2007年）和完善社会主义市场经济时期的国有资本收益分配制度阶段（2007年至今）	许金柜

续表

阶段数目	阶段划分	作者
二阶段	传统体制下国有企业利润分配制度的刚性试错阶段(1949～1977年)、改革开放以来国企利润分配体制的弹性变迁阶段(1978～2009年)	徐文秀、朱珍
四阶段	"税利合一"的利润全额上缴阶段、"税利并存"或"以税代利"的部分上缴阶段、"缴税留利"的税后利润全额留存阶段和"税利并存"的国家分享所得税和通过国有资本经营预算收缴部分税后利润的阶段	李燕、唐卓
四阶段	统收统支阶段(1949～1977年)、税利合一阶段(1978～1993年)、税利分流阶段(1994～2006年)和国有资本经营预算阶段(2007～2013年)	吴晓红

资料来源：顾钰民（1999），许金柜（2009），徐文秀、朱珍（2012），李燕、唐卓（2013），吴晓红（2015）。

可以看到，现有文献对国企利润分配制度的阶段划分并没有达成统一意见，因此有必要对国企利润分配制度改革进行全程回顾，对相关政策文件进行详细梳理。

4.1.2 国企利润初次分配制度改革的阶段再划分

新中国成立以来，以相关政策文件的出台为标志，国企利润分配制度进行了多次改革。从1952年开始，国务院、财政部等部门相继出台多份国企利润分配制度改革文件，我们收录了其中重要的25份（见表4-2）。在收录的文件当中，计划经济时代（1952～1977年）为10份，平均每2.5年出台一份；改革开放时代（1978～2016年）为15份，也是平均每2.5年出台一份，这表明无论是计划经济时代还是改革开放时代，我国政府都致力于推动国企利润分配制度持续渐进变革，同时也表明，在国企利润分配制度改革方面，我国积累了大量宝贵的经验和深刻的教训，值得系统归纳和全面总结。

在计划经济时代的10份文件当中，有3份文件至关重要。第1份文件是1952年1月发布的《国营企业提用企业奖励基金的暂行办法》。这份文件规定，如果完成了国家批准的生产、销售和财务等计划，则可以提取企业奖励基金，留利办法是：一类企业提取计划利润的5%，二类

表4-2　国企利润分配制度改革相关政策文件

日期	文件名称	留利形式	留利办法	用途	作用范围
1952年1月	《国营企业提用企业奖励基金的暂行办法》	奖励基金	完成国家计划指标，计划利润的2.5%～5%；超计划利润的12%～20%；总额不超过工资总额的15%；主管部门可集中一部分奖金	先进个人和集体；困难救济；宿舍、医院等集体福利	1952年
1953年11月	《国营企业提用企业奖励基金的临时规定》	奖励基金	完成国家计划指标，计划利润的2%～5%；超计划利润12%～20%；工资总额的5%～12%；商粮贸供销企业的1%，超计划利润8%，不超过工资总额的6%，不低于工资总额的3%；主管部门可集中30%～40%使用	集体福利事业；先进个人和集体；改进或扩充设备；特殊困难救济	1953年
1955年8月	《国营企业1954年超计划利润分成和使用办法》	奖励基金和超计划利润分成	1954年超计划利润的40%留归各主管企业部门，60%上缴国家预算	超计划利润，1955年已列项目：企业超额生产；技术和新产品；国家专项；不得用于主管部门单位和企业部门计划外福利	1954～1955年
1956年10月	《关于1956年国营企业超计划利润分成和使用的几项规定》	奖励基金和超计划利润分成	超计划利润扣除奖励基金和社会主义竞赛奖金之后，40%留归各主管部门，60%上缴国家	超计划利润：企业超额生产；技术和新产品；国家专项；不得用于主管部门单位建设和企业部门计划外福利	1956～1957年

续表

日期	文件名称	留利形式	留利办法	用途	作用范围
1958 年 5 月	《国务院关于实行企业利润留成制度的几项规定》	利润留成	留成比例根据第一个五年计划提取的企业奖励基金和利润分成总额确定，企业奖励基金主管部门可集中一定比例内使用	大部分用于生产，包括四项费用（技术措施费、新种类产品试制费、劳动安全保护费和零星固定资产购置费）、计划内基建和社会主义竞争奖金等；少部分用于职工福利；职工福利和竞争奖金不超过工资总额的 5%	1958～1961 年
1962 年 1 月	《国营企业四项费用管理办法》《1962 年国营企业提取企业奖金的临时办法》	企业奖金	完成六项指标，提取工资总额的 3.5% 作为企业奖金；每少完成一项指标，扣减奖金的 1/6；超额完成利润指标或减少亏损企业可提取超计划企业奖金中 10%	四项费用由国家拨款；先进个人和集体；困难救济；宿舍、医院等集体福利；主管部门集中利润可用于企业集体福利和社会主义竞赛奖金	1962～1968 年
1963 年 10 月	《对 1962 年国营企业、自营建设单位如地质勘探单位提取企业奖金的临时办法的补充通知》	企业奖金	在六项指标之外，处理 1962 年 3 月底以前的积压物资；超计划利润的 40% 作为超计划奖金	除了上述用途之外，还可用于福利补助金、医疗卫生补助金	1963 年

续表

日期	文件名称	留利形式	留利办法	用途	作用范围
1964年5月	《1964年国营企业提取企业奖金的补充规定》	企业奖金	按照实际成本的降低率或当年计划成本考核；可提计划奖金的80%；有超计划利润的企业可提超计划奖金的80%	除了上述用途之外，尽可能用作四项费用（技术组织措施费，新种类产品试制费，劳动安全保护费和零星固定资产购置费）	1964年
1969年11月	《关于做好1969年决算编审工作的通知》	职工福利基金	提取工资总额11%作为职工福利基金	企业奖励基金原用途、福利费，医药卫生费	1969~1977年
1978年11月	《关于国营企业试行企业基金的规定》	企业基金	完成所有指标，提取职工工资总额的5%作为企业基金；完成四项指标，提取工资总额的3%，在此基础上，多完成一项，多提0.5%；各级主管部门可从超计划利润中提取5%~15%的企业基金	企业提取的企业基金：职工集体福利，社会主义劳动竞争奖金。主管部门提取的企业基金：50%用于奖励超利润企业，50%用于企业福利，不得用于主管部门自身开支	1978年
1979年7月	《国务院关于国营企业实行利润留成的规定》	利润留成	五项资金：新产品试制费按利润额计算；科研经费按国家实拨数计算；职工奖励基金按工资总额11%计算；企业基金不超过5%；利润留成额1%~2%提成，工资总额12%计算。企业基金不变	三大基金：生产发展基金、职工福利基金和职工奖励基金。生产发展基金不得用于职工福利；职工福利基金首先用于医药卫生和生活困难支出，不得发给个人	1979年（试点）

续表

日期	文件名称	留利形式	留利办法	用途	作用范围
1979年10月	《关于改进国营企业提取企业基金办法的通知》	企业基金	工业企业完成四项指标，其他企业完成相关指标，可提取工资总额的5%作为企业基金原来由主管部门提取的部分，改由基层企业提取；主管部门提取总额不得超过企业提取总额的20%	完成指标提取的企业基金用于职工福利措施；从增长利润中提取的企业基金以集中部分用于建设生产技术设施；主管部门集中部分技术设施，不得将其用于本部门开支	1979~1982年
1980年1月	《国营工业企业利润留成试行办法》	利润留成	全额利润留成改成基数利润留成加增长利润留成，分别采用不同的比例；基数利润留成比例基于五项资金比例保持不变或减少下降，增长利润留成比例为10%~30%，原则上三年不变	基数利润留成用于三大基金，分别进行管理和使用；增长利润留成用于生产的部分不低于60%，用于职工福利和奖金的部分不得超过40%	1980~1981年（试点）
1981年3月	《关于国营工业企业试行以税代利的几项规定》	以税代利	征收资源税，所得税等税收和固定资产占用费，流动资产占用费等费用；对资源条件较好的企业征收资源税；所得税税率为50%；占用费率为每月收入的2‰~8‰；收入调节税根据企业盈利情况确定，缴完税费之后的净利润按1980年的文件要求留成	基数利润留成用于三大基金，分别进行管理和使用；增长利润留成用于生产的部分不低于60%，用于职工福利和奖金的部分不得超过40%	1981年（试点）

续表

日期	文件名称	留利形式	留利办法	用途	作用范围
1983年4月	《关于国营企业利改税试行办法》	第一步利改税	盈利国营大中型企业，所得税税率为55%，税后利润采取递增包干上缴、定额包干上缴、按八级超额累进税率缴纳所得税、定额调节税四种形式上缴；盈利国营小型企业，在缴税以后，企业自负盈亏	企业留用利润用于建立五大基金，即新产品试制基金、生产发展基金、后备基金、职工福利基金和职工奖励基金；前三项利润总额的60%，后两项不高于40%；企业主管部门可集中部分资金，用于进行重点技术改造、增设商业网点等	1983年
1984年9月	《国营企业第二步利改税试行办法》	第二步利改税	盈利的国营大中型企业，计算缴纳税后，减征70%的调节税；国营小型企业在按照八级超额累进税率缴纳所得税之后，一般自负盈亏	企业留用利润用于建立五大基金，即新产品试制基金、生产发展基金、后备基金、职工福利基金和职工奖励基金；职工奖励基金占企业留利的比例，由相关部门与企业商定；对于企业从增长利润中获得的留用利润，一般将50%用于促进生产发展，20%用于职工集体福利，30%用于进行职工奖励	1984～1986年

续表

日期	文件名称	留利形式	留利办法	用途	作用范围
1986年12月	《国务院关于深化企业改革增强企业活力的若干规定》	承包经营责任制	大中型国有企业实行多种形式经营责任制，承包经营的具体做法，条件许可的情况下可实行股份制，如小型企业试行租赁、承包经营；税后利润采用递增包干，基数包干等办法上缴	减免重点技术改造的大中型企业的留利，企业由此增加的留利，必须用于促进企业发展生产；对于企业用税后留利进行生产性投资所获得的利润，按40%的税率征收所得税	1987~1993年（1986年试点）
1993年12月	《国务院关于实行分税制财政管理体制的决定》	税利分流	税前还贷，税后分利；国有企业所得税税率统一为33%，增设27%和18%两档照顾税率，取消各种包税的做法；逐步建立国有资产投资收益按股分红，按资产进行分配的制度；作为让渡措施，可对多数企业采用税后利润不上缴的办法	留用利润由企业自行安排	1994~2006年（之前6年试点）
2007年9月/12月	《国务院关于试行国有资本经营预算的意见》《中央企业国有资本收益收取管理暂行办法》	国有资本经营预算	对国有独资中央企业的母公司收取收益；第一类企业上缴的比例为10%，第二类企业为5%，第三类企业暂时免缴；国资委监管范围和国家烟草局也被纳入预算实施范围	留用利润由企业自行安排使用；国家按照国有资本经营支出预算进行收取；预算支出主要包括资本性支出、费用性支出和其他支出；依据国家宏观经济政策以及不同时期国有企业改革发展的任务统筹安排，确定具体支出范围；必要时，可将其部分用于社会保障等方面	2007~2010年

续表

日期	文件名称	留利形式	留利办法	用途	作用范围
2010年12月	《关于完善中央国有资本经营预算有关事项的通知》	国有资本经营预算	自2011年起,中央企业分为四类:第一类企业的上缴比例为15%,第二类企业为10%,第三类企业为5%,第四类企业暂时免缴,从2011年起,将教育部、中国国际贸易促进委员会等部门所属企业纳入中央国有资本经营预算实施范围	留用利润由企业按照自行安排使用;国有资本主要用于资本经营支出进行利润收取;预算支出主要用性支出和其他支出;依据国家宏观经济政策以及不同时期国有企业改革和发展的具体任务统筹安排确定其支出范围;必要时,可将其部分用于社会保障等方面	2011年
2012年1月	《财政部关于扩大中央国有资本经营预算实施范围有关事项的通知》	国有资本经营预算	从2012年起,将工业和信息化部、国家体育总局等部门所属企业纳入实施范围;新纳入实施范围的国有独资企业按照第三类企业归类,上缴利润比例为税后净利润的5%	留用利润由企业按照自行安排使用;国有资本主要用于资本经营支出进行利润收取;预算支出主要用性支出和其他支出;依据国家宏观经济政策以及不同时期国有企业改革和发展的具体任务统筹安排确定其支出范围;必要时,可将其部分用于社会保障等方面	2012~2013年

续表

日期	文件名称	留利形式	留利办法	用途	作用范围
2014 年 4 月	《关于进一步提高中央企业国有资本收益收取比例的通知》	国有资本经营预算	自 2014 年起，中央企业分为五类：第一类企业的上缴比例为 25%；第二类企业为 20%；第三类企业为 15%；第四类企业为 10%；第五类企业免缴当年应缴利润	留用利润由企业自行安排使用；国家按照国有资本经营支出预算进行利润收取；营支出预算进行利润收取；预算支出主要包括资本性支出、费用性支出和其他支出；依据国家宏观经济政策以及不同时期国有企业改革和发展的任务统筹安排，确定具体范围；必要时，可将其部分用于社会保障等方面	2014~2015 年
2016 年 7 月	《中央企业国有资本收益取得管理办法》	国有资本经营预算	对象为纳入中央国有资本经营预算实施范围的中央企业；对于应缴利润，每年 5 月 31 日前，由中央企业按照净利润和规定的上缴比例一次申报；对于其他国有资本收益，按相应的规定申报	留用利润由企业自行安排使用；国家按照国有资本经营支出预算进行利润收取；营支出预算进行利润收取；预算支出主要包括资本性支出、费用性支出和其他支出；依据国家宏观经济政策以及不同时期国有企业改革和发展的任务统筹安排，确定具体范围；必要时，可将其部分用于社会保障等方面	2016 年至今

资料来源：由笔者整理得到，原始资料来源于沙南安、杨敏（1981a、1981b）；许金柜（2009）；徐文秀、朱珍（2012）；吴晓红（2015）；国务院、财政部和国资委等部门的相关政策文件。

企业可提取 3.5%，三类企业可提取 2.5%；一类企业提取超计划利润的 20%，二类企业提取 15%，三类企业提取 12%。其还规定主管部门可以集中一部分奖金。后续几份文件，特别是 1953 年 11 月出台的《国营企业提用企业奖励基金的临时规定》，表明 1952 年文件并不成熟，容易在企业间造成较大奖金差距。然而，这份文件为 1953～1956 年的利润初次上缴定好了基调：国有企业只能按照规定留用较小比例的利润，主管部门可集中部分利润，绝大部分利润上缴国家。

计划经济时代的第 2 份重要文件是 1962 年 1 月出台的《1962 年国营企业提取企业奖金的临时办法》。这份文件规定，国有企业必须完成产量和质量、新品种、工资总额、成本降低、资金周转和上缴利润六项计划指标，才可以提取企业奖金；提取的办法是，完成全部六项计划指标，可以按工资总额的 3.5% 提取，少完成一项，扣提奖金的 1/6；超额完成计划利润的企业可提取超计划利润的 10%，少于计划亏损的企业可从超计划降低成本中提取 20%；主管部门可集中 10%。初看上去，虽然这份文件中的办法只是针对 1962 年国企利润分配而采用的一个临时办法，但是开启了 1962～1968 年的企业奖金时期，这个时期的基本原则是：国企基本按照工资总额的较小规定比例留用利润，计划指标完成得越多，留用利润的比例越高，主管部门可集中部分利润，绝大部分利润上缴国家。

计划经济时代的第 3 份重要文件是 1969 年 11 月颁布的《关于做好1969 年决算编审工作的通知》。这份文件规定，中央国营企业的企业奖励基金、福利费和医药卫生费实行合并提取，统一按照 11% 的比例提取职工福利基金。与 1962 年的文件相似，这份文件看上去只是规定了 1969 年的国企利润分配办法，但是事实上为 1969～1977 年的利润分配确定了基本原则：国企统一按照工资总额的 11% 留用利润，留用利润的比例与企业生产完成情况无关，绝大部分利润上缴国家。可以说，只有在这个时期，国企利润分配才是严格意义上的"统收统支"。

在改革开放时代的 15 份文件当中，有 4 份文件至关重要。第 1 份文件是 1978 年 11 月出台的《关于国营企业试行企业基金的规定》。这份文件规定，要提取利润，必须完成国家下达的产量、品种、质量和原材料等八项年度计划指标以及供货合同；全面完成这些计划指标的企业，可按照职工工资总额的5%提取企业基金，只完成了产量、品种、质量和利润四项指标和供货合同的，按照工资总额的3%提取企业基金，在完成这四项指标和供货合同的前提下，每多完成一项指标，多提取0.5%；没有完成这四项指标和供货合同的，不能提取；计划亏损企业，全面完成各项指标，按工资总额的3%提取企业基金；发生计划外亏损的企业，不能提取企业基金；主管部门根据不同行业分别按5%、10%、15%的比例从超计划利润中提取超计划企业基金。虽然这份文件带来了一些问题，比如，主管部门提取超计划利润打击了企业的积极性，因此，1979年10月新政策出台，但是这份文件重新将企业绩效与企业基金联系起来，开启了1978~1982年的企业基金时期，这个时期的基本原则是：国企基本按照工资总额的较小规定比例留用利润，计划指标完成得越好，留用利润的比例越高，主管部门可集中部分利润，绝大部分利润上缴国家。

改革开放时代的第2份重要文件是1983年4月发布的《关于国营企业利改税试行办法》。这份文件规定，盈利国营大中型企业的所得税税率为55%，税后利润采取递增包干上缴、固定比例上缴、缴纳调节税和定额包干上缴四种形式上缴；盈利国营小型企业，采用八级超额累进税率缴纳所得税，缴纳以后由企业自负盈亏。虽然改进的利改税方案（即第二步利改税）在一年之后就出台，然而1983年文件的意义更为重大，为1983~1993年的利润分配制定了基本方案：国企在缴纳所得税之后，可以按照某种规则保留一部分利润甚至全部利润。企业保留一部分利润的规则似乎根源于1979年颁布的《国务院关于国营企业实行利润留成的规定》，但自始至终，利润留成方案只是试点，1979年底，各地试点企业只占全部企业的4%（凌晨，1979），1980年的方案也只是为了更好地搞好试点工作。在1986年出台的《国务院关于深化企业改革增强企业活力的若干规定》中，对大中型国有企业实行多种形式经营责任制，小型企业试行租赁、承包经营，然而在利润分配层面，采用同样的原则：先缴纳所得税，税后利润采用递增包干和基数包干等办法上缴。

改革开放时代的第3份重要文件是1993年12月发布的《国务院关于实行分税制财政管理体制的决定》。这份文件规定，从1994年1月1日起，国有企业统一按国家规定的33%税率缴纳所得税，取消各种包税做法。考虑到部分企业利润上缴水平较低的状况，作为过渡办法，增设27%和18%两档照顾税率。企业固定资产贷款的利息列入成本，本金一律用企业留用资金归还。取消对国有企业征收的能源交通重点建设基金和预算调节基金。逐步建立国有资产投资收益按股分红、按资分利或税后利润上缴的分配制度。作为过渡措施，可根据具体情况，对1993年以前注册的多数国有全资老企业采用税后利润不上缴的办法，同时，微利企业缴纳的所得税也不退库。这份文件开启了1994～2006年长达13年名义上税利分流实际上缴税留利的时期，这个时期的基本原则是：在缴纳所得税之后，国有企业保留了全部利润。

改革开放时代的第4份重要文件是2007年12月出台的《中央企业国有资本收益收取管理暂行办法》。在《国务院关于试行国有资本经营预算的意见》出台之后，《中央企业国有资本收益收取管理暂行办法》迅速出台，决定对国资委监管企业和国家烟草局进行国有资本经营预算；预算针对的是国有独资中央企业的母公司；第一类企业的上缴比例为10%，第二类企业为5%，第三类企业暂时免缴。随后，财政部于2010年、2012年、2014年、2016年连续颁布多份文件，增加纳入预算范围的企业，修改中央企业分类办法。显而易见，这个时期开始于2007年，这个时期的基本原则是：在缴纳所得税之后，部分中央企业需要按照国有资本预算方案缴纳利润。

可以看到，新中国成立以来，关于国企利润初次分配制度，有7份文件至关重要，每一份文件都开启了一个较长时间相对稳定的利润分配进程，因此，可以将国企利润初次分配制度改革分为七个阶段：对利润按照较低规定比例提取的奖励基金时期（1952～1961年）、对工资总额按较低规定比例提取的企业奖金时期（1962～1968年）、对工资总额按固定比例提取的统收统支时期（1969～1977 年）、对工资总额按较低规定比例提取的企业基金时期（1978～1982 年）、缴纳所得税之后按照某种规则保留部分或全部利润的利改税时期（1983～1993 年）、缴纳所得税之后保留全部利润的税利分流时期（1994～2006 年）和部分国有企业上缴利润的国有资本经营预算时期（2007～2016 年）。

对于国企利润初次分配制度，可以从企业激励强度角度进行更为深入的分析。对于国企利润分配改革问题，国企自身的激励始终是重要的考虑因素，推进国企利润分配制度持续变革的主要目的之一就是调动国企自身的积极性，试图通过利润分配办法激励国企高管和国企员工，比如，在改革开放之初，中国政府并没有选择私有化，而是试图通过增强经理的自主权和进行激励以改善国企绩效（Naughton，1994）。不同的利润分配办法有着不同的激励强度，而所谓激励强度，是指企业生产绩效与留用利润之间的相关性，在生产绩效改进使企业利润增加一定幅度的情况下，如果留用利润增加量较大，则表明激励强度较大；如果留用利润增加量较小，则表明激励强度较小。

第一个阶段的激励强度适中。在这个阶段，国企对利润按照较低规定比例提取奖励基金，在生产绩效和利润增加一定幅度的情况下，由于提取的奖励基金是利润的固定比例，因此奖励基金增加量较大。并且，在这段时间内，不同位置企业、不同行业的企业的盈利能力差异较为明显，导致企业奖金悬殊（沙南安、杨敏，1981a），这种情况表明，如果国有企业的盈利能力只与企业自身所处位置或者行业有关，而与员工的努力程度无关，那么这种奖励基金的提取方法将扩大不同员工之间的收入差距，同时也应该注意到，对于相近位置或者相近行业的国有企业来说，这种利润分配制度的激励强度较大。

第二个阶段的激励强度较小。在这个阶段，国企对工资总额按照较低规定比例提取企业奖金，相比第一个阶段，企业奖金不再与利润直接挂钩，导致激励强度下降，但是，计划指标完成得越好，提取的比例越高，超额完成还可以获得一定比例的超计划利润。因此，在生产绩效和利润增加一定幅度的情况下，企业奖金的增加量较为适中。

第三个阶段的激励强度最小。在这个阶段，国企按照工资总额的11%提取职工福利基金，企业奖金与工资总额挂钩而与企业利润无关，在整个计划经济时代，不同行业、不同企业的工资差距较小，按照工资总额的较小固定比例提取的企业奖金差距也必然较小，因此，在生产绩效增加一定幅度的情况下，企业奖金的增加量较小。

第四个阶段的激励强度适中。在这个阶段，国企对工资总额按照较低规定比例提取企业基金。相关政策与第二个阶段类似，提取的比例小幅上升，从3%往下扣减到从3%往上增加，激励强度与第二个阶段类似，相比第二个阶段略微提升，因此，这个阶段对利润分配安排的激励强度适中。

第五个阶段的激励强度较大。在这个阶段，国企缴纳所得税之后按照某种规则保留部分或全部利润，企业保留部分利润之后，重新与企业利润直接挂钩。在生产绩效和利润增加一定幅度的情况下，由于国企按照某种规则保留了部分或全部利润，因此，企业留用利润的增加量较大，这个阶段对利润分配制度的激励强度较大。

第六个阶段的激励强度最大。在这个阶段，国企缴纳所得税之后保留全部利润，相比第五个阶段，所得税税率大幅下降。在生产绩效和利润增加一定幅度的情况下，由于企业留用利润就是企业的税后利润，因此，企业保留利润的增加量非常大，这个阶段对利润分配安排的激励强度极大。

第七个阶段的激励强度较大。在这个阶段，部分国有企业和中央企业采取分类上缴的办法进行国有资本经营预算，在生产绩效和利润增加一定幅度的情况下，由于部分企业按照规定的比例保留了绝大部分税后利润，因此，企业保留利润的增加量较大，这个阶段对利润分配制度的激励强度较大。

因此，按照国有企业的激励强度，可以将新中国成立以来国企利润初次分配制度改革分为五个层次：最小、较小、适中、较大、最大。激励强度最小的阶段为第三个阶段（1969～1977年），激励强度较小的阶段为第二个阶段（1962～1968 年），激励强度适中的阶段为第一个阶段（1952～1961 年）和第四个阶段（1978～1982 年），激励强度较大的阶段为第五个阶段（1983～1993 年）和第七个阶段（2007～2016 年），激励强度最大的阶段为第六个阶段（1994～2006 年）（见图 4-1）。

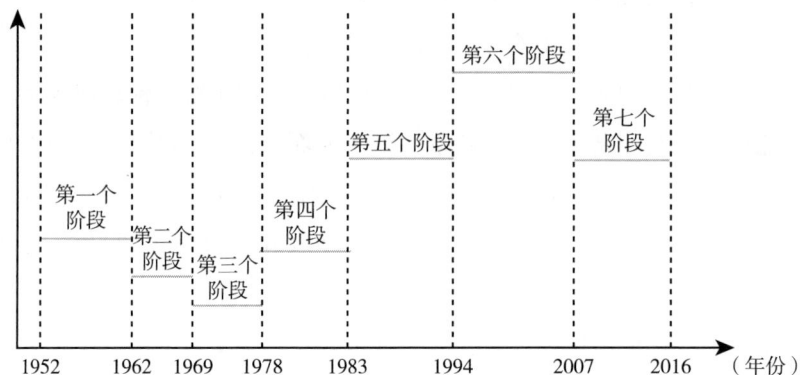

图 4-1　国企利润初次分配制度改革的阶段再划分

资料来源：笔者自制。

4.1.3　国企利润再分配制度改革的阶段划分

目前几乎没有关于国企利润再分配制度的文献，因此需要梳理相关政策文件，分析这些政策文件是否已经较好地体现国企利润再分配，在此基础上提炼出利润再分配制度改革的脉络。

1. 相关政策文件关于国企利润再分配的规定

从收录的 25 份文件来看，国企利润再分配制度也处于不断变革之中。按照利润再分配分析框架，利润再分配包括国家提取利润的再分配和国企留用利润的再分配。在收录的 25 份文件中，对国家提取利润再分配的相关说明较少，对国企留用利润再分配的相关规定较多。并且，在这两种利润再分配安排中，都可以区分出两类不同的安排：生产性用途和非生产性用途。所谓生产性用途，是指投资于企业生产设备、研发创新等与企业生产效率直接相关或强相关的用途；非生产性用途，是指投资于员工福利房、医药卫生等与企业生产效率间接相关或弱相关的用途。

计划经济时代，只有较少年份，主管部门提取的利润主要用于生产性方面，其余年份，主要支出方向为非生产性用途。1955年的《国营企业1954年超计划利润分成和使用办法》规定，1954年超计划利润的40%留归各主管企业部门，60%上缴国家预算，并且，主管部门提取的超计划利润主要用于弥补1955年基本建设计划内已列项目的资金不足，弥补企业由于超额完成生产等原因而出现的流动资金不足，弥补技术组织措施费和新种类产品试制费的不足，明确规定不得用于主管部门本身基本建设，不得用于企业单位计划外福利。1956年的《关于1956年国营企业超计划利润分成和使用的几项规定》也对利润用途进行了大体相同的规定。然而，这种安排并没有持续较长时间，因为1962年的文件明确规定，主管部门集中的奖金要用于举办所属企业集体福利事业，补助所属未得奖金企业给予先进工作者、先进集体的社会主义竞赛奖金。可以认为，1954～1961年，主管部门提取的利润主要用于生产性支出；1952～1953年和1962～1977年，主管部门提取的利润主要用于非生产性支出。

计划经济时代，在绝大部分年份，国企留用利润的主要支出方向为非生产性用途，在较少年份，国企留用利润的主要支出方向为生产性用途。1952年的《国营企业提用企业奖励基金的暂行办法》规定，国企留用利润可用于以下三个方面：第一，发给先进工作者、劳动模范个人及模范单位集体的奖金；第二，进行职工特殊困难救济；第三，进行职工宿舍、医院集体等福利事业项目的新建、扩充和改善等。1953年的文件将集体福利事业放在更重要的位置上。1962年的文件规定，四项费用（技术组织措施费、新种类产品试制费、劳动安全保护费和零星固定资产购置费）改为国家划拨，1962～1969年的文件规定，国企留用利润主要用于补助、困难救济、宿舍、医药等集体福利等。可以看出，1952～1957年和1962～1977年，国企留用利润的主要支出方向为非生产性用途。1958年出台的《国务院关于实行企业利润留成制度的几项规定》规定，企业留用利润中的大部分用于生产，包括四项费用、计划内基建和社会主义竞争奖金等；少部分用于职工福利。可以看出，1958～1961年，国企留用利润主要支出方向为生产性用途。

改革开放时代，1978～1982年，国企留用利润更多地用于非生产性方面。1978年的《关于国营企业试行企业基金的规定》指出，企业提取的企业基金，主要用于建设职工集体福利设施、弥补职工福利基金不足，以及用于社会主义竞赛奖金，而主管部门提取的企业基金，50%用于奖励超额完成利润指标的企业，50%用于制定生产技术措施和建设本系统的集体福利设施。1979年的《关于改进国营企业提取企业基金办法的通知》仍然规定，完成国家计划指标提取的企业基金，主要用于职工福利设施等方面，从利润增长额中提取的企业基金，主要用于生产技术设施等方面。虽然1979年的《国务院关于国营企业实行利润留成的规定》指出，国企留用利润用于建立三大基金，即生产发展基金、职工福利基金和职工奖励基金，将生产发展基金置于首位，但利润留成制度只是试点。可以认为，1978～1982年，国企留用利润主要支出方向为非生产性用途。

改革开放时代，1983～1993年，国企留用利润更多地用于生产性方面。1983年的《关于国营企业利改税试行办法》规定，企业税后留利要合理分配使用，要建立五大基金：新产品试制基金、生产发展基金、后备基金、职工福利基金和职工奖励基金。前三项基金的比例不得低于留利总额的60%，后两项基金的比例不得高于40%。1984年的《国营企业第二步利改税试行办法》也规定，要建立新产品试制基金、生产发展基金、后备基金、职工福利基金和职工奖励基金。职工奖励基金占企业留利的比例由各相关部门和企业商定。对于企业从增长利润中留用的部分，一般应将50%用于促进生产发展，20%用于作为职工集体福利，30%用于进行职工奖励。1986年的文件也鼓励企业将利润用于生产性投资，对于企业用税后留利进行生产性投资所增加的利润，按40%的税率征收所得税。可以认为，1983～1993年，国企留用利润主要支出方向为生产性用途。

改革开放时代，1994～2016年，国企留用利润基本由企业自行安排。1993年的《国务院关于实行分税制财政管理体制的决定》指出，国家将逐步建立国有资产投资收益按股分红、按资分利等分配制度，并且，作为让渡措施，可对多数国企实行税后利润不上缴的办法；没有任何有关国企留用利润使用方式的规定。2007年的《国务院关于试行国有资本经营预算的意见》和《中央企业国有资本收益收取管理暂行办法》也未对国企留用利润支出进行明确规定。可以看出，1994～2016年，文件对国企留用利润主要支出方向没有明文规定，所以其基本由企业自行安排。

改革开放时代，2007～2016年，国家提取利润的支出在国有资本经营预算框架内进行。根据2007年的《国务院关于试行国有资本经营预算的意见》，国有资本经营预算支出主要包括资本性支出、费用性支出和其他支出；其中，资本性支出是指根据产业发展规划、国有经济布局和结构调整、国有企业发展要求，以及国家战略、安全等需要安排的支出；费用性支出是指用于弥补国有企业改革成本等方面的支出。具体支出范围依据国家宏观经济政策以及不同时期国有企业改革和发展的任务统筹安排确定；必要时，可将其部分用于社会保障等方面。资本性支出可视作生产性支出，费用性支出和社会保障支出可视作非生产性支出。从实际支出规模来看，绝大部分用于生产性支出，较小部分用于非生产性支出。可以认为，2007～2016年，国家提取利润按国有资本经营预算支出，支出方向主要为生产性用途。

尽管这些政策文件提供了有关国企利润再分配制度改革的一些证据，但是这些证据或者涉及国企保留利润的再分配，或者涉及国企上缴利润的再分配，并没有完整地呈现国企利润的使用情况。比如，在计划经济时代，尽管在某些时间段内，国有企业能够保留较小比例的利润，但是总体而言，国企要将绝大部分的利润上缴国家，在这些利润转化为国家的预算收入之后，其中的一个部分会按照国家确定的计划再投入国有企业当中，以支持国有企业进行技术改造、新产品开发等，但是上述政策文件只是规定了国企保留利润的用途，并没有规定国企上缴利润的用途；改革开放之后，国企开始向银行贷款，但是这个转变的过程是相当漫长的，这意味着在改革开放后的较长时间里，国企依赖政府的预算补贴，而在这些补贴中，国企上缴利润是重要的资金来源，因此，为了完整地刻画国企利润再分配制度改革情况，我们还需要寻找新的证据。

2. 新中国成立以来国企利润用于福利房建设的比例

我们找到的证据是"福利房建设投资占国有固定资产投资的比例"，以表征"福利房建设支出占国企利润的比例"。第一，"福利房建设投资占国有固定资产投资的比例"可以较好地表征"国企福利房建设投资占国企利润的比例"。"国有固定资产投资"统计了政府单位、国有企业单位和国有事业单位等国有单位的固定资产投资，由于国有企业参照政府单位和事业单位管理，如果国有固定资产投资中福利房建设投资的比例提高，那么国企固定资产投资中国企福利房建设的比例也会提高。值得说明的是，由于福利房建设投资是对国有单位整体的统计，并且我们只能获得国有工业企业的利润数据，无法获得国有企业整体的福利房建设投资和利润数据，因此无法计算"国企福利房建设投资占国企利润的比例"。

第二，在计划经济时代和改革开放前期，"福利房建设投资占国有固定资产投资的比例"能够较好地表征"福利房建设支出占国企利润的比例"。在这个时期，国企留用利润的主要支出方向为宿舍和福利房等非生产性用途，而国企进行规模扩张、技术改造和新产品开发等固定资产投资所需资金需要国家拨付，国家拨付的资金主要来源于国企上缴的利润，因此，在这段时间内，国有固定资产投资中用于福利房建设投资的比例越高，意味着国有固定资产投资中用于国企福利房建设的比例越高，也意味着国企利润中用于福利房建设的比例越高，因此，"福利房建设投资占国有固定资产投资的比例"是一个较好的代理变量。

第三，在改革开放的中后期，"福利房建设投资占国有固定资产投资的比例"仍然能够较好地表征"福利房建设支出占国企利润的比例"。在这个时期，国有企业开始留用较多的利润，同时转向银行贷款和发行股票融资等，对国家预算拨款的依赖程度大幅下降，当国企要进行生产性投资和非生产性投资时，较大比例的资金来源于银行贷款和发行股票融资等外部资金渠道，进而可能导致当期国企福利房投资规模远远超过当期国企利润，如果直接用国企福利房投资规模除以国企利润，那么就会导致"国企福利房建设投资占国企利润的比例"远远大于100%，而现有研究发现，企业的利润再投资比例远远小于100%[①]，因此要进行更为合理的估计。一个合理的推测是，当国企在进行固定资产投资时，其会同时利用内部利润和外部资金；当国有固定资产投资中用于福利房建设投资的比例提高时，国企固定资产投资中用于国企福利房建设的比例会随之提高，进而意味着国企利润当中用于福利房建设的比例也会相应提高，"福利房建设投资占国有固定资产投资的比例"仍然是一个较好的代理变量。

结合现有文献和相关资料，可以将福利房建设划分为三个阶段，即计划经济时期（1952～1977年）、双轨制时期（1978～1997年）和市场化主导时期（1998年至今）。第一，计划经济时期，福利房建设发展速度非常缓慢。1952～1977年，城镇人均居住面积从4.5平方米下降到3.6平方米，在这段时间内，全国累计住宅投资为314.6亿元，而同期累计基本建设投资为5537.7亿元，累计住宅投资占累计基本建设投资的比例为5.7%。第二，双轨制时期，福利房建设发展速度明显加快。1978年之后，国家持续推进住户制度改革，比如，1978～1985年就开展了以成本价或者补贴价向城镇职工出售公房的试点；1986～1990年形成了以提高租金为核心的"提租补贴"住房改革方案，在这个时期，商品房住宅市场从无到有，不断发展；1986～1997年，商品房住宅实际销售面积从1986年后的1.8亿平方米上升到1997年的7.9亿平方米，但是到这一时期末，福利房仍然占据绝对地位，比如，在1997年竣工的城镇住房中，商品住宅的比例不到1/3（陈钊等，2008），并且在商品房销售中，个人

---

① Johnson等（2002）基于1996年转型经济体企业调研数据发现，波兰、斯洛伐克、罗马尼亚、俄罗斯和乌克兰的利润再投资比例分别为52.6%、42.3%、52.8%、38.8%和29.6%，如果不存在外部贷款，那么会有65%的企业的利润再投资比例小于50%；如果存在外部贷款，那么会有47%的企业的利润再投资比例小于50%，而Cull和Xu（2005）利用世界银行调研数据（2000～2002年）发现，中国企业的利润再投资比例均值为27%。

购买的比例只有 66.5%，剩余部分由单位购买然后以福利房的形式分配给单位职工。1978～1997 年，城镇人均居住面积从 3.6 平方米迅速上升到 17.8 平方米，虽然这种大幅上升有商品房的"功劳"，但是这种"功劳"是非常有限的，福利房建设仍然做出了重要贡献。第三，市场化主导时期，福利房建设速度迅速下降。1998 年是中国住房制度改革的关键年份，《国务院关于进一步深化城镇住房制度改革加快住房建设的通知》（以下简称《1998 房改通知》）于该年 7 月发布，明确要求停止住房的实物分配，逐步实现住房分配货币化，并且全面实行住户公积金制度，我国住房制度发生了革命性变化，福利房加快出售给国企职工和其他个体。

接下来详细说明"福利房建设投资占国有固定资产投资的比例"的估计方法。由于利润初次分配制度改革从 1952 年开始，而"城镇新建住宅面积"等数据在 2012 年之后不再公布，因此估计区间为 1952～2012 年，具体来说，我们分两个阶段估计。（1）第一个阶段为计划经济时代的 1952～1977 年，计算的指标是"住宅投资占基本建设投资的比例"。《中国统计年鉴 1982》将"基本建设投资"分为"生产性建设投资"和"非生产性建设投资"，并且在"非生产性建设投资"中单独列出了"住宅投资"，我们用"住宅投资"除以"基本建设投资"，得到了"住宅投资占基本建设投资的比例"。根据年鉴的"主要指标解释"，年鉴所列的基本建设统计数据只涉及全民所有制单位的建设项目，不包括城乡集体所有制投资的建设项目、私人投资的建设项目和用专项资金进行的更新改造措施工程，因此"住宅投资占基本建设投资的比例"可以较好地反映"福利房建设投资占国有固定资产投资的比例"。

（2）第二个阶段为改革开放时代的 1978～2012 年，计算的指标是"福利房建设投资占国有固定资产投资的比例"。在改革开放之后的较长时间里，商品住宅虽然有所发展，但是仍然以福利房为主，并且在这些所谓的商品住宅中，也有相当大的比例是由单位购买，再以福利房的形式分配给职工的，因此，首先要计算"实际的住房商品化率"，具体来说，我们用"房地产竣工面积"除以"城镇新建住宅面积"得到"名义的住房商品化率"，再用"名义的住房商品化率"乘以"个人购买比例"得到"实际的住房商品化率"。接着，用"城镇新建住宅面积"乘以"城镇福利房比例"（即用1减去"实际的住房商品化率"）得到"城镇新建福利房面积"，再用"城镇新建福利房面积"乘以"房屋竣工单位造价"得到"城镇新建福利房价值"，最后用"城镇新建福利房价值"除以"国有固定资产投资"得到"福利房建设投资占国有固定资产投资的比例"。

估计结果如图4-2所示，可以看到，"福利房建设投资占国有固定资产投资的比例"先是处于较低水平然后快速上升而后迅速下降。在整个计划经济时期，福利房建设投资进展缓慢，1952～1977年，福利房建设投资的比例从10.3%下降至6.9%，区间均值为6.3%，这种变化趋势与这段时间内城镇人均居民面积不升反降的情况基本相符，意味着在整个计划经济时期，国企利润较少地用于福利房建设，绝大部分的国企利润被用于工业发展；双轨制时期，福利房建设投资快速增长，福利房建设投资的比例从1978年的5.1%迅速上升到1997年的27.0%，意味着国企利润越来越多地被用于福利房建设；市场化主导时期，福利房建设投资迅速下降，福利房建设投资的比例从1998年的27.7%快速下降至2012年的0.1%，意味着国企利润用于福利房建设的比例迅速下降。在这三个阶段

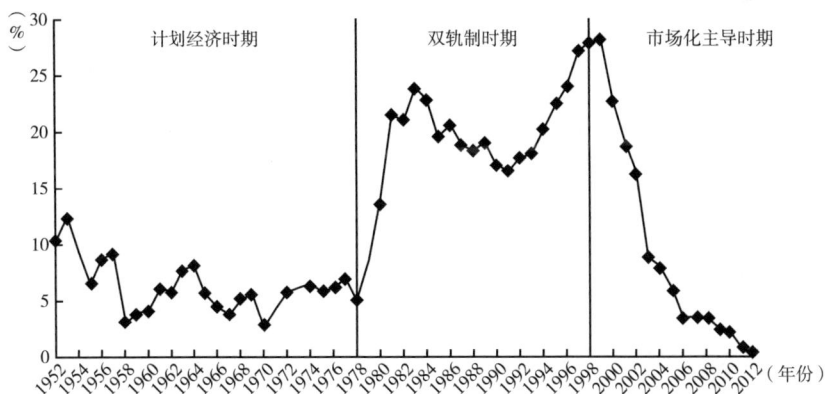

图 4 - 2　福利房建设投资占国有固定资产投资的比例（1952～2012 年）

资料来源：《中国统计年鉴》（1982～2013 年）。

中，福利房建设投资比例的相对水平和变化趋势可以较好地反映住房政策的长期演变情况，表明本书的阶段划分较为合理。

4.1.4　国有企业利润分配制度改革的全面动态跟踪

国有企业利润分配制度改革包括"利润初次分配制度改革"和"利润再分配制度改革"，国企利润分配制度改革的全面动态跟踪如图 4 - 3（由图 4 - 1 和图 4 - 2 叠加得到）所示，从中可以清楚地发现以下特点。第一，新中国成立以来，国企利润初次分配制度改革可以分为七个阶段，以虚竖线相隔（1978 年的实竖线与虚竖线重叠），分隔点所在年份分别是 1962 年、1969 年、1978 年、1983 年、1994 年和 2007 年。横线与横轴的距离代表激励强度，距离越大，代表激励强度越大；距离相等，代表激励强度大体相等，相对而言，第三阶段（1969～1977 年）的激励强度最小，第六阶段（1994～2006 年）的激励强度最大，其余阶段的激励强度在这两个阶段之间。第二，新中国成立以来，国企利润再分配制度改革可以分为三个阶段，以实竖线相隔，分隔点所在年份分别是 1978 年和 1998 年，纵轴代表国企福利房建设投资比重，可分为计划经济时期（1952～1977年）、双轨制时期（1978～1997 年）和市场化主导时期（1998～2012 年），

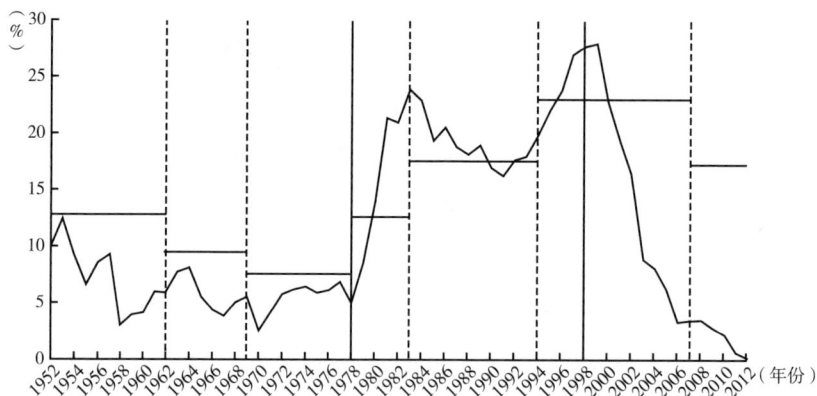

图 4 - 3　国企利润分配制度改革的全面动态跟踪

资料来源：笔者分析整理和《中国统计年鉴》（1982～2013 年）。

计划经济时期，国企福利房建设投资总体水平较低且小幅下降；双轨制时期，总体水平较高且呈现 N 形快速上升趋势；市场化主导时期，总体水平较低且呈现急剧下降趋势。

4.2 国有企业利润分配制度改革的效果评估假说

根据第 2 章构建的马克思主义经济学理论分析框架，利润初次分配制度改革和利润再分配制度改革都能够影响积累动态，更为重要的是，国有企业的商品性使国企利润分配制度具有商品性，国企利润分配制度改革对积累动态的影响与一般的情况相似，国有企业的社会性使国企利润分配制度也具有社会性，国企利润分配制度改革对积累动态的影响与一般的情况存在差异。对国企利润分配制度改革的动态跟踪结果显示，国企利润初次分配制度改革的重点是国家和国企两个主体之间的利润分配比例问题，背后是利润控制权的分配问题；国企利润再分配制度改革的重点是国企利润用于福利房建设等非生产性支出的比例问题，背后是国企承担的社会性负担问题。因此，我们可以提炼出国企利润的两类主要控制主体，即国企主管部门和国有企业；国企利润再分配的两个主要用途，即生产性支出和非生产性支出。

4.2.1 国有企业利润初次分配制度改革的效果评估假说

在马克思看来，生产资料所有权与利润控制权天然联系在一起，只有当生产资料所有权和利润控制权（以下简称"两权"）相匹配时，利润初次分配制度改革才能够提高生产率，促进资本积累。之前已经完成了对利润控制权的分析，接下来分析国企的生产资料所有权，根据林岗（2007）的思想，在分析国企生产资料所有权时，不能仅仅分析名义上的生产资料所有权，还要分析实际上的生产资料所有权，即要分析与生产资料所有权相伴随的投资、人事和薪酬等权利分配。

第一，计划经济时代，由于"两权"不匹配，利润初次分配制度改革对生产率和资本积累的影响较为有限。从利润初次分配角度来看，国有企业依次经历了奖励基金、企业资金和统收统支等时期，国有企业的激励强度不断下降，但是在这个时期，财政部拥有国企资本的基础管理职能，国有企业利润直接上缴财政部，但是投资、人事和薪酬等权利分布于国家计委、经贸委、中组部和劳动部等多个部门，因此，财政部只是拥有名义上的生产资料所有权和利润控制权，当财政部尝试通过生产资料的节约以提高利润率时，必须得到其他多个部门的配合，如果存在较强的部门约束和部门利益，那么财政部将无法有效推动生产资料节约，因此，在这段时间内，即使国企只保留较低的利润，国企利润初次分配制度改革对生产率和资本积累的负向影响较为有限。

第二，从企业基金时期到税利分流时期，仍然没有实现"两权"相匹配，利润初次分配制度改革对生产率和资本积累的影响仍然较为有限。在这段时间，国有企业依次经历了企业基金、利改税和税利分流等时期，允许国有企业保留越来越多的利润，对国有企业的激励强度不断上升，从而将员工努力、生产绩效和留用利润紧密联系起来，但是国企员工并没有获得生产资料所有权，国家也没有推动国企主管部门进行所有权改革，实际上的生产资料所有权仍然分布在各个部门之间，没有实现"两权"相匹配，因此，在这段时间内，即使国企内部保留较多的利润，国企利润初次分配制度改革对生产率和资本积累的正面影响较为有限。

第三，国有资本经营预算时期，由于在一定程度上实现了"两权"匹配，利润初次分配制度改革对生产率和资本积累的影响是正面的。我国于 2007 年开始进行国有资本经营预算，基于同样的逻辑，国有资本经营预算的效果取决于"两权"的匹配程度，"巧合"的是，我国于 2003 年成立了国资委，改变了"九龙治水"的局面，国资委拥有了相对较为完整的生产资料所有权和利润控制权，从而能够利用相对完整的所有者权利推动节省生产资料，实现国有资产保值增值，获得较高的生产率和利润率。因此，我们可以得到假说 4 - 1：

在其他条件不变的情况下，只有当"两权"相匹配时，国企利润初次分配制度改革才能够提高生产率，促进资本积累。

4.2.2 国有企业利润再分配制度改革的效果评估假说

尽管生产资料所有权在很长时间内都是相对分散的，但是生产资料所有权的社会性经历了明显的变化，进而导致利润再分配制度发生了明显的变化。在利润量既定的情况下，利润中用于福利房等非生产性方面的比例越高，生产性用途的比例越低，生产率越难以提升，因此，国企利润再分配制度改革会影响生产率和资本积累。第一，计划经济时期，"福利房建设支出占国企利润的比例"较低，意味着国企面临的社会性负担较小，绝大部分的国企利润用于生产性方面，自然使国企利润率较高。第二，双轨制时期，"福利房建设支出占国企利润的比例"快速上升，意味着国企社会性负担迅速增加，用于生产性方面的利润快速减少，自然使国企利润率迅速下降。第三，市场化主导时期，"福利房建设支出占国企利润的比例"快速下降，意味着国企面临的社会性负担迅速减轻，用于生产性方面的利润快速增加，自然使国企利润率迅速上升。因此，我们可以得出假说4-2：

在其他条件不变的情况下，"福利房建设支出占国企利润的比例"越高，意味着国企面临的社会性负担越重，生产率越难以提升，资本的积累速度越慢。

4.3 国有企业利润分配制度改革的效果评估

进行长期的效果评估，需要有较为完整的数据。相对来说，国有（全民所有制）独立核算工业企业（以下简称"国有工业企业"）的数据较为完整，因此，我们利用国有工业企业进行效果评估。国企利润分配制度改革针对的是所有国营企业，重点之一就是国有工业企业，因此可以将国企利润分配制度改革历程与国有工业企业的绩效指标联系起来。我们用全要素生产率（TFP）和利润率表征国有工业企业的积累效率，进而分析国企利润分配制度改革对资本积累效率的影响。

4.3.1　国有工业企业生产率

我们估计了 1952～2012 年国有工业企业全要素生产率（见图 4-4）。第 2 章提到，利润分配制度改革可通过生产资料的节约而影响积累动态，但也间接导致出现一个问题，即在直接劳动生产率不变的情况下，生产资料的节约有可能使资本利润率上升，因此还要考虑到不变资本生产率或者间接劳动生产率的变化情况，而由于受到数据限制，暂时无法计算间接劳动生产率，这就需要采用考虑到两种劳动生产率的综合指标。在这种情况下，由于全要素生产率考虑到了直接劳动生产率和间接劳动生产率同时变动的情形，因此，其可能是一个合理的代理指标。计算全要素生产率，需要劳动力数量、实际固定资产存量和实际增加值三个变量，劳动力数量可以直接从《中国工业统计年鉴》中获取，其余两个指标则需要进行估计。（1）国有工业企业实际固定资产存量。《中国工业统计年鉴》只提供国有工业企业"固定资产原价"，且没有考虑价格因素。我们用当年"固定资产原价"减去上年"固定资产原价"，得到"名义新增固定资产"；利用全国工业名义净产值和实际净产值（名义 GDP 和实际 GDP）计算出"工业企业平减指数"；利用该平减指数计算国有工业企业"实际净增固定资产"；设定固定资产折旧率为 0.05[1]，采用永续盘存法逐年推算出 2010 年不变价"实际固定资产存量"。（2）国有工业企业实际增加值。按照收入法增加值的计算办法，增加值等于利税总额、固定资产折旧和工资总额三者之和，利税总额可以直接从《中国工业统计年鉴》获取，将上年"实际固定资产存量"乘以设定的固定资产折旧率可以得到本年固定资产折旧，将劳动力数量与平均工资相乘得到工资总额，最后利用"工业企业平减指数"，得到 2010 年不变价"实际增加值"。

---

[1] 《中国统计年鉴 1994》提供了国有企业固定资产基本折旧率，涉及年份（时间段）包括 1975 年、1978 年、1980 年、1983～1993 年，这些年份（时间段）的基本折旧率为 0.040～0.066，因此我们设定折旧率为 0.05 是比较合理的。

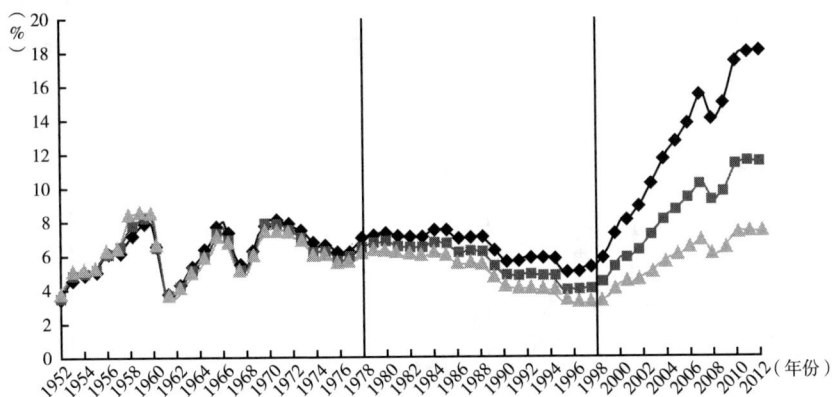

图4-4　国有工业企业全要素生产率（1952～2012年）

注：采用 C-D 函数估计 TFP，以2012年为标准，从上到下三条 TFP 曲线对应的资本产出弹性分别为0.5、0.6和0.7。

资料来源：《中国工业经济统计资料》（1949～1984年、1985～1987年），《中国工业经济统计年鉴》（1988～2012年）、《中国工业统计年鉴》（2013年）和《中国统计年鉴》（1982～2013年）。

4.3.2　国有工业企业利润率

我们估计了1952～2012年国有工业企业利润率（见图4-5）。在马克思主义经济学的分析中，利润率是极其重要的指标，因此需要计算国有工业企业利润率。利润率1是利润总额与预付资本的比值，预付资本等于预付不变资本与预付可变资本之和①，利润率2是利润总额与固定资产存量的比值。两条曲线清楚显示，利润率1和利润率2呈现几乎完全相同的变化趋势，在计划经济时期，利润率呈现高位波动的变化趋势，改革开放之后，利润率呈现先快速下降而后较快上升的趋势。同时，将图4-5与图4-4对比之后可以发现，利润率与全要素生产率的变化趋势也大体相同。有研究发现，国有企业的全要素生产率在1978～1996年明显增长（谢千里等，2001），我们的计算结果与之完全相反，如果国有企业全要

---

① 关于预付不变资本和预付可变资本的详细计算方法参见杨巨等（2017）。

素生产率确实快速增长，那么就很难想象，20 世纪 90 年代会出现大面积的亏损，以至于国企大规模倒闭，每年有数百万名工人下岗，因此我们的计算结果似乎与现实更为相符。

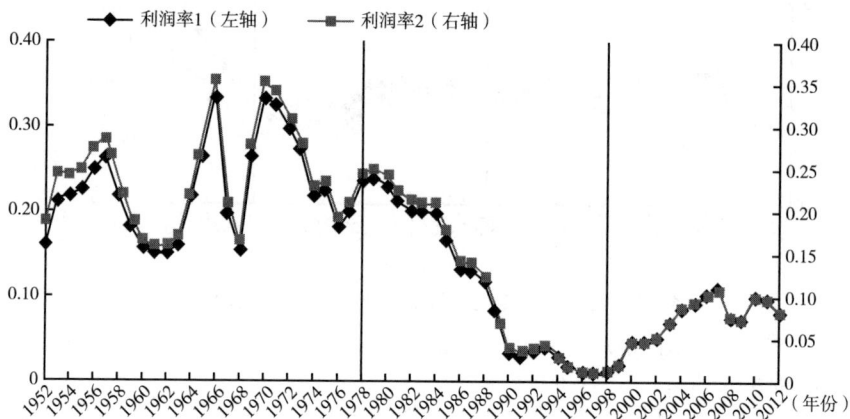

图 4 - 5　国有工业企业利润率（1952～2012 年）

资料来源：《中国工业经济统计资料》（1949～1984 年、1985～1987 年），《中国工业经济统计年鉴》（1988～2012 年）、《中国工业统计年鉴》（2013 年）。

4.3.3　国企利润分配制度改革与国企积累效率

总体上，国企利润分配制度改革较好地解释了国有工业企业的积累效率。在大部分时间里，由于没有实现"两权"相匹配，因此国企利润初次分配制度改革对生产率和利润率的影响较为有限，而"福利房建设支出占国企利润的比例"越高，生产率和利润率越低，国企利润再分配制度改革对生产率和利润率有非常强的解释力。

除了国有资本经营预算之外，国企利润初次分配制度改革对生产率和利润率的影响较为有限。（1）计划经济时代，虽然国企能够保留的利润总体较少，而且从奖励基金到统收统支，国企自身的激励强度不断下降，但是国有工业企业的生产率和利润率总体处于较高水平，而且两者都没有随着国企激励强度的下降而下降。根据我们之前的推测，"九龙治水"的格局意味着实际生产资料所有权分散于多个国企主管部门，对国企保留利润比例和形式的单方面改革无法实现"两权"相匹配，实际情况与我们的推测相符。（2）改革开放以来，在企业基金、利改税和税利分流前期，虽然国企能够保留的利润越来越多，税利分流甚至允许国企保留全部税后利润，国企自身的激励强度不断上升，但是国有工业企业的生产率和利润率不断下降。有研究认为，改革开放之初，我国并没有进行国企私有化改革，而是选择"放权让利"以增强对经理的激励和自主权，在获得更多保留利润之后，国企经理通过奖金的方式增加了工人的工资，进而提高了生产率（Groves et al.，1994）。我们的证据不支持这个结论，在改革开放之后的较长时间里，更多的保留利润和更大的激励并没有提升国有企业的积累效率，根据我们的逻辑，原因仍然是"两权"不匹配，生产资料所有权仍然散布在各个主管部门之间，允许国有企业保留更多的利润只是单方面的改革，在"两权"不匹配的情况下，国有企业无法实现正常的保值增值，不利于生产率和利润率提升。（3）国有资本经营预算时期，国有工业企业的生产率和利润率持续改善。我国于2007年开始进行国有资本经营预算，同年，国有工业企业的生产率和利润率相比2006年继续提升，尽管2008年有所下降，但我们推测这是由金融危机所造成的，2009年开始恢复，2010年之后就超过2008年的水平。根据我们的逻辑，之所以出现这种情况，是因为在这段时间内"恰好"实现了"两权"相匹配。国资委于2003年成立，到2007年已经形成了较为完善的国有资产监管体制，同年，国有资本经营预算开始实行，国资委代表全体人民同时掌握相对完整的生产资料所有权和利润控制权，"两权"相匹配有利于提升国有企业的积累效率。

国企利润再分配制度改革对生产率和利润率有非常强的解释力，"福利房建设支出占国企利润的比例"越高，生产率和利润率水平越低。（1）计划经济时期，福利房建设投资比例先下降后上升，总体下降，国有工业企业生产率和利润率先上升后下降，总体上升。"福利房建设支出占国企利润的比例"从1952年的10.3%下降到1970年的2.6%，然后上升到 1977 年的 6.9%，与此相对应，国有工业企业生产率从 1952 年的 0.37[①] 上升到 1970 年的 0.78，然后下降到 1977 年的 0.60，而利润率从 1952 年的 16.2%[②] 上升到 1970 年的 33.3%，然后下降到 1977 年的 20.1%。（2）双轨制时期，福利房建设投资比例总体较快上升，国有工业企业生产率和利润率水平总体迅速下降。1978～1997 年，"福利房建设支出占国企利润的比例"从 5.1% 迅速上升到 27.0%，对应来看，国有工业企业生产率从 0.66 快速下降到 0.42，利润率从 23.8% 迅速下降到 1.0%。（3）市场化主导时期，福利房建设投资比例总体急剧下降，国有工业企业生产率和利润率水平总体快速上升。1998～2012 年，福利房建设投资比例从 27.7% 急剧下降到 0.1%，对应来看，国有工业企业生产率从 0.43 迅速上升到 1.23，利润率从 1.1% 快速上升到 8.4%。

4.3.4 进一步说明的问题

1. 国有资本经营预算为什么有利于资本积累？

2007 年，我国开始推行国有资本经营预算，试图实现真正意义上的税利分流。国有资本经营预算"抽走"了国企的利润，使国企面临更高的融资约束，但是这项改革促进了资本积累，原因是什么呢？现有文献大多从"自由现金流"角度进行解释：随着国有企业发展壮大，国有企业也具有较强的盈利能力，但是从税利分流以来，绝大多数国有企业不需要向国家分红，国有企业的低分红或者不分红政策会形成"多余现金流"或者"自由现金流"，在将这些内部资金作为国企投资的融资来源时，由于不需要付出融资成本（虽然存在机会成本），企业内部人会有较强的滥用倾向，从而产生较高的代理成本，而在进行国有资本经营预算改革后，国企必须将部分利润用于分红，企业投资就需要获得更多的外部融资，无论股权融资还是债权融资，国企都面临更强的外部融资约束，虽然增加了

---

① 在图 4-4 中，在 1952 年处对三个 TFP 估计结果取算术平均值得到 0.37，下同。
② 利润率即利润总额与预付资本的比值，下同。

融资成本，但是大幅降低了代理成本，所以，适当分红有利于提升企业效率，促进资本积累。我们基本认同这个结论，适度的分红有利于提升积累效率，但是理由不同，具体来说，理由有二。

第一，"利润初次分配制度改革"方面，国有资本经营预算改革相对更加符合"两权"匹配的原则。从新中国成立到国资委成立之前，多部委代表全体人民联合行使生产资料所有权，意味着任何单独部委所掌握的生产资料所有权都是不完整的，任何部委试图节约生产资料以提升积累效率的努力都需要其余部委的配合和支持，而实际上每个部委都有特殊的利益诉求。2003年国资委的成立打破了这种局面，国家将原本属于其他部门的权力授予国资委，国资委因此掌握相对较为完整的生产资料所有权。根据相关安排，国资委用三年左右的时间，也就是在2007年左右，建立起新的国有资产监管体制基本框架，为实现国有资产保值增值提供体制和制度保障。"巧合"的是，我国于2007年开始推动国有资本经营预算改革，因此，国资委不仅掌握了相对较为完整的生产资料所有权，而且掌握了利润控制权，为了获得较多的利润，国资委可以利用所掌握的生产资料所有权，实现生产资料的节约和国有资本的保值增值，在"两权"相匹配的情况下，"利润初次分配制度改革"有利于资本积累。值得说明的是，相较于"九龙治水"而言，国有资本经营预算时期的"两权"匹配程度确实更高，但是就绝对水平而言，此时的"两权"匹配程度仍然不高，更为细致的分析将在下一章进行。

第二，"利润再分配制度改革"方面，国有资本经营支出结构有利于资本积累。为了进行长期的动态跟踪，我们选用了国企利润中用于福利房建设投资的比例来刻画国企利润再分配制度改革情况，但是如果只分析国有资本经营预算，国有资本经营支出预算也是较为合适的指标。虽然国有资本经营支出预算减少了企业的利润，从而削弱了可用于再投资的资金基础，然而，在国有资本经营支出预算中，生产性支出的比例仍然较高。根据《国务院关于试行国有资本经营预算的意见》，国有资本经营支出预算主要包括资本性支出、费用性支出和其他支出。根据《中央企业国有资本经营预算建议草案编报办法（试行）》，资本性支出是指"根据产业发展规划、国有经济布局和结构调整、国有企业发展要求，以及国家战略、安全等需要安排的资本性支出"，因此可以将资本性支出大体等同于生产性支出。根据 2010～2012 年国有资本经营决算相关文件，2010～2012年，生产性支出占总支出的比重分别为 88.6%、87.9% 和 87.6%[①]，可见国有资本经营支出预算大多用于生产性支出，支出预算的生产性保证了国企生产率和利润率上升。

2. "利润初次分配制度改革"能够解释"利润再分配制度改革"吗？

可能还存在另一种理论假说：改革开放之初，我国选择"放权让利"以提升国企绩效，国企经理利用手中的利润支配权和其余自主权，通过增加工人的福利房建设投资，改善工人住房条件，提高工人劳动积极性，最终提高国企生产率和利润率水平。在改革之初，比如，1978～1980 年，这种方法行之有效，但是在大部分时间里，比如，1980～1998 年，福利房建设投资挤占了生产性投资，造成企业生产率和利润率下降。这意味着"利润初次分配制度改革"能够解释"利润再分配制度改革"，后者只是前者的结果，"利润初次分配制度改革"是唯一的外生约束。[②]

事实上，情况可能并非如此，"利润再分配制度改革"也可以视作外生约束。计划经济时代，工人工资和住房未得到改善，改革开放之初，我国面临的重要任务就是提高工人待遇，改善工人住房条件。在党和政府发布的文件中，这个任务不断被提及，因而，其变成了国企经理的政治任务，为了完成这项政治任务，国企经理不得不将更多的利润用于福利房建

[①] 根据《关于2010年中央国有资本经营支出决算的说明》，为完善中央国有资本经营预算，从2010年开始，将原来在公共财政预算中反映的国有股减持收入补充全国社会保障基金，划转中央国有资本经营收入，这部分收入不属于利润，与我们分析的主题不符，因此予以剔除。

[②] 根据 Groves 等（1994）的相关论述推理得到。

设，这项政治任务日后被学界和政界认识到而成为"国企社会性负担"的重要内容，也成为解释国有企业效率的重要概念。1998 年的房改通知也提到，住房商品化不能一步到位，而是"逐步实行住房分配货币化"，因此将"利润用于福利房建设"始终是一项具有"外生"性质的政治任务，而不是完全出于国企经理进行的利益最大化选择。

4.4 本章小结

本章对新中国成立以来国有企业利润分配制度改革进行了多维动态跟踪和长期效果评估。首先，基于利润初次分配和再分配分析框架，通过梳理 25 份相关政策文件，重新对国企利润分配制度改革进行阶段划分。国企利润初次分配制度改革可以分为七个阶段，即奖励基金时期（1952～1961 年）、企业奖金时期（1962～1968 年）、统收统支时期（1969～1977 年）、企业基金时期（1978～1982 年）、利改税时期（1983～1993 年）、税利分流时期（1994～2006 年）和国有资本经营预算时期（2007 年至今），相对而言，第三阶段的激励强度最小，第六阶段的激励强度最大，其余阶段的激励强度在这两个阶段之间。同时，通过证明福利房建设投资比例是国企利润再分配制度的较好代理变量，将国企利润再分配制度改革分为三个阶段，即计划经济时期（1952～1977年）、双轨制时期（1978～1997 年）和市场化主导时期（1998～2012年），国企利润用于福利房建设投资的比例，在计划经济时期总体较低且小幅下降，在双轨制时期快速上升，在市场化主导时期急剧下降。接着，根据动态跟踪结果，紧密联系生产资料的国家所有权制度，提出国企利润分配制度改革效果评估假说，并计算国有工业企业的生产率和利润率以进行经验验证，基本结论是，在考察时间段的大部分时间里，由于没有实现"两权"相匹配，国企利润初次分配制度改革对生产率和利润率的影响较为有限，在国资委获得较为完整的生产资料所有权的情况下，国有资本经营预算的实行使国资委获得了利润控制权，实现了"两权"相匹配，从而有利于提升国企积累效率；而国企利润越多被用于福利房建设等非生产性支出，意味着国企面临的社会性负担越重，生产率和利润率越低。国企利润再分配制度改革对国企积累效率有非常强的解释力。

第5章
中央国有资本经营预算改革的动态
跟踪与效果评估

在国有企业利润分配制度改革的长期历史进程中，我们已经对国有资本经营预算改革的效果进行了初步讨论，从利润初次分配角度来看，国有资本经营预算有利于实现"两权"相匹配，从利润再分配角度来看，国有资本经营预算将较多收益用于生产性支出，因此，国有资本经营预算改革有利于提升国有企业积累效率，但是这种分析仍然有所欠缺。第一，这种分析没有专门针对中央企业，中央企业是国有企业的重要组成部分，相比地方国有企业，中央国有资本经营预算改革强度较大也较为规范，因此值得专门研究。第二，这种分析的截止时间为2012年，2012年之后，中央国有资本经营预算仍然处于不断改革之中，特别是2014年中央企业利润上缴比例普遍提升，这种改革如何影响中央企业的经营效率需要进行更长时间的经验观察。第三，这种分析只限于时间维度，而在中央国有资本经营预算框架中，不同的中央企业可能需要上缴不同比例的利润，也有可能进行不同的支出预算安排，即使从时间维度来看，中央国有资本经营预算改革总体上提升了中央企业的积累效率，但是从个体或者行业维度来看，这种改革有可能抑制部分中央企业的积累效率。为了完成这些工作，本章首先对中央国有资本经营预算改革进行全面的动态跟踪，接着提出马克思主义经济学效果评估假说，最后进行系统的效果评估。

与现有研究相比，本章在如下两个方面有所创新。第一，现有文献大多将国有资本经营收入预算和支出改革割裂开来，而本书借鉴了马克思的剩余价值资本化思想，认为利润运动是资本积累中至关重要的过程，国有资本经营收入预算和支出预算是中央企业利润运动中重要和连续的两个环节，不仅同时考察了收入预算和支出预算改革对于中央企业的综合影响，而且特别分析了支出预算中生产性支出的经济效率。第二，中央国有资本经营预算改革明文规定将其作用于集团公司层面，而现有的经验研究基本只用到了中央企业上市子公司数据，没有分析集团层面的改革政策是否影响其子公司以及如何影响子公司，因此所得到的结论自然存在缺陷。本书基于历年《中国国有资产监督管理年鉴》，首次收集和整理中央企业集团层面的资料和数据，对其进行加总计算得到行业层面的中央企业财务指标，研究了国有资本预算改革的综合影响。值得注意的是，本章的分析对象不包括中央金融企业，对于中央金融企业的分析将在下一章中进行。

5.1 中央国有资本经营预算改革的动态跟踪

根据前面的理论框架，我们将从利润初次分配和利润再分配两个维度，对中央国有资本经营收入预算改革和支出预算改革进行详细回顾和分析。

5.1.1 中央国有资本经营收入预算改革

2007 年，以《国务院关于试行国有资本经营预算的意见》和《中央国有资本经营预算编报试行办法》的出台为标志，我国中央企业开启了国有资本经营预算改革进程，相关文件陆续颁布，扩大了预算范围，提高了利润上缴比例，规范了利润收取流程（见表 5－1）。到目前为止，国资委监管企业、国家烟草局、教育部、中国国际贸易促进委员会、工业和信息化部、国家体育总局等部门所属企业已经被纳入中央国有资本经营预算范围。从 2014 年开始，中央企业分为五类：第一类企业上缴比例为 25％；第二类企业为 20％；第三类企业为 15％；第四类企业为 10％；第五类企业免缴当年应缴利润。中央国有资本经营预算对纳入预算范围的中央企业的母公司收取收益，国有独资企业拥有全资公司或者控股子公司、子企业的，以经过依法审计的年度合并财务会计报告反映的归属于母公司所有者的净利润为基础申报，以合并财务会计报告为基础进行申报，能够有效约束集团内部公司之间的利润转移行为。

表 5 - 1 中央国有资本经营收入预算改革重要政策文件

时间	文件名称	相关规定
2007 年 9 月	《国务院关于试行国有资本经营预算的意见》	国有资本收益包括国有独资企业应缴利润、国有控股参股企业股利股息、国有产权转让收入、国有独资企业清算收入和其他收入
2007 年 11 月	《中央国有资本经营预算编报试行办法》	中央企业国有资本经营预算收入包括中央企业上缴的利润、股利、股息、产权转让收入、清算收入和其他国有资本经营收入等
2007 年 12 月	《中央企业国有资本收益收取管理暂行办法》	对中央企业的母公司收取收益，以年度合并财务报表反映的归属于母公司所有者的净利润为基础申报；第一类企业上缴比例为 10%，第二类企业为 5%，第三类企业暂时免缴；2006 年减半收取；国资委监管企业和国家烟草局纳入预算实施范围
2010 年 12 月	《关于完善中央国有资本经营预算有关事项的通知》	自 2011 年起,中央企业分为四类：第一类企业上缴比例为 15%，第二类企业为 10%，第三类企业为 5%，第四类企业暂时免缴。从 2011 年起，将教育部、中国国际贸易促进委员会等部门所属企业纳入中央国有资本经营预算实施范围
2012 年 1 月	《财政部关于扩大中央国有资本经营预算实施范围有关事项的通知》	从 2012 年起,将工业和信息化部、国家体育总局等部门所属企业纳入中央国有资本经营预算实施范围；新纳入实施范围的国有独资企业按照第三类企业归类，上缴利润比例为税后净利润的 5%
2014 年 4 月	《关于进一步提高中央企业国有资本收益收取比例的通知》	自 2014 年起,中央企业分为五类：第一类企业上缴比例为 25%；第二类企业为 20%；第三类企业为 15%；第四类企业为 10%；第五类企业免缴当年应缴利润

资料来源：笔者根据中华人民共和国中央人民政府网、财政部等网站信息整理得到。

图 5 - 1 呈现了中央国有资本经营收入预算的实际执行情况。（1）从总量上看，2007 ~ 2017 年，中央国有资本经营收入从 140.0 亿元增长到 1244.3 亿元。2007 年是实施国有资本经营预算的第一年，按照减半征收

的办法，对国资委监管企业 2006 年实现的净利润收取国有资本经营收益，总共收取 84 个中央企业国有资本经营收益 140.0 亿元。2008 年和 2009 年分别收取 443.6 亿元和 988.7 亿元，2010～2012 年有所回落，2013～2017 年都达到了 1000 亿元规模，2015 年达到最高值 1613.1 亿元。（2）从结构上看，中央国有资本经营收入主要来源于利润。2007 年和 2008 年，中央国有资本经营收入都来源于利润，2009 年，电信企业重组专项资本收益为 600 亿元，利润为 388.7 亿元，利润占经营收入的比例为 39.3%。其余年份中，利润占经营收入的比例均较高，最高值为 2011 年的 99.0%，最低为 2010 年的 76%。2007～2017 年，累计利润占累计中央国有资本经营收入的比例为 88.1%。

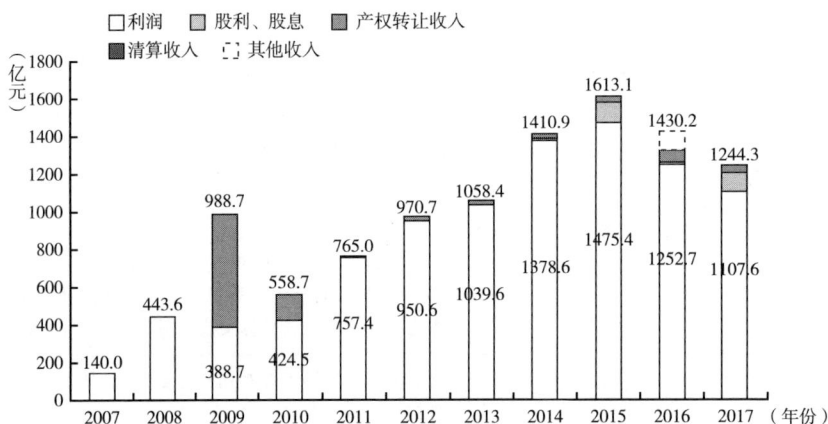

图 5-1　2007～2017 年中央国有资本经营收入

资料来源：《中国财政年鉴》（2008～2018 年）。

再来看中央国有资本经营收入中利润的行业分布情况。《中国财政年鉴》提供了 2010～2017 年较为完整的中央国有资本经营预算、决算收支数据，其中包括不同类型中央企业上缴的利润。按照行业门类重新整理归类，① 计算每年各行业中央企业上缴利润（中央国有资本经营收

---

①　由于中国烟草总公司既属于制造业企业又属于批发和零售业企业，并且上缴了较多的利润，因此将其单独挑出来并归为烟草业。

入）占利润的比例，并且计算 2010～2017 年各行业累计上缴利润占累计利润的比例，对其从大到小排序得到表 5-2。排名第一的是烟草业（烟草企业①），2010～2017 年，中央企业累计上缴利润 8386.3 亿元，烟草业累计上缴利润 2454.2 亿元，比例为 29%；排名第二的是采矿业（石油石化企业、煤炭企业和有色冶金采掘企业等），累计上缴利润 2290.7 亿元，比例为 27%；排名第三的是信息传输、软件和信息技术服务业（电信企业），累计上缴利润 920.6 亿元，比例为 11%；排名第四的是电力、热力、燃气及水生产和供应业（电力企业），累计上缴利润 873.9 亿元，比例为 10%；排名第五的是制造业（机械企业、钢铁企业、建材企业、电子企业、医药企业、纺织轻工企业和化工企业等），累计上缴利润 436.0 亿元，比例为 5%；其他行业中央企业上缴利润的比例均在 5% 以下。

表 5-2 2010～2017 年各行业中央企业上缴利润占总上缴利润的比例

单位：%

行业门类	2010年	2011年	2012年	2013年	2014年	2015年	2016年	2017年	平均
烟草业	28	18	27	28	30	32	30	35	29
采矿业	35	41	38	34	33	26	15	7	27
信息传输、软件和信息技术服务业	19	12	11	11	9	9	11	12	11
电力、热力、燃气及水生产和供应业	1	7	7	12	9	11	15	13	10
制造业	4	6	6	4	5	6	5	6	5
建筑业	3	3	2	3	4	4	5	6	4
批发和零售业	2	3	3	3	2	1	2	2	2

① 括号内为《中国财政年鉴》"中央国有资本经营预算、决算收支"中的原始中央企业分类名称，下同。

行业门类	2010 年	2011 年	2012 年	2013 年	2014 年	2015 年	2016 年	2017 年	平均
交通运输、仓储和邮政业	1	2	1	0	0	2	3	5	2
租赁和商务服务业	1	1	1	1	1	1	1	1	1
公共管理、社会保障和社会组织	—	0	0	0	0	0	1	1	0
科学研究和技术服务	—	0	0	0	0	0	0	0	0
文化、体育和娱乐业	—	0	0	0	0	0	0	0	0
农、林、牧、渔业	0	0	0	0	0	0	0	0	0

资料来源：《中国财政年鉴》（2011～2018 年）。

5.1.2 中央国有资本经营支出预算改革

从 2007 年开始，《中央国有资本经营预算编报试行办法》等文件相继出台，规定和完善了中央国有资本经营支出预算（见表 5 - 3）。2007 年出台的《中央国有资本经营预算编报试行办法》规定，中央国有资本经营预算实行"以收定支，不列赤字"；根据产业发展规划、国有经济布局和结构调整、国有企业发展要求以及国家战略、安全需要，弥补国有企业改革成本等安排预算支出；按照资金使用性质将其划分为资本性支出、费用性支出和其他支出，其中，资本性支出是指向新设企业和现有企业的资本性投入。2011 年出台的《中央国有资本经营预算编报办法》基本沿用试行办法的表述。2017 年颁布的《中央国有资本经营预算编报办法》则修改了相关表述，规定中央国有资本经营预算支出应当服务于国家战略目标，除调入一般公共预算和补充全国社会保障基金外，主要用于解决国有企业历史遗留问题及用于相关改革成本支出、国有企业资本金注入和其他支出,其中,资本金注入主要采取向中央企业和产业投资基金注资的方式,引导中央企业更好地服务于国家战略,将国有资本更多投向关系国家安全和国民经济命脉的重要行业和关键领域。

表5-3 中央企业国有资本经营支出预算改革重要政策文件

时间	文件名称	相关规定
2007年9月	《国务院关于试行国有资本经营预算的意见》	国家收取利润按照国有资本经营支出预算进行;预算支出主要包括:资本性支出、费用性支出和其他支出。具体支出范围依据国家宏观经济政策以及不同时期国有企业改革和发展的任务进行统筹安排确定;必要时,可将其部分用于社会保障等支出
2007年11月	《中央国有资本经营预算编报试行办法》	预算支出根据预算收入规模编制,不列赤字;中央国有资本经营预算支出主要用于:根据产业发展规划、国有经济布局和结构调整、国有企业发展要求以及国家战略、安全需要的支出,弥补国有企业改革成本方面的支出和其他支出。按照资金使用性质划分为资本性支出、费用性支出和其他支出
2011年10月	《中央国有资本经营预算编报办法》	中央国有资本经营预算支出要加强与公共预算的有机衔接
2017年9月	《中央国有资本经营预算编报办法》	按照收支平衡的原则编制,以收定支,不列赤字;中央国有资本经营预算支出应当服务于国家战略目标,除调入一般公共预算和补充全国社会保障基金外,主要用于以下方面:解决国有企业历史遗留问题及用于相关改革成本支出;国有企业资本金注入相关领域;用于其他支出

资料来源:笔者根据中华人民共和国中央人民政府网站等的信息整理得到。

综上,可以总结出中央国有资本经营预算支出的主要用途:(1)根据国家发展战略和产业发展规划,投向关系国家安全和国民经济命脉的重要行业和关键领域,优化国有经济布局,促进经济结构调整;(2)弥补国有企业改革成本,解决国有企业历史遗留问题;(3)调入一般公共预算和补充全国社会保障基金。

我们来看中央企业国有资本经营支出的实际执行情况(见表5-4)。(1)中央国有资本经营支出规模总体快速上升。2008年,中央国有资本经营支出为 583.5 亿元，2009 年为 873.6 亿元，2010～2013 年短暂回落之后上升，2014 年之后都在 1000 亿元之上，最高点为 2016 年的 1450.6 亿元。（2）民生性支出比例总体上升。在《中国财政年鉴》提供的 2010～2017 年按项目分类的预算支出数据中，如果将社保基金和转移性支付两种支出定义为民生性支出，可以得到民生性支出的规模和结构。2010～2017 年，社保基金规模先下降后上升，转移性支付逐年较快上升，民生性支出规模从 146.4 亿元上升到 291.9 亿元，民生性支出的比例从 27% 上升至 29%。（3）生产性支出比例总体下降。如果将非民生性支出定义为生产性支出，那么生产性支出比例从 2010 年的 73% 下降到 2017 年的 71%。具体来说，这些支出主要用于解决历史遗留问题及作为改革成本、国有企业资本金、国有企业政策性补贴等。同时应该注意到，2015～2017 年，中央对地方国有资本进行了较大规模的转移支付，这三年转移的规模分别达到了 127.2 亿元、513.5 亿元和 235.4 亿元，在中央国有资本经营支出中的比例分别达到 9%、35% 和 23%。

表 5-4　2010～2017 年中央企业国有资本经营支出

单位：亿元，%

支出项目	2010 年	2011 年	2012 年	2013 年	2014 年	2015 年	2016 年	2017 年
中央国有资本经营支出	542.0	769.5	929.8	978.2	1419.1	1362.6	1450.6	1001.7
民生性支出	146.4	42.3	77.2	84.3	205.6	256.2	305.6	291.9
（1）社保基金	127.1	0.5	17.2	19.3	21.6	26.2	59.6	34.9
（2）转移性支出	19.3	41.7	59.9	65.0	184.0	230.0	246.0	257.0
民生性支出比例	27	5	8	9	14	19	21	29
非民生性支出比例	73	95	92	91	86	81	79	71

资料来源：《中国财政年鉴》（2011～2018 年）。

　　同时，《中国财政年鉴》还提供了 2010～2012 年按科目分类的预算支出数据，从中可以看出预算支出的行业分布情况（见表 5-5）。按照行业门类重新整理归类，计算每年中央企业国有资本经营支出占向各行业总支出①的比例，并且计算 2010～2012 年累计值以求得平均比例，从大到小排序得到表 5 - 5。排名第一的是制造业，2010～2012 年，中央国有资本经营预算累计向行业支出 1271.2 亿元，向制造业累计支出 619.4 亿元，比例达到 48.7%；排名第二的是租赁和商务服务业（商业服务业等），累计获得预算支出 266.2 亿元，比例达到 20.9%；排名第三的是科学研究和技术服务（资源勘探开发和服务支出等），累计获得预算支出 207.0 亿元，比例达到 16.3%；排名第四的是交通运输、仓储和邮政业（公路水路运输、民用航空运输和邮政业支出等），累计获得预算支出 103.68 亿元，比例达到 8.2%；其他行业获得预算支出的比例均在 5% 以下。

将中央国有资本经营预算的支出行业分布与利润行业分布进行对比，可以非常明显地看出利润的跨行业转移情况，表明国家试图通过推进中央国有资本经营预算改革，促进国有经济布局优化和经济结构调整。通过对中央国有资本经营预算进行分析发现，利润从烟草业，采矿业，信息传输、软件和信息技术服务业，电力、热力、燃气及水生产和供应业等行业转移到了制造业，交通运输、仓储和邮政业，租赁和商务服务业，科学研究和技术服务等行业；或者说，利润从烟草、石油石化、煤炭、电信、电力等中央企业转移到了制造、运输、邮政、商业服务、资源勘探开发和服务等中央企业。制造、商务服务、科学研究和技术服务等行业均代表一个国家产业的未来，并且按照相关分类标准，战略性新兴产业更多处于这些行业，表明中央国有资本经营预算试图服务于国有经济结构调整大局。同时也明显可以看出，现有证据不支持中央企业进行利润的"体内循环"，国资委没有将收到的利润原路返还给上缴利润的中央企业。

---

① 生产性支出中除了行业支出之外，还有一类是行业监管支出，比如，电力监管支出与工业和信息产业监管支出等，其中，电力监管支出由国家能源局执行，工业和信息产业监管支出由工业和信息化部执行，这两类支出类似于公共管理支出。2013 年之后，国家不再安排此类支出，因此此处没有进行统计。

表 5 – 5　2010～2012 年中央企业国有资本经营支出的行业结构

单位：%

行业门类	2010 年	2011 年	2012 年	平均
制造业	50.4	48.5	48.0	48.7
租赁和商务服务业	25.6	17.3	22.0	20.9
科学研究和技术服务	4.3	22.3	16.8	16.3
交通运输、仓储和邮政业	16.4	4.6	7.2	8.2
农、林、牧、渔业	2.0	3.8	3.0	3.1
建筑业	1.3	2.1	1.3	1.6
文化、体育和娱乐业	0	1.2	1.3	1.0
教育	0	0	0.4	0.2

资料来源：《中国财政年鉴》（2011～2013 年）。

5.2　中央国有资本经营预算改革的效果评估假说

中央国有资本经营预算改革取决于中央企业的局部商品性和直接社会性。[①] 在中国特色社会主义市场经济当中，需要发挥市场机制在资源配置中的决定性作用，由于中央企业的全民所有制属性不可分割，劳动仍然是谋生的手段，中央企业具有商品性的特点。中央企业的商品性决定了国有资本经营预算也具有商品性，体现为进行国有资本经营收入预算需要参考同行业其他所有制企业的平均水平，允许中央企业保留一定比例的利润，允许劳动者特别是中高层管理者获得必要的利润分红等方面，从而保证中央企业和其他所有制企业相互竞争和共同发展。同时，中央企业需要通过提供公共品、进行战略控制、参与宏观调控等途径适应生产社会化要求，使中央企业具有较强的社会性。中央企业从社会整体角度配置资源的社会性决定了国有资本经营预算也具有社会性，体现为国有资本经营收入预算需要考虑中央企业的计划性强度，允许公益性企业或者说商品性较弱、社会

---

①　有关公有制企业的局部商品性和直接社会性的相关论述参见张宇（2016）。

性较强的中央企业上缴较少的利润，国有资本经营支出预算不仅需要安排民生性支出，也要安排生产性支出，以更好地完成中央企业的社会性任务。

对中央国有资本经营预算改革的评估需要紧密结合改革目标取向。由于中央企业具有商品性和社会性的二重性，国有资本经营预算也必然具有二重性，因此仅仅对其中一个方面进行效果评估可能是不够的。从商品性角度来看，我们首先需要评估中央国有资本经营预算产生了多少商业效益，而从社会性角度来看，我们需要观察中央国有资本经营预算带来了多少社会效益，同时从这两个方面来进行评价，得出的结论才可能更加符合改革的初衷，这样才可能具有较强的实践指导意义。正是由于这个原因，我们先对中央国有资本经营预算改革进行全面的动态跟踪，弄清楚改革的基本取向和具体目标，然后基于政策取向和目标对改革效果进行多个维度的评估。动态跟踪与效果评估是中央国有资本经营预算改革相辅相成的两个方面，动态跟踪是效果评估的前提，效果评估是动态跟踪的目的。

根据之前动态跟踪的结果，结合商品性和社会性两个维度，可以将中央国有资本经营预算改革的效应分为两类，即商业性效应和社会性效应。商业性效应方面，中央国有资本经营预算支出的重要目标包括优化国有经济布局，弥补国企改革成本，一般来说，如果经济布局得以优化，国企改革得以顺利进行，那么国企的利润率会提升，并且在马克思政治经济学看来，利润率通过"拉"和"推"影响资本运动，较高的利润率意味着较高的期望利润和较强的投资动力，而且会为本部门资本积累提供较多的可用资金（Weisskopf，1979；Bakir，Campbell，2016），所以可以用利润率来衡量商业性效应。社会性效应方面，中央国有资本经营预算支出的重要目标包括进行经济战略布局和战略控制，这些战略布局虽然在短期内并不一定带来较好的商业性效应和较高的利润率，但是一般可以优化行业资产规模的分布以达成社会目标，因此可以用行业资产份额来衡量这种社会性效应。中央国有资本预算经营支出的目标还包括调入一般公共预算和补充全国社会保障基金，一般来说，用于这两方面的全部资金来源于中央国有资本预算的比例越高，后者的影响就越大，因此可以用调入的比例来衡量这种社会性效应。

5.2.1 中央国有资本经营预算改革的商品性效应假说

中央国有资本经营预算改革可以分为收入预算改革和支出预算改革，在支出预算中，有较多的预算资金被用于中央企业自身改革与发展，我们暂时假定中央企业所获得的支出预算保持不变，以集中分析收入预算改革对企业利润率的影响。

第一，中央企业向国资委上缴的利润越多，越能够实现生产资料所有权与利润控制权相匹配，企业的利润率可能越高。在马克思看来，生产资料所有权与利润控制权天然联系在一起，只有在"两权"相匹配时，利润初次分配制度改革才能促进资本积累。中央国有资本经营预算开始实施时，国资委已经成立并建立了较为完善的治理框架，国资委掌握了相对较为完整的生产资料所有权，此时再让国资委获得一定的利润控制权，在一定程度上实现了"两权"匹配，国资委为了争取较多的利润，实现国有资本保值增值，就会不断减少对生产资料的浪费，防止国有资产流失，提高对生产资料的使用效率，从而提升中央企业的利润率，我们将这种效应称为"两权匹配效应"。

然而，在"全国人大—国资委—国企高管—国企员工"的管理链条中，民主管理机制仍然不够健全，"两权匹配效应"仍然相对较弱。全国人大对国资委的监管和管理机制仍然不够完善，国资委节约生产资料的动力仍然相对不足，机制仍然需要完善。国资委虽然获得了较为完整的生产资料所有权，但是这种"完整"是相对"九龙治水"而言的，就绝对水平而言，国资委对不变资本的节约必须得到国企高管和内部职工的配合，而国企高管和内部职工的利益在目前的管控和监管程度下仍然存在过度膨胀的空间，因此，国企高管还是可能浪费生产资料，甚至侵吞国有资产，造成国有资产流失，进而抑制利润率提升。由此可以认为，当前由国资委履行出资人职责的框架仍然是不完善的，"两权匹配效应"仍然总体较弱。

第二，中央企业上缴的利润越多，可用于再投资的资金越少，企业利润率可能越低。在马克思看来，企业的积累和成长本质上是利润再投资的结果，因此利润用于再投资的比例对于资本积累来说至关重要。国企上缴过多的利润，自然减少了可用于再投资的内部资金，从而有可能降低中央企业的利润率，我们将这种效应称为"利润再投资效应"。随着中央企业利润上缴比例的提高，由于"两权匹配效应"总体较弱，中央企业利润率上升较为乏力，并且由于存在"利润再投资效应"而降低中央企业利润率，中央企业利润率面临正面影响强度相对较小、负面影响强度相对较大的困境。出于这些考虑，我们得到假说5-1：

在中央企业所获得的预算支出等条件保持不变的情况下，由于"两权匹配效应"总体较弱，中央企业利润上缴比例与中央企业利润率之间可能呈现负向或者倒U形关系；如果呈现倒U形关系，那么中央企业利润率将在分红率仍然较低时就进入下降轨道。

现在考虑中央国有资本经营收入预算改革和支出预算改革的联合影响。第一，在中央国有资本经营支出预算中，中央企业获得的预算资金越多，用于企业积累的资金规模越大，比例越高，企业的利润率可能越高。由于这种资金来源于国资委的利润转移和利润补贴，因此我们将这种效应称为"外部支持效应"。第二，中央企业获得的预算资金越多，相当于企业获得的利润甚至超额利润越多，有可能弱化通过治理改革和技术创新而提升盈利水平的内部动力，从而有可能降低企业的利润率，我们将这种影响称为"内部动力效应"。考虑到中央企业利润上缴比例可通过"两权匹配效应"和"利润再投资效应"影响企业利润率，因此中央国有资本经营收入预算改革和支出预算改革对中央企业利润率的联合影响仍然无法确定。出于同时对收入预算和支出预算进行考察的需要，我们可以引入"利润净流入比例"概念，即利润净流入与企业净利润的比例，其中利润净流入等于（通过支出预算获得的）利润流入与（通过收入预算完成的）利润流出的差额。出于这些考虑，我们得到假说5-2：

在其他条件保持不变的情况下，中央企业利润净流入比例与中央企业利润率之间可能呈现正向、负向或者倒U形关系。

5.2.2 中央国有资本经营预算改革的社会性效应假说

如果中央国有资本经营预算改革能够影响中央企业的行业利润率，行业利润率的变动会导致资本跨行业流动，那么中央国有资本经营预算改革自然就能够影响中央企业的行业布局，因此之前的分析仍然成立，中央企业利润净流入比例能够影响中央企业的行业布局，两者之间可能呈现正向、负向或者倒 U 形关系。同时需要注意的是，中央国有资本经营预算还能够直接影响行业布局。比如，在收入预算中，中央企业的利润上缴可能不通过利润率起作用，而是直接缩小了再投资规模，进而缩小了总资本规模；在支出预算中，中央企业获得的利润流入也有可能直接扩大投资规模和资本规模，这意味着，在国资委通过中央国有资本经营预算而构建的"内部资本市场"中，竞争机制和统制机制可能同时发挥作用，进而同时影响国有经济布局。出于这些考虑，我们得到假说 5 - 3：

在其他条件保持不变的情况下，中央企业利润净流入比例能够影响中央企业的行业布局，两者之间可能呈现正向、负向或者倒 U 形关系。

中央国有资本经营预算支出中用于公共财政和社保基金的比例越大，那么对社会保障和社会公平的影响也就越大。现有研究发现，在财政收入中提高直接税的比重、在财政支出中提高转移支付和政府社会保障支出的比重都有利于缩小居民收入分配差距（汪昊、娄峰，2017）。如果将中央企业上缴的利润转入中央公共财政，并且将它们更多地用于民生支出，那么中央国有资本经营预算支出对社会公平的影响将较大。全国社保基金目前仍然是储备基金，专门用于人口老龄化高峰时期的养老保险等社会保障支出的补充和调剂，还没有建立起与现行居民社保之间的联系机制和转移机制，因此，中央国有资本经营预算支出调入全国社保基金的比例提升，并不会在当前而是在未来影响收入分配和社会公平。然而，这些机制发挥作用的前提仍然是，在中央公共财政或者全国社保基金中，有较大比例的资金来源于中央国有资本经营支出预算，而根据表 5 - 4 的计算结果，社保基金和转移性支出的绝对规模仍然过小，对社会保障和社会公平的影响仍然较小。出于这些考虑，我们得到假说 5 - 4：

在其他条件保持不变的情况下，中央国有资本经营预算对社会保障和社会公平的影响较小。

5.3 中央国有资本经营预算改革的效果评估

中央国有资本经营预算改革的效果到底如何呢？如果说民生性支出通过转移支付和社保基金直接影响社会公平和民众福利，那么生产性支出是否影响中央企业资本运动？本书接下来将对此进行详细的分析。

5.3.1 中央国有资本经营预算改革与中央企业行业利润率

如前所述，在国资委从部分行业收取利润之后，较小部分用于民生方面，主要部分投向重要行业和关键领域，弥补国有企业改革成本，因此，首先需要回答的一个问题是，国有资本经营预算改革会改善中央企业的利润率吗？为此，我们首先对中央企业进行行业加总并构建如下计量模型以考察中央国有资本经营收入预算改革对行业利润率的影响：

$$r_{it} = \alpha_0 + \alpha_1 outp_{it} + \alpha_2 outp_{it}^2 + \alpha_3 inp_{it} + \alpha_j CV_{it} + u_i + v_t + \varepsilon_{it} \quad (5-1)$$

其中，i 表示门类行业，t 表示年份，r 是被解释变量，表示中央企业行业利润率。具体来说，我们选用四个指标来测度利润率，分别是总资产报酬率（ROA）、净资产报酬率（ROE）、总资产净利率（$NROA$）和净资产净利率（$NROE$）。[①] $outp$ 为解释变量，表示中央国有资本经营收入预算改革，同时以一次项和二次项的形式进入计量方程以考虑中央国有资本经营收入预算改革对利润率的倒 U 形影响。如果计量结果显示一次项或者二次项不显著，那么我们改变对模型的设定，考虑中央国有资本经营收入预算改革

① ROA = 利润总额／总资产；ROE = 利润总额／所有者权益；$NROA$ = 净利润／总资产；$NROE$ = 净利润／所有者权益。

对利润率的线性影响。根据前文的分析，$outp$ 可以采用利润流出率即分红率来测度，具体的计算方法是：利润流出率＝分红率＝利润流出/行业净利润＝中央企业各行业上缴的利润/行业净利润。[①] 由于利润流出和利润流入都影响经营效率，因此模型控制了利润流入率 inp，具体的计算方法是：利润流入率＝利润流入/行业净利润＝各行业获得的国有资本经营预算支出/行业净利润。

在模型（5－1）的基础上，我们构建了模型（5－2）以考察中央国有资本经营收入预算改革和支出预算改革对经营效率的影响。

$$r_{it} = \beta_0 + \beta_1 ninp_{it} + \beta_2 ninp_{it}^2 + \beta_j CV_{it} + u_i + v_t + \varepsilon_{it} \qquad (5-2)$$

其中，r 仍然是被解释变量，$ninp$ 为解释变量，表示中央国有资本经营收入预算和支出预算改革，和模型（5－1）的逻辑类似，同时以一次项和二次项的形式出现在方程的右边。根据前文的分析，$ninp$ 用利润净流入比率来测度，具体来说，利润净流入比率＝（利润流入－利润流出）/行业净利润，利润流入可以体现支出预算改革，利润流出可以体现收入预算改革。

CV_{it} 为控制变量组成的向量。结合相关文献和数据可获得性，主要控制了如下因素：（1）资产负债率（lev），资产负债率越高，企业破产风险越高，企业资本积累效率会受到更多的限制，我们用负债总额除以资产总额得到资产负债率；（2）研发投入比率（$R\&D$），一般来说，企业的研发投入越多，企业创新潜力越大，企业经营效率越高，我们用技术开发投入除以资产总额得到研发投入比率；（3）上缴税金比率（tax），国企上缴税收越多，国企为国家和财政做出的贡献越大，同时其自身的资本运动可能受到影响，我们用应缴税金除以资产总额得到上缴税金比率。u_i 是

---

① 之前提到，对国资委收取收益时，要以合并财务会计报告反映的归属于母公司所有者的净利润为基础申报，但是由于"归属于母公司所有者的净利润"缺失相对严重，因此我们用"净利润"进行替换，这样的话，由于分母变大，因此我们计算出来的分红率小于实际利润上缴比例。

不可观察且不随时间改变的行业异质性，v_t 是年度效应，ε_{it} 是随机干扰项。

在估计方法上，对模型（5-1）和模型（5-2）采用固定效应和随机效应估计方法，并利用 Hausman 检验进行选择。Hausman 检验的原假设是行业异质性与解释变量无关，如果 Hausman 检验的 P 值大于临界值（比如，大于 0.10），那么就不能拒绝原假设，此时，固定效应和随机效应都是一致的，但是随机效应具有更高的估计效率；如果 Hausman 检验的 P 值小于临界值（比如，小于 0.10），那么就需要拒绝原假设，即认为行业异质性与解释变量相关，在此假设下，只有固定效应能得出一致性的估计结果。值得特别说明的是，中央国有资本经营预算改革是一种外生冲击，不存在自变量与因变量之间的反向因果联系，所以可以不考虑由反向因果导致的内生性问题。另外，国资委可能选择让利润率低的中央企业少缴利润，而让利润率高的中央企业多缴利润，从而导致模型可能存在自选择问题，然而，利润率高低往往与行业特质有关，比如，垄断性或者竞争性行业，资源性行业、重资产或者轻资产行业等，这些因素的稳定性较强，通过引入行业异质性 u_i，采用面板模型进行固定效应和随机效应估计，恰好可以处理不随时间发生变化的行业特质性问题和由此导致的自选择问题。

在数据方面，现有资料只提供了 2010～2012 年中央国有资本经营支出预算的行业分布情况，而出于以下两个理由，我们采用这三年行业分布的均值（表5-5最后一列）来计算 2013～2016 年支出预算的行业分布。第一，中央国有资本经营支出预算从 2010 年开始规范化，2010～2012 年预算支出方案与中国产业发展战略总体相符，从而极可能延伸到 2013～2016 年。2010～2012 年预算支出向制造业和生产性服务业倾斜，而根据国家统计局发布的"中国战略性新兴产业分类"，我国绝大部分战略性新兴产业属于制造业和生产性服务业，因此，预算支出方案其实是一种战略性安排，中央企业的支出预算也需要在较长时间内服务于这种战略安排，2013～2016 年的支出预算也会向这些领域倾斜。第二，我国在交通领域持续进行大量投资，扎实推进交通重点工程建设，支出预算也会在2010～

2016 年向交通领域倾斜。高铁、公路、机场等交通基础设施建设有利于国家长远发展，需要大量前期投资且投资回收期较长，由国有企业特别是中央企业参与投资运营是比较合适的，所以"交通运输、仓储和邮政业"才会成为预算支出的重要方向，并且极可能在 2013～2016 年延续这种预算安排。实际上，2013～2014 年，交通运输支出仍然维持在高位①，进一步证实了这种战略安排的长期稳定性。

《中国国有资产监督管理年鉴》提供了其余数据。《中国国有资产监督管理年鉴》（2010～2017 年）提供了国资委监管中央企业 2009～2016 年的基本财务数据，但是由于预算支出行业分布数据的限制，本书效果评估部分的数据区间为 2010～2016 年。具体做法上，我们利用《中国国有资产监督管理年鉴》收集国资委监管中央企业基本财务数据，并且按照国资委公布的中央企业主业确定各中央企业所属行业门类。由于中央军工企业比较特殊，受到国家政策和制度的影响可能较大，并且由于《中国财政年鉴》没有关于中央军工企业国有资本经营预算的相关统计，因此剔除主业为军工的中央企业；由于《中国国有资产监督管理年鉴》没有提供中国烟草总公司的数据，因此不考虑烟草工业和烟草零售等相关行业；由于《中国财政年鉴》没有关于房地产中央企业的相关统计，因此剔除房地产企业；最后剩下采矿业、制造业等 10 个门类行业②，然后将剩余中央企业资产总额、营业收入和利润总额等指标按年份和行业门类进行加总，经过相关计算得到各变量取值，表 5－6 是对各变量的统计描述。

---

① 2013 年和 2014 年中央国有资本经营决算数据虽然没有按照科目分类，但是提供了交通运输支出数据；不过，2015 年之后，相关部门不再提供此数据。

② 这 10 个门类行业分别是：（1）农、林、牧、渔业；（2）采矿业；（3）制造业；（4）电力、热力、燃气及水生产和供应业；（5）建筑业；（6）批发和零售业；（7）交通运输、仓储和邮政业；（8）信息传输、软件和信息技术服务业；（9）租赁和商务服务业；（10）科学研究和技术服务业。遗憾的是，我们无法获得大类行业、中类行业和微观企业层面的中央国有资本预算支出数据，否则就可以进行更细致的经验研究。

表 5 - 6 变量描述统计

单位：个，%

变量	样本量	均值	标准差	最小值	最大值
分红率（$outp$）	70	6.8	4.9	0.7	16.0
分红率的平方（$outp^2$）	70	0.7	0.8	0	2.6
利润流入率（inp）	70	23.4	33.0	0	90.6
利润净流入比率（$ninp$）	70	16.0	35.9	-20.5	87.2
利润净流入比率的平方（$ninp^2$）	70	15.3	26.7	0	76.0
总资产报酬率（ROA）	70	3.6	1.9	-0.4	8.0
净资产报酬率（ROE）	70	11.5	5.4	-1.3	26.5
总资产净利率（$NROA$）	70	2.6	1.4	-0.2	6.0
净资产净利率（$NROE$）	70	8.2	4.0	-0.7	20.0
资产总额份额（asi）	70	10.0	9.5	0.5	31.8
利润总额份额（psi）	70	9.9	11.2	-0.5	46.2
资产负债率（lev）	70	66.4	14.6	35.2	91.0
研发投入比率（$R\&D$）	70	1.1	1.5	0	6.6
上缴税金比率（tax）	70	3.4	2.0	0.9	9.7

资料来源：《中国财政年鉴》（2011～2017 年）和《中国国有资产监督管理年鉴》（2011～2017 年）。

从中可以看到，分红率（$outp$）的均值为 6.8%。如前所述，中央国有资本经营预算对中央企业的母公司收取收益，以年度合并的财务报表反映的是以归属于母公司所有者的净利润为基础申报的，而我们所计算的分红率是以母公司净利润为基础的，根据现有数据的统计结果，归属于母公司所有者的净利润占母公司净利润的比例为 50%～60%，因此可推出中央企业上缴的利润比例为 11.3%～13.6%。在考察时间范围内，大部分中央企业的上缴比例偏低，比如说，2011～2013 年，第三类中央企业上缴比例为 5%，第四类免缴，2014～2016 年，第三类和第四类中央企业上缴比例分别为 15% 和 10%，第五类免缴，因此分红率（$outp$）大体处于合理区间。利润流入率（inp）的均值为 23.4%，最小值为 0，最大值为 90.6%，如表 5-5 所示，预算支出只集中于少数行业，因此必然出现没有获得利润流入的行业和获得利润流入较多的行业。利润净流入比率

（ $ninp$ ）的均值为16.0%，最小值为 - 20.5%，最大值为87.2%，根据利润净流入比率的定义，结合表5 - 2和表5 - 5可知，之所以出现负值，是因为采矿业，信息传输、软件和信息技术服务业，电力、热力、燃气及水生产和供应业等行业上缴了较多的利润并且没有获得预算支出，而之所以出现正值，是因为制造业、租赁和商务服务业、科学研究和技术服务等行业上缴了较少甚至没有上缴利润，并且获得了相对较多的预算支出。其余各变量的分布均处于合理范围，在此不再赘述。

表5 - 7是模型（5 - 1）的估计结果。第（1）列和第（2）列的被解释变量为总资产报酬率（ ROA ），第（1）列采用固定效应估计方法，第（2）列采用随机效应估计方法，Hausman检验不显著，意味着行业异质性与解释变量不相关，此时可以相信随机效应的估计结果。随机效应估计结果显示，分红率的一次项系数显著为正，二次项系数显著为负，说明在控制国有资本预算支出的情况下，随着分红率的提升，中央企业行业利润率先上升后下降，分红率与利润率之间呈现显著的倒U形关系，利用二次函数形式可计算出"最优"分红率约为7.5%[1]，根据归属于母公司所有者的净利润占母公司净利润的比例关系，可推算出目前比较理想的利润上缴比例为12.5% ~ 15.0%。如前所述，由于当前的管控和监管机制仍然不健全，国资委试图节约不变资本的努力仍然可能得不到国企高管的配合，"两权匹配效应"相对较弱，加之利润上缴减少了企业内部可用于再投资的资金，因此随着利润上缴比例不断提升，中央企业利润率过早进入下降轨道。

为了检验模型的敏感性，我们尝试采用不同的指标来衡量利润率（见表5 - 7）。第（3）列和第（4）列的被解释变量为净资产报酬率（ ROE ），第（5）列和第（6）列的被解释变量是总资产净利率（ $NROA$ ），第（7）列和第（8）列的被解释变量是净资产净利率（ $NROE$ ），对于每一个被解释变量，同时采用固定效应和随机效应估计方法并进行Hausman检验，Hausman检验估计都不显著，意味着可以采用随机效应估计。估计结果

---

[1] 最优分红率 =0. 275/（2 ×1. 821） ≈7. 5%，其余最优分红率的计算方法与之相同。

表 5 - 7 中央国有资本经营收入预算改革与行业利润率

	(1) ROA FE	(2) ROA RE	(3) ROE FE	(4) ROE RE	(5) NROA FE	(6) NROA RE	(7) NROE FE	(8) NROE RE
分红率($outp$)	0.275*	0.308**	0.911*	1.173***	0.156	0.165*	0.523	0.614*
	(0.14)	(0.12)	(0.49)	(0.43)	(0.11)	(0.09)	(0.36)	(0.32)
分红率的平方($outp^2$)	-1.821**	-1.944***	-4.809*	-6.405***	-1.259**	-1.298**	-3.112	-4.027**
	(0.76)	(0.69)	(2.60)	(2.36)	(0.57)	(0.50)	(1.91)	(1.75)
利润流入率(inp)	-0.010	-0.012	-0.041	-0.044*	-0.014	-0.009*	-0.049	-0.034*
	(0.01)	(0.01)	(0.04)	(0.02)	(0.01)	(0.01)	(0.03)	(0.02)
资产负债率(lev)	-0.047*	-0.042**	0.297***	0.248***	-0.033*	-0.033***	0.181***	0.150***
	(0.02)	(0.02)	(0.08)	(0.05)	(0.02)	(0.01)	(0.06)	(0.04)
研发投入比率($R\&D$)	0.545***	0.454***	1.667***	1.501***	0.403***	0.343***	1.245***	1.163***
	(0.15)	(0.12)	(0.50)	(0.41)	(0.11)	(0.09)	(0.37)	(0.30)
上缴税金比率(tax)	0.310*	0.279**	0.347	0.575	0.262**	0.222***	0.390	0.468
	(0.16)	(0.12)	(0.55)	(0.38)	(0.12)	(0.08)	(0.41)	(0.29)
截距	0.058***	0.057***	-0.091	-0.068	0.043***	0.044***	-0.041	-0.024
	(0.02)	(0.01)	(0.06)	(0.05)	(0.01)	(0.01)	(0.05)	(0.04)
年份	控制	控制	控制	控制	控制	控制	控制	控制
N	70	70	70	70	70	70	70	70
Hausman 检验	2.52 [0.925]		6.91 [0.438]		3.57 [0.828]		7.21 [0.407]	

注：FE 表示固定效应，RE 表示随机应，小括号内为标准差，中括号内为 Hausman 检验的 P 值，***，** 和 * 分别表示在 1%、5% 和 10% 的水平上显著，下同。

显示，在控制利润流入率的情况下，分红率与利润率基本都呈现显著的倒U形关系，"最优"分红率为 6.2% ~ 9.2%，根据归属于母公司所有者的净利润占母公司净利润的大体比例关系，可推算出目前比较理想的利润上缴比例为 10% ~ 18%，意味着中央国有资本经营预算确实提高了中央企业的盈利能力，但是随着上缴比例的不断提高，中央企业的盈利能力反而会下降。

表 5-8 是模型（5-2）的估计结果。第（1）列和第（2）列的被解释变量为总资产报酬率（ROA），分别采用固定效应和随机效应估计方法，Hausman 检验不显著，意味着行业异质性与解释变量不相关，此时可以采纳随机效应的估计结果。随机效应估计结果显示，利润净流入比率的一次项系数显著为正，二次项系数显著为负，说明随着利润净流入比率提升，中央企业行业利润率先上升后下降，利润净流入比率与行业利润率之间呈现显著的倒U形关系，利用二次函数形式可计算出"最优"利润净流入比率为 42.1%。对于采矿业，信息传输、软件和信息技术服务业等利润净转出行业来说，利润上缴比例较高且没有利润流入，随着利润上缴比例的不断提高，利润净流入比率将为负值且越来越低，行业利润率也将随之下降；而对于制造业、租赁和商务服务业等利润净转入行业说，利润上缴比例较低且有利润流入，随着利润流入不断增加，利润净流入比率将为正值且越来越高，但是行业利润率并不会不断上升，而是呈现先上升后下降的趋势。关于这个结果，首先得明确，国资委通过跨行业的利润转移进行了战略性的生产性资金支持，这种生产性支出在一定范围内具有较强的经济效率，然而也得承认，在利润净流入比率过高的情形中，利润率反而下降，意味着生产性支出结构也存在改进和优化的空间。对于利润净流入比率过高导致利润率下降，我们倾向于认为：在社会主义市场经济条件下，竞争仍然是中央企业不断提高利润率的主要动力，而利润净流入比率过高意味着，中央企业本身利润率过低而获得的支出预算过多，生产性支出的"外部支持效应"上升有限而"内部动力效应"下降较多，降低了中央企业不断进行改革和创新的内生动力，从而导致中央企

业利润率不断下降。

出于稳健性考虑，我们改变了利润率的衡量指标（见表 5 - 8）。第
（3）列和第（4）列的被解释变量为净资产报酬率（ROE），第（5）列
和第（6）列的被解释变量是总资产净利率（NROA），第（7）列和第
（8）列的被解释变量是净资产净利率（NROE），对于每一个被解释变
量，均同时采用固定效应和随机效应估计方法并进行了 Hausman 检验。
估计结果显示，利润净流入比率与利润率基本都呈现显著的倒 U 形关
系，"最优"利润净流入比率为 30% ~ 40%，表明之前的估计结果比较
稳健。

表 5 - 7 和表 5 - 8 还显示，中央企业的行业利润率还受到研发投入比
率（R&D）的显著正向影响。两个表中的第（1）~（8）列均显示，
研发投入比率（R&D）的系数显著为正，表明研发投入比率越高，中央
企业的行业利润率越高，中央企业不仅承担了较多的社会责任，而且要在
市场上展开竞争，通过不断进行研发投入，中央企业不仅为整个社会承担
了较多的研发任务，而且已经具备了较强的研发市场化和专利产业化的能
力，进而改善了经营绩效和盈利水平。除此之外，资产负债率（lev）对
总资产收益率指标的影响为负，对净资产收益率指标的影响为正，表明通
过负债经营能够提高股权收益率，但是对于企业整体而言并不占优，因为
资产负债率的提高可能意味着企业总资产规模的扩大，如果企业盈利水平
没有改善，那么总资产收益率指标反而会下降。

结合模型（5 - 1）和模型（5 - 2）的估计结果，在保持其他条件不
变的情况下，可以描绘中央国有资本经营预算改革的效率特征（见图 5 -
2）。如果控制利润流入（即假设中央企业各行业获得的支出预算相等），
则中央国有资本经营收入预算改革的效率特征如虚线所示：当分红率较高
时（横轴左边远端），由于可供企业投资的资金相对较少，国资委的所有
者的作用仍然不强，中央企业利润率较低；当分红率不断下降时，可供企
业再投资的资金不断增加，中央企业利润率不断上升，但是当分红率向右
越过 B 点时，分红率过低以至于国资委代理生产资料所有者的角色无法有效

表5-8　中央国有资本经营预算改革与行业利润率

	(1)	(2)	(3)	(4)	(5)	(6)	(7)	(8)
	ROA	ROA	ROE	ROE	NROA	NROA	NROE	NROE
	FE	RE	FE	RE	FE	RE	FE	RE
利润净入比率(ninp)	0.059***	0.039***	0.124**	0.077	0.042***	0.032***	0.078*	0.064*
	(0.02)	(0.01)	(0.06)	(0.05)	(0.01)	(0.01)	(0.04)	(0.04)
利润净流入比率的平方(ninp²)	-0.070***	-0.055***	-0.158**	-0.122*	-0.056***	-0.045***	-0.120**	-0.104**
	(0.02)	(0.02)	(0.07)	(0.06)	(0.01)	(0.01)	(0.05)	(0.05)
资产负债率(lev)	-0.061***	-0.058***	0.249***	0.216***	-0.041**	-0.042***	0.153***	0.134***
	(0.02)	(0.02)	(0.08)	(0.06)	(0.02)	(0.01)	(0.06)	(0.04)
研发投入比率(R&D)	0.515***	0.418***	1.654***	1.494***	0.372***	0.325***	1.218***	1.151***
	(0.13)	(0.12)	(0.48)	(0.43)	(0.10)	(0.09)	(0.35)	(0.31)
上缴税金比率(tax)	0.394***	0.340***	0.521	0.665	0.334***	0.268***	0.533	0.558*
	(0.15)	(0.12)	(0.53)	(0.44)	(0.11)	(0.09)	(0.39)	(0.32)
截距	0.068***	0.071***	-0.051	-0.029	0.047***	0.051***	-0.021	-0.008
	(0.02)	(0.01)	(0.06)	(0.05)	(0.01)	(0.01)	(0.04)	(0.04)
年份	控制	控制	控制	控制	控制	控制	控制	控制
N	70	70	70	70	70	70	70	70
Hausman检验	6.19 [0.402]		3.66 [0.722]		4.58 [0.599]		1.54 [0.957]	

发挥作用，中央企业利润率随之下降，从而使分红率与利润率之间呈现倒 U 形关系。但是，当顺着利润运动的轨迹，同时考虑收入预算改革和支出预算改革时，中央国有资本经营预算改革的效率特征如实线所示：当分红率较高而没有利润流入时（横轴左边远端），中央企业利润率较低；当分红率不断减少而利润流入不断增加时，也即利润净流入比率开始上升时，可供企业再投资的资金增加，同时，国资委通过预算支出进行了行业之间和行业内部的资金再分配，这有利于促进国企改革、优化经济布局，中央企业利润率随之提高；当利润净流入比率提高以至于向右越过 B 点时，支出预算的效率提升作用继续体现，中央企业利润率继续提高；当利润净流入比率向右越过 O 点时，意味着行业利润流入大于利润流出，中央企业获得了较多的资金支持，有利于深入推进国企改革和进行结构调整，国有资本经营预算改革的效率效应继续显现，中央企业利润率继续提高；当分红率向右越过 A 点时，此时行业自身的净利润规模过于有限，而获得国有资本经营支出的规模相对过大，由于竞争压力减小、激励机制不健全和自身创新水平不足等原因，生产性支出的"外部支持效应"上升有限而"内部动力效应"下降较多，中央企业利润率随之下降，最终使利润净流入比率与利润率之间呈现倒 U 形关系。

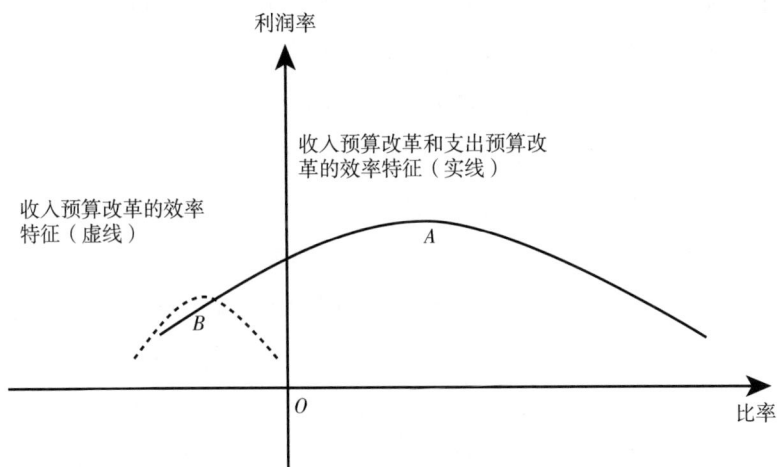

图 5 - 2　中央国有资本经营预算改革的效率特征

注：虚线对应横轴为分红率（相反数）；实线对应横轴为利润净流入比率。

5.3.2 中央国有资本经营预算改革与中央企业布局调整

前面的动态跟踪显示，中央企业布局优化也是国有资本经营预算改革的重要目标，为了考察中央国有资本经营预算改革对中央企业布局调整的影响，我们构建了如下的计量模型：

$$si_{it} = \lambda_0 + \lambda_1 ninp_{it} + \lambda_2 ninp_{it}^2 + \lambda_j CV_{it} + u_i + v_t + \varepsilon_{it} \qquad (5-3)$$

其中，i 表示门类行业，t 表示年份，si 是中央企业各行业份额，表示中央企业布局调整，具体来说，行业份额分别采用资产总额份额（asi）和利润总额份额（psi）来度量，资产总额份额是指中央企业各行业资产总额占中央企业全行业资产总额的比率，利润总额份额是指各行业利润总额占全行业利润总额的比率，之所以考虑利润总额份额，是因为资产总额份额的调整在长期内取决于各期利润总额份额的调整；$ninp$ 仍然表示利润净流入比率，同时以一次项和二次项的形式出现在方程的右边；CV_{it}、u_i、v_t 和 ε_{it} 与之前的定义相同，各变量的描述统计见表 5-6。模型（5-3）的估计方法与之前相同。

如果采用资产总额份额来度量行业份额，那么其估计结果如表 5-9 所示。表 5-9 第（1）~（4）列的被解释变量为资产总额份额，无论是否控制总资产报酬率，利润净流入比率与资产总额份额之间均呈现显著的倒 U 形关系，随着利润净流入比率的上升，资产总额份额扩大，但是当利润净流入比率超过临界值时，资产总额份额减小。引入总资产报酬率不影响估计结果，表明利润净流入比率对资产总额份额的影响不通过总资产报酬率起作用；总资产报酬率不显著，表明资产总额的行业调整没有完全遵循利润率导向，而是更多地出于一种战略考量。第（5）~（8）列的被解释变量为利润总额份额，当不引入总资产报酬率时，利润净流入比率与利润总额份额之间呈现显著的倒 U 形关系，而当引入总资产报酬率时，倒 U 形关系不再显著，表明利润净流入比率对利润总额份额的影响主要通过总资产报酬率起作用。因此，中央国有资本经营预算改革促进

表5-9　中央国有资本经营预算改革与行业布局调整

	(1)	(2)	(3)	(4)	(5)	(6)	(7)	(8)
	资产总额份额(asi)				利润总额份额(psi)			
	FE	RE	FE	RE	FE	RE	FE	RE
总资产报酬率(ROA)			0.189	0.199			2.998***	3.082***
			(0.20)	(0.20)			(0.59)	(0.57)
利润净流入比率(br)	0.069***	0.064***	0.058**	0.054**	0.251***	0.159**	0.074	0.033
	(0.02)	(0.02)	(0.03)	(0.03)	(0.09)	(0.08)	(0.08)	(0.07)
利润净流入比率的平方(br²)	-0.070**	-0.068**	-0.056*	-0.054*	-0.270***	-0.233**	-0.060	-0.046
	(0.03)	(0.03)	(0.03)	(0.03)	(0.10)	(0.10)	(0.09)	(0.09)
资产负债率(lev)	0.031	0.031	0.043	0.043	-0.201*	-0.166*	-0.019	0.003
	(0.03)	(0.03)	(0.03)	(0.03)	(0.11)	(0.10)	(0.09)	(0.09)
研发投入比率(R&D)	-0.228	-0.248	-0.325	-0.346*	0.007	-0.446	-1.536**	-1.754***
	(0.19)	(0.19)	(0.21)	(0.21)	(0.68)	(0.66)	(0.63)	(0.60)
上缴税金比率(tax)	0.353*	0.387*	0.279	0.301	2.324***	2.645***	1.143*	1.337**
	(0.21)	(0.21)	(0.22)	(0.22)	(0.75)	(0.69)	(0.65)	(0.61)
截距	0.068***	0.068*	0.055**	0.054	0.152*	0.130	-0.053	-0.072
	(0.02)	(0.04)	(0.03)	(0.04)	(0.08)	(0.08)	(0.08)	(0.08)
年份	控制	控制	控制	控制	控制	控制	控制	控制
N	70	70	70	70	70	70	70	70
Hausman检验	5.47 [0.485]		4.24 [0.752]		7.83 [0.251]		4.56 [0.714]	

中央企业调整布局，主要利润流出行业，比如，采矿业，信息传输、软件和信息技术服务业，电力、热力、燃气及水生产和供应业等行业，相对资本规模随着利润净流入比率的下降而减小，而主要利润流入行业，比如，制造业，交通运输、仓储和邮政业，租赁和商务服务业与科学研究和技术服务等行业，相对资本规模随着利润净流入比率的提升而增加，但是这种结构调整也不是线性的，当利润净流入比率过高时，行业结构会进行反向调整。

5.3.3 中央国有资本经营预算改革与社会保障水平

中央国有资本经营收益上缴公共财政的比例稳步增加，但民生性支出对于社会保障的影响仍然较为有限（见表 5 - 10）。第一，中央国有资本收益上缴公共财政的比例稳步提升。中央国有资本经营预算支出中的民生性支出可以分为社保基金支出和转移性支出，其中，转移性支出即为调入公共财政的资金，转移性支出占中央国有资本经营收入的比例从 2010 年的 3.45% 上升到 2017 年的 20.65%，转移性支出占中央国有资本经营支出的比例从 2010 年的 3.56% 上升到 2017 年的 25.66%，根据党的十八届三中全会的要求，国有资本收益上缴公共财政比例在 2020 年提高到 30%，这个目标有望顺利实现。第二，民生性支出对于社会保障的影响仍然相对有限。2010 年，社保基金支出占全国社保基金总收入的比例为 0.74%，2017 年

表 5 - 10　2010 ~ 2017 年中央企业民生性支出与社会保障水平

单位：%

支出项目	2010 年	2011 年	2012 年	2013 年	2014 年	2015 年	2016 年	2017 年
社保基金支出比例	0.74	0	0.05	0.05	0.05	0.06	0.12	0.06
转移性支出比例(1)	3.45	5.45	6.17	6.14	13.04	14.26	17.20	20.65
转移性支出比例(2)	3.56	5.42	6.44	6.64	12.97	16.88	16.96	25.66
转移性支出比例(3)	0.02	0.04	0.05	0.05	0.13	0.15	0.15	0.15

注：中央企业民生性支出 = 社保基金支出 + 转移性支出，社保基金支出比例 = 社保基金支出/全国社保基金总收入，转移性支出比例（1）= 转移性支出/中央国有资本经营收入，转移性支出比例（2）= 转移性支出/中央国有资本经营支出，转移性支出比例（3）= 转移性支出/全国公共财政收入。

为 0.06%，其间年平均比例为 0.10%，转移性支出占全国公共财政收入的比例从 2010 年的 0.02% 上升到 2017 年的 0.15%。可以看出，这些指标虽然稳步上升但是绝对水平仍然偏低，难以对国家层面的消费率、居民福利等相关指标产生明显影响。改变这种局面，可能需要对预算收入用于民生性支出的方式进行改革。

5.3.4　进一步的说明

1."最优"利润上缴比例违背了国企利润分类上缴原则吗？

从实施国有资本经营预算以来，中央企业一直就采用利润分类上缴的办法，比如，从 2014 年开始，中央企业分为五类：第一类企业上缴比例为 25%，第二类企业为 20%，第三类企业为 15%，第四类企业为 10%，第五类企业免缴，而本书却得到了一个"最优"的利润上缴比例，那么这种结果是否与利润分类上缴的办法相违背呢？我们的估计是整体层面的估计，估计结果只适用于整体层面的分析。第一，由于现有数据相对不足，特别是无法获得大类行业、中类行业和微观企业层面的中央国有资本预算支出数据，同时在一些类别中，比如，在第一类企业和第二类企业中，中央企业样本数量较少，因此无法进行更细致的分析。如果这些约束条件不复存在，那么就可以进行子样本估计，不同类别中央企业的"最优"的利润上缴比例自然也会存在差异。第二，如前所述，利润率较低的中央企业上缴更少的利润，利润率较高的中央企业上缴更多的利润，导致模型存在自选择问题，但是由于利润率高低往往与行业特质有关，通过引入行业异质性因素，进行面板模型估计可以有效处理这些问题。也就是说，在假定这些行业异质性不存在的情况下，模型估计出了最优的利润上缴比例，如果考虑到这些异质性，那么不同类别企业的"最优"利润上缴比例也会存在差异。

2. 随着利润上缴比例的提高，中央企业利润率为什么较早进入下降轨道？

部分文献认为，现行国有资本收益上缴安排会加剧管理层的利润转移行为，"减小"净利润的规模，最终表现为利润率下降。在"所有者虚位"和外部资本市场监管不力的大背景下，一方面，国企管理层的薪酬可以分为显性收益和通过利润转移和利润控制而产生的隐性收益，国有资本收益上缴会减少管理层可支配的资源和利润控制下的隐性收益，从而激励管理层加大对利润转移的力度；另一方面，如果将国有企业视为一个整体，那么国有企业上缴的收益大多在进行"体内循环"，每个国有企业都希望少上缴收益、多获得收益而产生"搭便车"行为，进一步激励管理层加大转移利润的力度（钱雪松、孔东民，2012；郭彦男、李昊楠，2020）。与之有所不同，我们的分析结果显示，随着利润上缴比例的提升，中央企业利润率先上升后下降，并且主要由于以下三个方面的原因，部分中央企业利润率过早进入下降轨道。

第一，随着利润上缴比例的提升，"两权匹配效应"总体较弱。国资委拥有中央非金融企业的生产资料所有权，中央国有资本经营预算将部分利润控制权赋予国资委，国资委同时拥有生产资料所有权和利润控制权，为了获得更高的利润率，国资委需要不断节约生产资料，包括加强对中央企业的监管而带来的生产资料节约、推动企业创新和机器不断改良使流通时间缩短而带来的节约、及时防止国有资产流失而带来的节约等，无论何种形式的节约努力，都必须得到中央企业领导人和内部职工的配合，然而在当前的监管框架和强度之下，中央企业领导人和内部职工都可能出于自身的利益而不能较好地配合，最终抑制了利润率提升。

第二，利润上缴减少了再投资的内部财务支持。在马克思看来，企业的积累和成长本质上是利润再投资的结果，因此，利润用于再投资的比例对于资本积累来说至关重要。利润上缴比例越高，可用于再投资的内部资金越少，从而有可能降低中央企业的利润率。虽然企业可以获得外部贷款，但是外部贷款往往受到企业利润率的限制，企业利润率越低，能够获得的外部贷款越少。更为重要的是，企业高质量发展和企业技术创新都需要不断的资金投入，由于创新的过程具有长期性和累积性，因此需要"耐心"资本的长期支持（Lazonick，2013），而在具有"耐心"的资本中，企业内部利润毫无疑问是极其重要的组成部分，因此，对于技术创新来说，内部利润并不能被外部资金轻易替代。

第三，利润上缴比例较高的中央企业不在中央国有资本经营支出预算范围之内。如前所述，采矿业，信息传输、软件和信息技术服务业，电力、热力、燃气及水生产和供应业等行业上缴了较多的利润并且没有获得预算支出，而制造业、租赁和商务服务业、科学研究和技术服务等行业上缴了较少甚至没有上缴利润，并且获得了相对较多的预算支出，因此，利润上缴比例较高的中央企业不在中央国有资本经营支出预算的范围，自然也不会获得支出预算中的生产性支出的支持，而根据我们的分析，生产性支出在一定范围内具有较强的经济效率，因此，对于利润上缴比例较高的中央企业来说，其利润获取比例相对较低，这些中央企业的利润率可能受到了负面影响。

综合来看，第一个方面的原因仍然是最重要的。虽然中央企业利润上缴比例的提升减少了再投资的内部财务支持，支出预算中生产性支出具有较强的指向性，导致上缴利润较多的企业并不能获得生产性支出，但是当前的利润上缴比例总体处于较低水平，"利润再投资效应"总体较弱，如果"两权匹配效应"较强，那么仍然可以通过较大程度的生产资料节约，提升中央企业的经营效率，促进利润率持续提升。然而，我们的估计结果与之相反，中央企业利润率已经开始步入下降轨道，因此，本书接下来要强调对"两权匹配效应"的实行，进而需要完善"全国人大—国资委—国企高管—国企员工"这一管理链条，加强全国人大对国资委和中央企业的监督和管理，加强国资委对中央企业高管和普通员工的监管和约束，加强中央企业员工对高管的民主监督，实现更大程度的生产资料节约，减小中央企业利润上缴比例对利润率的负面影响。

5.4　本章小结

基于马克思的利润运动学说，同时分析收入预算和支出预算两个过程，首次采用中央企业集团公司层面的数据并将其加总到行业层面，对中央国有资本经营预算改革进行动态跟踪与效果评估。从收入预算来看，中央国有资本经营收入主要来源于烟草、采矿、电力和电信等行业，越来越多的中央企业被纳入预算范围，利润上缴比例普遍上升；从支出预算来看，中央国有资本经营支出可以分为生产性支出和民生性支出，生产性支出的方向主要为制造业、生产性服务业和交通运输等行业，民生性支出的方向主要为社保基金和转移支付等领域，现有证据不支持中央企业进行直接的利润返还。从实际效果来看，如果控制各行业获得的支出预算即利润流入，利润上缴比例的小幅提升有利于提高利润率，但是由于现行中央企业民主管理机制仍然不完善，"两权匹配效应"较弱，生产资料的节约程度较低，企业利润率过早进入下降轨道，分红率与利润率之间呈现倒 U 形关系；如果同时考虑收入预算和支出预算而计算利润净流入比率，则利润净流入比率与利润率之间呈现倒 U 形关系，支出预算中的生产性支出在一定范围内表现出较高的经济效率；同时，利润净流入比率影响中央企业布局调整，但这种调整效应也并非线性的；中央国有资本经营收益上缴公共财政的比例稳步提升，但民生性支出对于社会保障和社会公平的影响仍然较为有限。

第6章
中央国有金融资本经营预算改革研究

　　随着中央国有资本经营预算制度的建立和完善[①]，中央金融企业是否纳入以及如何纳入预算范围引起持续的关注（严金国，2015）。然而，根据 2020 年 3 月颁布的《国有金融资本出资人职责暂行规定》，各级财政部门将负责国有金融资本经营预决算管理，组织上缴国有金融资本收益；财政部门负责制定国有金融资本经营预算管理制度和办法，编制国有金融资本经营预决算，加强预算执行监管，促进国有金融资本合理配置；财政部根据国务院授权，履行国有金融资本出资人职责。这意味着中央金融企业虽然即将进行国有资本经营预算，但是不由国资委主导推进利润上缴和收益使用，而是建立由财政部主导的中央国有金融资本经营预算，这也引出了本章所要研究的问题，为什么要建立相对独立的中央国有金融资本经营预算机制？在中央金融企业收益收取的过程中需要注意哪些问题？无论是资产规模还是盈利水平，四大行在中央金融企业中都占据绝对重要的地位，因此，本章集中对四大行的利润上缴安排进行详细考察。

[①] 《国务院关于 2009 年度中央预算执行和其他财政收支的审计工作报告》，中华人民共和国审计署网站，http：//www.audit.gov.cn/n5/n26/c139905/content.html；《国务院关于 2011年度中央预算执行和其他财政收支的审计工作报告》，中华人民共和国审计署网站，http：//www.audit.gov.cn/n5/n26/c133000/content.html；《国务院关于 2013 年度中央预算执行和其他财政收支的审计工作报告》，中华人民共和国审计署网站，http：//www.audit.gov.cn/n5/n26/c64269/content.html；《国务院关于 2016 年度中央预算执行和其他财政收支的审计工作报告》，中华人民共和国审计署网站，http：//www.audit.gov.cn/n4/n19/c96986/content.html。

6.1 现有相关文献的简要回顾

与中央国有金融资本经营预算改革相关的文献可以分为两类。第一类是国有企业和中央企业国有资本经营预算改革相关文献。2005 年以来，随着我国开始讨论、试点、开展和完善国有资本经营预算，世界银行适时发布了两份报告，认为国企分红能够改善国企治理效率，目标分红率应该为 20% ～50%，并且认为国企分红首先应该交给国资委，而国资委的红利开支交由政府和各级人大来评估（《国有企业分红：分多少？分给谁?》，2005；《有效约束、充分自主：中国国有企业分红政策进一步改革的方向》，2010）；从国有资本经营收入预算角度来看，以"自由现金流理论"为基础，现有文献发现国企分红有利于提升企业绩效（魏明海、柳建华，2007；罗宏、黄文华，2008；刘银国等，2016），对于竞争性中央企业来说，如果综合考虑代理成本和融资成本，那么就会存在一个最优的分红率（汪立鑫、刘钟元，2014）；从国有资本经营支出预算角度来看，如果国有资本经营支出中划拨养老保险的比例不断提升，那么社会人均福利水平随之提升，但是收入不平等也将加剧（高奥等，2016），总消费水平先上升后下降，因此存在一个最优的划拨率水平（杨俊、龚六堂，2008）。

第二类是金融企业国有资本经营预算改革相关文献。将中央金融企业纳入中央国有资本经营预算范围不仅是实现全口径国有资本经营预算的基本要求，而且有利于统筹布局金融与实体经济领域的国有资本，然而中央金融企业一直没有被纳入预算范围，也正是由于这个原因，中央金融企业的利润上缴比例没有较强的制度约束，利润的逐级上缴也会导致出现较为严重的利润截流（严金国，2015）。对于政策性银行来说，建立国有资本经营预算制度能够为绩效考核提供基准，但是同时要考虑到政策性银行的公共性特点，即使纳入国有资本经营预算管理范围也要考虑将资本收入全部留存企业（佟健、张坤，2018）。以山西省的省级金融企业为调研对象，有研究发现，部分省级金融企业上缴收益的积极性不高，由于金融企业实际上作为政府融资平台运作，这些金融企业的运营效率普遍低下，资本回报率自然严重不足，省级金融企业的国有资本经营预算存在较大的改进空间（张建文等，2020）。

与这些文献相比，本章在如下两个方面有所创新。第一，现有文献较多地分析非金融类国有企业的国有资本经营预算改革，而本章以四大行为分析对象，探究了建立中央国有金融资本经营预算的必要性，并且分析了四大行现金分红率的提升空间，从而能够"补充"现有国有资本经营预算改革相关文献。第二，现有文献对国有商业银行的利润及分红情况进行了分析，但是本书与这些分析存在差异，本书发现，汇金公司和财政部从四大行所获得的红利主要上缴公共财政，并没有较大程度地留存在汇金公司或者中投公司；另外，资金充足率规定在四大行的股利分配中扮演了非常重要的角色，这对于理解四大行股利分配的内在逻辑、明确进一步提高现金分红率的前提条件都起到了至关重要的作用。本章接下来的安排如下：先介绍马克思主义经济学理论分析框架；接着计算四大行的现金分红率，追踪上缴红利的最终去向，将四大行现行利润上缴安排与中央国有资本经营预算进行详细比较，分析建立中央国有金融资本经营预算的必要性；然后探讨四大行现金分红率变动的内在逻辑，分析目标资本充足率设定、贷款信用风险控制和现金分红率的内在关联，回答"在什么情况下才能继续提高四大行的现金分红率"；最后得到相关结论。

6.2 马克思利润分配思想对银行利润分配的启示

利润分配制度是理解中央金融企业如何发展变革的关键所在。在新古典经济学分析框架中，利润分配只是收入分配的一个组成部分而发挥相对有限的作用，而在马克思主义政治经济学框架中，剩余产品"由谁所控制"和"如何被使用"，是理解不同的经济制度如何变革的关键所在（鲍尔斯等，2009）。根据马克思—马格林资本积累理论，资本积累并非简单的个人储蓄行为，而是将剩余价值不断资本化的扩大再生产行为（赵峰等，2012）；由于"在生产的巨流中，全部原预付资本，与直接积累的资本即重新转化为资本（不论它是在积累者手中，还是在他人手中执行职能）的剩余价值或剩余产品比较起来，总是一个近于消失的量（数学意义上的无限小的量）"，因此，在马克思看来，资本是"用来重新生产剩余价值的积累起来的财富（转化了的剩余价值或收入）"，并且，这种看法还有另外一种表达形式，即"全部现存的资本都是积累起来的或资本化的利息，因为利息不过是剩余价值的一部分"①。由于借贷资本和银行资本只是资本的特殊形式，因此也是"积累起来的或资本化的利息"。

关于利润分配与资本运动之间的关系，马克思在《资本论》中进行了精彩的论述。第一，在马克思看来，利润控制权与生产资料所有权天然联系在一起。在传统工厂里，利润控制权和生产资料所有权都属于资本家，资本家狂热地节约生产资料以获取更多利润；在股份公司里，这两者都属于单纯货币资本家；在合作工厂里，这两者都属于工人，工人不断节约属于自己的生产资料以获得合作利润（杨巨等，2016）。第二，马克思强调利润分配对于资本积累的决定性作用。马克思指出，剩余价值可用于消费，也可用于积累，"在剩余价值量已定时，这两部分中的一部分越大，另一部分就越小，在其他一切条件不变的情况下，这种分割的比例决定着积累量"。古典经济学家认为，资本家节制消费行为而将更多的剩余价值用于积累，是资产阶级的历史使命，虽然马克思不同意如此美化资产阶级，认为资本家如此"节俭"的目的是占有更多的剩余价值，但是同时认为，作为人格化的资本，资本家具有"历史的价值"。②

由马克思的分析可以得出两点启示。第一，由财政部主导建立中央国有金融资本经营预算有利于提高中央金融企业的经营效率。根据马克思提

---

① 《资本论》（第一卷），人民出版社，2004，第 678 页。
② 《资本论》（第一卷），人民出版社，2004，第 683 页。

到的生产资料所有权与利润控制权相匹配的原则，国有金融资本经营预算的编制主体应该是国有金融资本出资人。对于中央金融企业来说，由于汇金公司所持股金融企业在改革和发展方面的优异表现，这种由汇金公司探索形成的市场化国有金融资产管理模式被总结为"汇金模式"[①]；在股权结构安排上，财政部100%持股中投公司，而中投公司100%持股汇金公司，财政部根据国务院授权代表全体人民行使所有者权利和履行出资人职责，中央国有金融资本经营预算的编制主体就应该是财政部而非国资委，财政部同时拥有生产资料所有权和利润控制权，为了实现国有资本保值增值并且获得较多的利润，就会不断加强对生产资料的节约，提高中央金融企业的经营效率。第二，中央国有金融资本经营预算改革对中央金融企业的经营效率具有重要影响。将利润的合理比例上缴所有者符合利润控制权与生产资料所有权相匹配的原则，从而有利于提升中央金融企业的经营效率；但是过大规模的利润流出会大幅缩小中央金融企业的资本规模，威胁中央金融企业的风险承受能力，进而对企业经营效率产生较大的负面影响。在经济新常态背景下，过去多年粗放发展累积的企业债务和政府债务正在向商业银行聚集（李标、杨英，2020），因此，对商业银行的资本充足率提出更高的要求，而由于利润大量流出会大幅降低资本充足率，因此中央国有金融资本经营预算改革会影响国有商业银行的风险承受能力和经营效率。

6.3　进行中央国有金融资本经营预算的必要性

中央金融企业现有利润上缴安排缺乏统一的预算管理框架，对利润上缴规模和比例缺乏统一的规定（严金国，2015），因此，要对中央金融企

[①] 汇金公司前董事长楼继伟在汇金公司2013年度工作会议上首次提出"汇金模式"的概念，所谓"汇金模式"，是汇金公司探索形成的一种市场化的国有金融资产管理模式，这种模式有三个基本特征：一是履行国家使命；二是坚持市场化管理方式；三是建设开放性股权管理平台。

业进行规范的国有资本经营预算。接下来的问题是，是将中央金融企业纳入现有由国资委主导的中央国有（非金融）资本经营预算范围，还是建立由财政部主导的中央国有金融资本经营预算机制呢？首先，如上所述，就企业的经营效率角度而言，在现有中央国有金融资本经营预算中，国资委享有利润控制权，如果将中央金融企业纳入现有中央国有金融资本经营预算范围，那么中央金融企业出资人需要将利润控制权交给国资委，生产资料所有权和利润控制权的分离不利于提高中央金融企业的经营效率，我们估计正是由于这个原因，《国有金融资本出资人职责暂行规定》才明确要求，财政部履行国有金融资本出资人职责，负责国有金融资本经营预算的编制和管理。其次，从收益支出角度来看，中央金融企业现行收益收取和最终用途是否与中央国有（非金融）资本经营预算存在明显差异？如果存在明显差异甚至是较大冲突，那么将中央金融企业纳入现有中央国有（非金融）资本经营预算就有可能在较大程度上影响对财政资源的使用和对预算流程的安排。回答这个问题，首先需要研究四大行现金分红率的变化趋势，然后追踪上缴现金红利的最终用途，从这两个方面与现行中央国有（非金融）资本经营预算进行比较，最终分析进行中央国有金融资本经营预算的必要性。

6.3.1 四大行历年现金分红率

2006～2019年，四大行现金分红率从高位下降并最终稳定在30%的水平。如表6-1所示，随着四大行的股份制改造和在境内外上市，中国工商银行和中国银行于2006年开始进行现金分红，中国建设银行和中国农业银行则分别于2007年和2010年开始进行现金分红，四大行第一年现金分红率偏低，紧接着迅速提高。2007年，中国工商银行的现金分红率达到54.7%；2011年，中国农业银行的现金分红率为35.0%；2008年，中国银行和中国建设银行的现金分红率则分别达到51.9%和49.0%。在达到最高点之后，四大行的现金分红率随之快速下降，最近5年不再下降，均稳定在30%的水平。

表 6 – 1 2006～2019 年四大行现金分红率

单位：%

年份	中国工商银行	中国农业银行	中国银行	中国建设银行
2006	11.0		24.2	
2007	54.7		45.1	22.0
2008	49.8		51.9	49.0
2009	44.2		44.0	44.2
2010	38.9	18.5	39.0	39.3
2011	34.0	35.0	34.8	34.9
2012	35.0	35.0	35.0	34.7
2013	35.0	34.6	34.9	34.9
2014	33.0	32.9	33.0	33.0
2015	30.0	30.0	30.2	30.0
2016	30.0	30.0	30.1	30.0
2017	30.0	30.0	30.1	30.0
2018	30.0	30.0	30.1	30.0
2019	30.0	30.0	30.0	30.0

资料来源：Wind。

6.3.2 四大行上缴红利的最终去向

将净利润、现金分红率和国有股权比例三者相乘，可以得到四大行上缴给汇金公司和财政部两部门的现金红利（见表 6 – 2）。总体上，两部门所获红利呈现逐年上升的趋势；相对来说，中国工商银行上缴给两部门的红利最多，中国农业银行的贡献次之，接着是中国建设银行和中国银行。对于中国工商银行来说，2006～2019 年，汇金公司和财政部的持股比例从 70.7% 下降到 65.8%，中国工商银行上缴给两部门的累计红利为 6982.1 亿元，同期累积净利润为 29806.0 亿元，上缴给两部门的累计红利占该行累积净利润的比例为 23.4%；对于中国农业银行来说，2010～2019 年，汇金公司和财政部的持股比例从 79.2% 下降到 75.3%，中国农业银行上缴给两部门的累计红利为 4098.6 亿元，占该行累积净利润的比例为 24.4%；对于中国银行来说，2006～2019 年，汇金公司的持股比例从 67.5% 下降到 64.0%，中国银行上缴给两部门的累计红利为 4273.7 亿元，占该行累积净利润的比例为 22.2%；对于中国建设银行来说，2007～2019 年，汇金公司的持股比例从 59.1% 下降到 57.1%，中国建设银行上缴给两部门的累计红利为 4576.2 亿元，占该行累积净利润的比例为 18.8%。

表 6 - 2　2006～2019 年四大行国家持股比例和所获红利

单位：%，亿元

年份	中国工商银行		中国农业银行		中国银行		中国建设银行	
	持股比例	所获红利	持股比例	所获红利	持股比例	所获红利	持股比例	所获红利
2006	70.7	38.2			67.5	77.1		
2007	70.6	316.5			67.5	189.0	59.1	89.9
2008	70.7	391.0			67.5	228.2	48.2	218.9
2009	70.7	403.8			67.5	253.4	57.1	269.7
2010	70.7	456.4	79.2	139.0	67.6	289.2	57.1	303.3
2011	70.7	502.0	79.3	338.9	67.6	306.9	57.1	338.2
2012	70.7	591.4	79.4	403.8	67.7	345.2	57.2	384.2
2013	70.4	648.4	79.5	456.7	67.7	386.9	57.3	430.4
2014	70.0	638.3	79.5	470.0	65.7	382.9	57.3	431.7
2015	69.3	577.5	79.2	429.7	64.0	346.4	57.3	393.9
2016	69.3	580.6	79.2	437.8	64.0	354.1	57.1	398.5
2017	69.3	597.8	79.2	459.3	64.0	355.9	57.1	417.8
2018	69.3	621.2	79.2	481.9	64.0	370.6	57.1	438.6
2019	65.8	619.0	75.3	481.4	64.0	387.8	57.1	461.2
累计		6982.1		4098.6		4273.7		4576.2

注：持股比例即国家持股比例，国家持股比例为汇金公司和财政部持股比例之和，汇金公司是四大行的最大股东，财政部是中国工商银行和中国农业银行的股东，所获红利为净利润、现金分红率和国家持股比例三者的乘积。

资料来源：Wind。

　　财政部所获红利自然进入公共财政，那么汇金公司所获红利是否也进入公共财政呢？有研究认为，中央金融企业将利润的一定比例上缴给汇金公司，汇金公司再将所获利润的一定比例上缴给中投公司，最后由中投公司上缴给国家的利润必然十分有限，支持这个观点的重要证据是，根据

《关于2013年中央政府性基金决算及相关政策的说明》，中投公司经营收益和所得税收入归类于政府性基金预算下的"中央特别国债经营基金财务收入"账户，2010~2017年，该账户收入为548.8亿~840.0亿元，其中，2017年为671.5亿元，而根据汇金公司在四大行的持股比例，可计算出这段时间四大行上缴给汇金公司的现金红利为891.3亿~1305.1亿元，其中，2017年为1305.1亿元，考虑到汇金公司还持股了其他企业而能够获得更多分红，似乎可以认为逐级确定利润上缴比例导致出现较大程度的利润截流。然而，根据《中央汇金投资有限责任公司2019年度第一期中期票据募集说明书》，2017年，汇金公司收到现金分红1381亿元，向财政上缴利润1549亿元，自成立到2017年，汇金公司累计上缴利润9134亿元，中投公司2018年年报也佐证了这种说法，并且公司高管也曾经提到，银行上缴利润最后进入公共财政。[1] 这些说法代表了两个不同的利润最终去向，我们应该相信哪种说法呢？一个合理的推测是，这些说法都是正确的，汇金公司上缴红利进入了公共财政，归类于中央一般公共预算"非税收收入"下的"国有资本经营收入（部分金融机构和中央企业上缴利润）"[2]；而中投公司上缴给"中央特别国债经营基金"的收入主要来源于"中投国际"和"中投海外"[3]。

　　汇金公司收到的红利大概有多大比例进入公共财政呢？汇金公司虽然

---

[1]　在2013年6月30日举行的"中国未来的机遇与挑战"暨博源基金会五周年学术论坛上，中投公司前副董事长、总经理高西庆指出，"至于国有企业分利润的问题，汇金每年跟各家银行来回争论，最后争下来这个利润到哪里？给财政部，所以进入大账"，《高西庆：推进国有资产资本化　国企可划拨社保基金》，搜狐网，https://business.sohu.com/20130630/n380277690.shtml。

[2]　我国政府预算包括公共财政预算、政府性基金预算、国有资本经营预算和社会保险基金预算四个部分，其中，中央一般公共预算属于公共财政预算，而在中央一般公共预算中，"非税收收入"账户下有"国有资本经营收入"子账户，其中包括部分金融机构和中央企业上缴的利润，因此，四大行上缴的红利在此账户中呈现。

[3]　中投公司拥有三个子公司，分别是中投国际有限责任公司（简称"中投国际"）、中投海外直接投资有限责任公司（简称"中投海外"）和中央汇金投资有限责任公司（简称"中央汇金"），我们推测，中投公司上缴"中央特别国债经营基金财务收入"中的经营收益和所得税收入主要来源于"中投国际"和"中投海外"。

得到了中投公司的两次增资，但是也多次发行债券以募集资金，因此收到的红利可能需要在进行债券的偿付之后再上缴公共财政。由于数据有限，我们无法得知准确的利润上缴比例，但是我们可以利用现有数据进行合理推测。2017 年，汇金公司收到的现金红利为 1381 亿元，而从四大行获得的现金红利为 1305.1 亿元，因此从四大行获得的现金红利占公司所获得的总现金红利的比例为 94.6%，说明汇金公司所获红利绝大部分来源于四大行；2006～2017 年，汇金公司从四大行获得的累计现金红利为 11654.2 亿元，如果假定这段时间内汇金公司从四大行获得的现金红利占公司所获得的总现金红利的比例仍然为 94.6%，那么四大行所获得的总现金红利为 12319.5 亿元，由于汇金公司 2017 年之前累计上缴利润为 9134 元，因此汇金公司累计上缴利润占所获现金红利的比例为 74.1%。因此，有理由认为，四大行上缴到汇金公司的现金红利主要进入公共财政。

全国社会保障基金理事会获得的红利进入名下的单独账户。2017 年，《划转部分国有资本充实社保基金实施方案》发布，明确将中央和地方国有及国有控股大中型企业、金融机构纳入划转范围，划转比例统一为企业国有股权的 10%。根据《全国社会保障基金理事会社保基金年度报告（2018 年度）》，"划转的部分国有资本，是根据 2017 年 11 月 9 日国务院印发的《划转部分国有资本充实社保基金实施方案》，由国务院委托社保基金会负责集中持有的划转中央企业国有股权，单独核算"，这部分股权和红利并没有和全国社会保障基金、个人账户中央补助资金和部分企业职工基本养老保险资金纳入全国社保基金统一运营。

将净利润、现金分红率和全国社会保障基金理事会持股比例三者相乘，可以得到四大行对于中国社保基金的贡献（见表 6-3）。在中国工商银行股权结构中，2006～2009 年，全国社会保障基金理事会持股 4.2%，2019 年持股 3.5%，2010～2018 年没有持股，中国工商银行对中国社保基金的累积贡献为 100.9 亿元；在中国农业银行股权结构中，2010～2019 年，全国社会保障基金理事会持有的股份从 3.4% 上升到 6.7%，中国农业银行对中国社保基金的累积贡献为 188.6 亿元；在中国银行股权结构中，2006~2009年，全国社会保障基金理事会持股3.3%，之后不再持股，中国银行对中国社保基金的累积贡献为36.6亿元；在中国建设银行股权结构中，全国社会保障基金理事会没有持股。经过简单对比可知，四大行均没有落实划转国有股权10%到全国社会保障基金理事会的要求，其中，中国农业银行划转比例相对较为接近10%，中国工商银行的划转比例较小，中国建设银行则完全没有划转。

表6-3　四大行中的全国社会保障基金理事会持股比例和社保基金贡献

单位：%，亿元

年份	中国工商银行		中国农业银行		中国银行		中国建设银行	
	持股比例	基金贡献	持股比例	基金贡献	持股比例	基金贡献	持股比例	基金贡献
2006	4.2	2.3			3.3	3.8		
2007	4.2	18.8			3.3	9.2		
2008	4.2	23.2			3.3	11.2		
2009	4.2	24.0			3.3	12.4		
2010			3.4	6.0				
2011			3.4	14.7				
2012			3.4	17.4				
2013			3.4	19.7				
2014			3.4	20.3				
2015			3.0	16.4				
2016			3.0	16.7				
2017			3.0	17.5				
2018			2.8	17.0				
2019	3.5	32.5	6.7	42.9				
合计		100.9		188.6		36.5		

注：持股比例表示全国社会保障基金理事会持股比例，空缺表示持股比例为零，基金贡献表示四大行对中国社保基金的贡献，基金贡献为净利润、现金分红率和全国社会保障基金理事会持股比例三者的乘积。

资料来源：Wind。

6.3.3　现行中央国有资本经营预算与四大行利润上缴安排的比较

分析了四大行的现金分红率和上缴利润的最终去向之后，就可以与现行中央国有（非金融）资本经营预算进行比较。第一，从利润上缴比例的角度来看，中央国有（非金融）资本经营预算对中央企业的母公司收取收益，最高利润上缴比例为25%，而四大行利润上缴比例达到了30%，母公司利润上缴比例超过70%。我国已经颁布了多份国有资本经营收入预算相关文件，扩大了中央企业预算范围，提高了利润上缴比例，根据2014年颁布的《关于进一步提高中央企业国有资本收益收取比例的通知》，中央企业被分为五类，第一类企业（即中国烟草总公司）的利润上缴比例为25%，第二类企业（中国石油天然气集团公司等14家中央企业）的利润上缴比例为20%，第三类企业（中国铝业公司等70家中央企业）和第四类企业［中国核工业集团公司等34家（类）中央企业］的利润上缴比例分别是15%和10%，第五类企业（即中国储备粮管理总公司和中国储备棉管理总公司）免缴；而在四大行利润上缴安排中，四大行的利润上缴比例为30%，超过了中国烟草总公司的25%，并且根据我们的估计，四大行的母公司即汇金公司的利润上缴比例超过70%。

第二，从上缴利润最终去向的角度来看，在中央国有（非金融）资本经营预算中，中央企业上缴利润主要用于生产性支出，而汇金公司和财政部所获利润主要转入公共财政。根据2007年颁布的《中央国有资本经营预算编报试行办法》和2017年颁布的《中央国有资本经营预算编报办法》等文件，可总结出中央国有资本经营预算支出的主要用途：（1）根据国家发展战略和产业发展规划，投向关系国家安全和国民经济命脉的重要行业和关键领域，优化国有经济布局，促进经济结构调整；（2）弥补国有企业改革成本，解决国有企业历史遗留问题；（3）调入一般公共预算和补充全国社会保障基金。[①]根据《中国财政年鉴》发布的"中央国有资本经营预算、决算收支"可计算出，中央国有资本经营支出规模从2010年的542.0亿元上升到2014年的1419.1亿元，然后下降到2017年

---

① 对于纳入国有资本经营预算范围的中央企业来说，上缴红利集中体现在国有资本经营预算方面，而国有资本经营预算中调入中央预算的资金则体现在中央一般公共预算下的"国有资本经营预算调入资金"账户中。

的 1001.7 亿元，在整个时间段内，用于前两个用途的比例为 71% ~ 92%，因此调入一般公共预算和补充全国社保基金的资金较为有限。根据党的十八届三中全会的要求，提高国有资本收益上缴公共财政的比例且在 2020 年提高到 30%，并不是指将国有企业利润上缴比例普遍提高到 30%，而是指调入一般公共预算的支出占国有资本经营预算收入的比例提高到 30%，从这个目标也可以看出，国有资本收益的主要部分将用于前两个方面。与中央国有（非金融）资本经营预算相比，四大行利润上缴安排的相同点是，全国社会保障基金理事会所获红利也较为有限，明显差异是，汇金公司和财政部所获现金分红主要进入公共财政。

在中央财政开源节流的大背景下，建立相对独立的中央国有金融资本经营预算机制是非常有必要的。从以上的分析可以看出，如果社会目标是要优化中央企业战略布局，弥补中央企业改革成本，为中央企业承担更多社会责任提供资金支持，那么就应该将四大行等中央金融企业纳入由国资委主导的中央国有资本经营预算范围。然而，从进入经济新常态阶段后，我国进行了较大规模的减税降费，各级政府财政趋紧，2019 年《政府工作报告》提到，减税降费给中央财政带来了较大压力，中央财政必须开源节流，增加特定国有金融机构和中央企业上缴利润，压缩一般性开支和"三公"经费。我们倾向于认为，正是在这样的背景下，我国才着手建立相对独立的中央国有金融资本经营预算机制，这种做法能够较好地衔接当前的中央金融企业利润上缴安排，更好地规范利润收取比例和红利使用方式，将较多的利润直接用于中央公共财政预算，降低居民和企业所需承担的税费压力。

在这样的背景下，我们既需要加快建立和完善中央国有金融资本经营预算制度，也需要坚决推进国有股权规定比例划转。到目前为止，全国社保基金仍然是储备基金，由于国有股权划转而获得的现金红利虽然单独建账但是仍然具有储备基金性质，这部分基金与现行居民社保之间的联系机制和转移机制还没有建立起来。如果全面落实划转国有股权 10% 到全国社会保障基金理事会的要求，那么就会有部分利润进入全国社会保障基金理事会的单独账户而不是进入当年的公共财政，可以看到，是否划转国有股权到全国社保基金其实也是对当前和未来的权衡取舍。我们认为，虽然目前中央财政压力加大，但是这种压力仍然是短期的，而我们即将面临老龄化社会的压力，其会更大且持续时间更长，即使在中央财政压力趋紧的背景下，仍然应该全面落实对国有股权规定比例的划转。

6.4 能够继续提高四大行的现金分红率吗？

虽然四大行利润上缴比例在中央企业中已经处于较高水平，但是四大行的利润规模仍然较为可观，利润上缴比例似乎仍然较低，那么能够继续提高四大行的现金分红率吗？为了回答这个问题，首先需要分析四大行现金分红率变动的内在逻辑，然后探讨在什么情况下现金分红率才能继续提高。

6.4.1 四大行现金分红率变动的内在逻辑

我们倾向于认为，由于资本充足率规定和半强制分红政策的影响，四大行现金分红率呈现从高位下降并最终稳定在30%的水平。一方面，为了提高资本充足率，四大行都降低了现金分红率；另一方面，为了获得再融资资格，四大行的现金分红率达到了30%的最低标准。

过去较长时间，由于国家商业银行自动获得国家信用的强大支持，因此普遍忽视了对资本金的研究和管理，这种情况随着《巴塞尔协议》和后续版本的公布而得到改变，四大行应满足特定的资本充足率要求。资本充足率是银行资本与加权风险资产的比率，银行资本规模越大，加权风险资产规模越小，资本充足率就越高。在《巴塞尔协议》看来，资产风险或者说信用风险是商业银行所面临的主要风险，满足资本充足率的监管标准实际上要求银行建立资本与资产风险之间的联系，从而提高银行资本吸收资产损失的能力。中国银监会从2006年开始陆续出台相关文件，商业银行应满足特定的资本充足率要求：根据2013年的相关文件要求，商业银行核心一级资本充足率不得低于5%，一级资本充足率不得低于6%，资本充足率不得低于8%[①]；四大行属于全球性系统重要性银行，根据相关规定，到2018年底，系统重要性银行的核心一级资本充足率不得低于8%，一级资本充足率不得低于9.5%，资本充足率不得低于11.5%。更为重要的是，资本充足率监管要求并不意味着四大行达到这些标准就可以"高枕无忧"，为了防范金融风险特别是系统性金融风险，四大行需要将资本充足率提高到某个"安全"的水平，因此，在一定范围内，四大行具有提高资本充足率的强烈需求。

关于资本充足率与现金分红率，有如下关系：

$$CAR_t = \frac{K_t}{RWA_t} = \frac{K_{t-1} + Inc_t - Div_t + Oth_t}{RWA_{t-1}(1 + g_t)} = \frac{1 + ROE_t - DPR_t \cdot ROE_t + OK_t}{1 + g_t} \cdot CAR_{t-1}$$

$$(6-1)$$

其中，CAR_t 是资本充足率指标，K_t 是资本净额指标，Oth_t 是新增注资、新增永续债等新增资本指标，具体来说，如果 CAR_t 分别表示核心一级资本充足率、一级资本充足率和资本充足率，那么 K_t 分别表示核心一级资本净额、一级资本净额和总资本净额，Oth_t 分别表示新增注资等新增核心一级资本工具、新增其他一级资本工具和新增永续债等二级资本工具；RWA_t 是加权风险资产，Inc_t 是净利润，Div_t 是现金分红，ROE_t 是资本收益率，为本期净利润与上期资本净额的比率，DPR_t 是现金分红率，为本期现金分红与本期净利润的比率，OK_t 是本期新增资本与上期资本净额的比率，g_t 是加权风险资产增长率，下标 t 表示当期，$t-1$ 表示上期。从式（6-1）可以看出，在资本收益率、加权风险资产增长率等指标既定的情

[①] 根据2006年12月28日通过的《中国银行业监督管理委员会关于修改〈商业银行资本充足率管理办法〉的决定》，根据资本充足率的状况，银监会将商业银行分为三类：对于资本充足的商业银行，资本充足率不低于8%，核心资本充足率不低于4%；对于资本不足的商业银行，资本充足率不足8%，或核心资本充足率不足4%；对于资本严重不足的商业银行，资本充足率不足4%，或核心资本充足率不足2%。根据2013年1月1日开始实行的《商业银行资本管理办法（试行）》，商业银行核心一级资本充足率不得低于5%，一级资本充足率不得低于6%，资本充足率不得低于8%。

况下，本期现金分红率越低，本期资本充足率就越高。因此，为了提高资本充足率，特别是核心一级资本充足率和一级资本充足率，四大行都有降低现金分红率的内在动力，正是由于这个原因，四大行现金分红率呈现明显的下降趋势。

但是为什么最近 5 年的现金分红率均稳定在 30% 的水平而不继续下降呢？我们倾向于认为，这种分红水平与半强制分红政策有关。为了引导和规范上市公司分红，证监会陆续出台了导向性政策，规定了再融资上市公司所需达到了最低分红比例。根据相关文件，2008 年之后，如果四大行想获得再融资资格，那么现金分红率就必须达到 30% 的最低标准。[①] 资本充足率规定导致现金分红率不断下降，而半强制分红政策规定了现金分红率的下限，两者共同作用，最终导致四大行的现金分红率稳定在 30% 的水平。

6.4.2 目标资本充足率设定、贷款信用风险控制和现金分红率的提高

当前，四大行资本充足率已经达到并且明显超过了系统重要性银行的相关标准。2019 年，中国建设银行的资本充足率最高，核心一级资本充足率、一级资本充足率和资本充足率分别达到 13.88%、14.68% 和 17.52%；其次是中国工商银行和中国银行，核心一级资本充足率分别达到 13.20% 和 11.30%，一级资本充足率分别达到 14.27% 和 12.79%，资本充足率分别达到 16.77% 和 15.59%；中国农业银行的资本充足率相对较低，但核心一级资本充足率、一级资本充足率和资本充足率也分别达到 11.24%、12.53% 和 16.13%，超过了系统重要性银行的监管要求。

如果提高现金分红率，四大行的资本充足率又会如何变化呢？根据式

[①] 2006 年出台的《上市公司证券发行管理办法》规定，上市公司公开发行证券应符合最近三年以现金或股票方式累计分配的利润不少于最近三年实现的年均可分配利润的 20%；2008 年出台的《关于修改上市公司现金分红若干规定的决定》规定，上市公司公开发行证券应符合最近三年以现金方式累计分配的利润不少于最近三年实现的年均可分配利润的 30%。

（6－1），在加权风险资产、净利润等指标均为实际值的情况下，现金分红率的提高会减少未分配利润，进而降低核心一级资本净额和核心一级资本充足率。如表6－4所示，当2015～2019年现金分红率为30%时，由于四大行实际现金分红率也为30%，因此此时的核心一级资本充足率为实际值。与现金分红率为30%的情形相比，当现金分红率为35%时，四大行核心一级资本充足率均有所下降，年份越往后下降幅度越大，2019年下降幅度为0.31～0.40个百分点；当现金分红率为40%时，四大行核心一级资本充足率下降幅度加大，2019年下降幅度为0.63～0.81个百分点；当现金分红率为50%时，四大行核心一级资本充足率均明显下降，2019年下降幅度为1.26～1.23个百分点。

表6－4　现金分红率对核心一级资本充足率的影响

单位：%

年份	现金分红率	中国工商银行	中国农业银行	中国银行	中国建设银行
2015	30	12.87	10.24	11.10	13.13
2016	30	12.87	10.38	11.37	12.98
2017	30	12.77	10.63	11.15	13.09
2018	30	12.98	11.55	11.41	13.83
2019	30	13.20	11.24	11.30	13.88
2015	35	12.77	10.15	11.01	13.03
2016	35	12.68	10.23	11.20	12.79
2017	35	12.50	10.41	10.93	12.82
2018	35	12.65	11.27	11.13	13.48
2019	35	12.81	10.93	10.97	13.48
2015	40	12.66	10.07	10.93	12.92
2016	40	12.49	10.08	11.04	12.60
2017	40	12.23	10.19	10.70	12.55
2018	40	12.32	11.00	10.84	13.13
2019	40	12.42	10.61	10.64	13.07
2015	50	12.45	9.91	10.76	12.71
2016	50	12.11	9.77	10.72	12.21
2017	50	11.70	9.74	10.25	12.00
2018	50	11.65	10.44	10.26	12.43
2019	50	11.63	9.98	9.97	12.25

资料来源：Wind。

从以上的分析可以得出，四大行现金分红率的提升空间取决于对资本充足率目标的设定，如果设定较高的资本充足率目标，那么现金分红率的提升空间非常小；如果设定较低的资本充足率目标，那么现金分红率的提升空间将较大。特别地，如果保持当前的资本充足率不变，现金分红率的提升空间有多大呢？根据式（6-1），如果保持资本充足率不变，即 $CAR_t = CAR_{t-1}$，并且假设新增资本项为零，那么 $DPR_t = 1 - g_t / ROE_t$，这意味着，在未来一段时间内，如果四大行只需要将资本充足率保持在2019年的水平，并且使加权风险资产增长率等于2015～2019年的年均增长率，资本收益率等于2015～2019年的平均值，[①] 那么四大行的现金分红率可分别提高到56.1%、61.3%、55.0%和55.2%；更为简单的情况是，如果假定加权风险资产增长率为7%，资本收益率为15%，那么四大行的现金分红率可达到53%。由于在长期内，四大行现金分红率将达到较为安全的水平，因此这种分析也可以视作一种长期分析。

然而，在短期内，我们不能简单地认为目前的资本充足率已经达到了理想水平，如前所述，系统重要性银行的监管要求并非意味着四大行只需要达到相应标准即可，为了防范未来的系统性金融风险，四大行可能需要继续提高资本充足率。因此，如果在现有基础上继续提升四大行的现金分红率，那么就需要同时设定一个相对较高的资本充足率目标：具体来说，如果设定了较高的现金分红率、较低的核心一级资本充足率、较低的一级资本充足率和较高的资本充足率，那么可以通过发行永续债等方式来补充二级资本；如果设定了较高的现金分红率、较高的核心一级资本充足率、较高的一级资本充足率和较高的资本充足率，那么就需要控制加权风险资产的增长速度或者新增注资，我们接下来详细分析这两种做法。

在实际过程中，四大行具体如何控制加权风险资产的增长速度呢？四

---

① 2019年，中国工商银行、中国农业银行、中国银行和中国建设银行的加权风险资产分别比上年增长10.2%、10.0%、12.9%和8.3%，资本收益率分别为14.3%、13.8%、13.4%和14.0%；2015～2019年，加权风险资产年均分别增长7.0%、5.8%、7.1%和7.1%，资本收益率的算术平均值分别为16.0%、15.0%、15.8%和15.8%。

大行会受到货币政策、宏观周期等多重因素的影响而调整信贷供给（盛松成、吴培新，2018；丁友刚、严艳，2019；何德旭、冯明，2019），进而影响到加权风险资产的增长速度。我们关注的重点是，由于不同资产具有不同的风险权重，那么四大行能够通过风险资产的"优化配置"控制加权风险资产的增长速度。然而，不同的银行在不同时期的各类资产的风险权重都有可能存在差异，我们无从得知准确的风险权重，但是不良贷款率也能够反映资产的信用风险，因此，我们可以通过观察不良贷款率的变动情况来把握不同风险权重变动情况。如表6-5所示，四大行总体不良贷款率呈现波动下降趋势，且整体水平较低。其中，个人贷款方面的不良贷款率明显低于企业贷款方面的不良贷款率，2007～2019年，个人贷款方面的不良贷款率的区间均值为0.767%，企业贷款方面的不良贷款率区间均值为4.461%；在个人贷款中，个人住房贷款处于较低水平，区间均值为0.397%，表明个人住房贷款的信用风险较低；在企业贷款中，制造业与批发和零售业的不良贷款率处于较高水平，区间均值分别达到4.461%和6.793%，而交通运输、仓储和邮政业，房地产业，电力、热力、燃气及水生产和供应业的不良贷款率处于较低水平，区间均值分别为0.882%、1.788%和0.909%。

表6-5　四大行的各类不良贷款率（2007～2019年）

单位：%

年份	总体	个人贷款	个人住房贷款	企业贷款	制造业	批发和零售业	交通运输、仓储和邮政业	房地产业	电力、热力、燃气及水生产和供应业
2007	3.450	1.115	0.800	3.395	5.875	8.640	1.330	3.830	1.450
2008	3.265	1.120	0.820	2.835	4.760	7.390	1.315	3.440	1.500
2009	2.205	0.830	0.420	1.825	3.515	4.840	1.025	2.050	1.025
2010	1.338	0.660	0.460	1.733	2.640	2.647	1.080	1.487	1.713
2011	1.145	0.543	0.330	1.493	2.217	2.445	1.243	1.340	1.307
2012	1.030	0.547	0.270	1.320	2.137	3.137	0.803	0.963	0.883

年份	总体	个人贷款	个人住房贷款	企业贷款	制造业	批发和零售业	交通运输、仓储和邮政业	房地产业	电力、热力、燃气及水生产和供应业
2013	1.028	0.603	0.230	1.323	2.870	3.635	0.570	0.710	0.650
2014	1.260	0.770	0.265	1.623	3.700	6.015	0.410	1.030	0.375
2015	1.725	0.973	0.370	2.507	5.670	10.980	0.430	1.495	0.400
2016	1.743	0.953	0.355	2.693	6.105	12.315	0.440	2.500	0.315
2017	1.575	0.727	0.300	2.363	6.030	9.870	0.725	1.680	0.520
2018	1.498	0.590	0.275	2.347	6.645	8.855	0.870	1.525	0.835
2019	1.405	0.537	0.270	2.245	5.830	7.535	1.220	1.195	0.850

注：总体不良贷款率＝四大行总体不良贷款率的算术平均值，其余指标的计算方法与之类似。

资料来源：Wind。

通过将新增贷款发放给信用风险较低的行业，四大行控制了加权风险资产的增长速度。如表6-6所示，2008~2019年，正是由于个人贷款信用风险远低于企业贷款信用风险，因此四大行新增贷款的较大部分流向了个人，较少部分流向企业，四大行新增个人贷款比例呈现波动上升的趋势，如果取三年移动平均值，则新增个人贷款比例从20.4%上升到59.5%，而新增企业贷款呈现波动下降的趋势，如果取三年移动平均值，则新增企业贷款比例从67.0%下降到44.3%。由于个人贷款中个人住房贷款的信用风险处于相对较低的水平，新增个人贷款主要流向个人住房，如果取三年移动平均值，则新增个人住房贷款比例从19.0%上升到49.2%。在企业部门的制造业、批发和零售业等五个行业中，由于前两个行业的信用风险相对较高，后三个行业的信用风险相对较低，因此新增企业贷款主要流向后三个行业；而前两个行业的不良贷款率的先下降后上升的状况，导致流向这两个行业的新增贷款比例呈现先上升后下降的趋势，到这一时期末，几乎没有新增贷款流向这两个行业，这两个行业的贷款余额甚至出现了不增反减的现象。

四大行新增贷款更多流向了风险较低的部门和行业，从商业银行的角度来看，这种做法可以控制加权风险资产增长速度，进而能够提高资本充足率，但是从宏观角度来看，四大行的这种做法是值得商榷的。对于制造业、批发和零售业等行业来说，随着行业信用风险增加，四大行对这些部门的新增贷款逐渐减少，同时，由于房地产相关部门，特别是个人住房贷款的信用风险相对较低，四大行对这些部门的新增贷款迅速增加，由于制造业与批发和零售业均是实体经济的重要组成部分，而房地产相关部门是虚拟经济的组成部分，因此，四大行新增贷款分布实际上存在一定程度的"脱实向虚"。

表 6-6　四大行各类贷款新增规模占全部新增贷款的比例（2008~2019年）

单位：%

年份	个人贷款	个人住房贷款	企业贷款	制造业	批发和零售业	交通运输、仓储和邮政业	房地产业	电力、热力、燃气及水生产和供应业
2008	-12.8	8.6	45.6	-8.4	-11.9	15.2	-2.6	32.3
2009	34.6	22.7	65.9	11.2	3.5	10.4	8.3	2.8
2010	39.5	25.6	89.6	12.0	6.5	12.4	8.2	2.6
2011	35.8	18.5	55.8	20.7	10.4	8.1	3.0	3.6
2012	35.3	20.0	68.4	18.1	11.5	5.2	-1.1	-1.3
2013	42.0	30.3	61.7	8.9	7.7	9.0	5.6	2.6
2014	35.9	31.4	52.3	5.9	-0.4	10.7	3.6	4.4
2015	51.3	50.2	29.6	-0.7	-1.0	10.4	1.7	5.1
2016	69.1	68.7	18.6	-7.5	-6.4	9.7	0.2	5.2
2017	65.6	54.7	63.7	1.7	-4.8	12.7	5.0	7.4
2018	60.7	52.6	27.7	-1.9	-3.1	12.3	6.7	3.8
2019	52.0	40.4	41.5	2.9	-2.2	13.4	6.2	1.5

注：四大行新增个人贷款比例 = 四大行新增个人贷款合计/四大行新增贷款余额合计，其余指标的计算方法与之类似。

资料来源：Wind。

因此，如果提高四大行的现金分红率，那么在其他条件不变的情况下，银行资本特别是核心资本的增长速度将放缓，资本充足率将下降；如果提高四大行的现金分红率并且达到较高的"资本充足率"特别是"核心资本充足率"，就需要控制银行贷款的信用风险，放缓加权风险资产的增长速度。在过去较长时间里，四大行通过将新增贷款发放给信用风险较低的部门和行业以控制信贷风险，但是客观上造成了一定程度的"脱实向虚"；如果更有效地服务于实体经济，那么就需要降低企业部门特别是制造业、批发和零售业等行业的信贷风险，而降低这些部门的信贷风险，则需要利用大数据和人工智能等技术以精准识别客户的信用级别，给予其更为有效的利率设定和贷款安排，最终控制风险资产的增长速度。

对于第二种直接注资的方式，就理论上而言，四大行可以兼顾提高现金分红率与提高核心资本两个目标，但是采用这种方法的可能性有多大呢？注入的资本可以是国家资本，也可以是社会资本，因此，应分两种情况来分析。第一种情况，如果注入国家资本，那么所需资金要么来源于财政收入或者财政负债，要么来源于汇金公司的企业负债，如果是前者，那么相当于将利润上缴财政，然后又用同等规模的财政收入或者财政负债进行注资，这种做法的意义不大；如果是后者，汇金公司的负债需要四大行上缴的现金红利来偿还，因此会减少汇金公司在未来能够上缴给公共财政的现金红利。第二种情况，如果注入社会资本，那么会相对减少汇金公司和财政部的股权比例，从而削弱国家对四大行的控制力，并且也会在长期内减少四大行能够上缴国家财政的现金红利，因此，注入社会资本的可行性也较小。所以，可以得出结论，较高现金分红率会留下较大的核心资本缺口，试图通过直接注资以填补该缺口的可能性较小。

6.5 本章小结

以 2020 年 3 月发布的《国有金融资本出资人职责暂行规定》为标志，我国即将开启中央国有金融资本经营预算进程，四大行作为极其重要的中央金融企业，自然将被纳入这个新的预算框架。本章以四大行为研究对象，发现四大行实际上已经将部分利润上缴中央财政，但是现有的利润上缴缺乏统一的预算管理框架，利润上缴规模、上缴比例和利润支出方式等方面都缺乏明确的规定，因此有必要进行国有金融资本经营预算。同时，本章也发现，四大行的现金分红率从高位下降，最近 5 年均稳定在 30%的水平，汇金公司利润上缴比例超过 70%，汇金公司和财政部所获得的现金红利主要上缴公共财政；而在现行由国资委主导的中央国有金融资本经营预算中，非金融类中央企业上缴比例分为五档，利润上缴比例不超过 25%，上缴的利润主要用于中央企业行业布局调整和中央企业改革等生产性支出，调入公共财政和社保基金的资金规模较为有限；考虑到公共财政压力加大的现实背景，并且财政部主导的"汇金模式"较为成熟，因此有必要建立由财政部主导的相对独立的中央国有金融资本经营预算机制。进一步来看，虽然四大行现金分红率已经处于较高水平，但是由于四大行的利润规模仍然较为可观，因此需要探讨继续提高四大行现金分红率的可行性。为了回答这个问题，本章首先分析了四大行现金分红率变动的内在逻辑，发现资本充足率目标和半强制分红政策起到了重要作用。长期来看，资本充足率将达到安全水平，四大行现金分红率的提升空间较大；短期来看，四大行现金分红率的提升空间取决于资本充足率目标的设定，如果设定相对较低的资本充足率目标，那么四大行现金分红率的提升空间较大；如果出于防范系统性金融风险的考虑，设定相对较高的资本充足率目标，特别是较高的核心资本充足率目标，那么此时提升四大行的现金分红率，就需要降低加权风险资产的增长速度，而控制风险资产的规模扩张，就需要进行金融科技创新，提供金融支持并控制信用风险，特别是要进行针对制造业、批发和零售业等部门的金融科技创新，以避免产生"脱实向虚"的困境。

第7章
国外国企利润分配制度研究

关于国有资本经营预算改革，我们已经讨论了国有企业的利润上缴比例和上缴利润的使用等问题，但是还有一些方面的问题没有涉及。第一，从利润初次分配角度来看，国有企业在未来应该上缴多少利润？随着国企改革的顺利推进，体制机制进一步理顺，"两权匹配效应"能够更好地发挥作用，盈利能力会得到持续提升，国有企业有能力上缴更多利润，同时，随着我国开启建设社会主义现代化国家新征程，全体人民要向共同富裕迈出坚实步伐，自然也要求国有企业上缴更多利润，因此就有必要研究国有企业的长期利润上缴比例问题，以及与之相关的协调机制问题。第二，从利润再分配角度来看，对国有企业上缴利润的使用是否还有其他可供借鉴的模式？在今后较长的时间里，我国不仅要缩小收入分配差距，实现全体人民共同富裕，而且要贯彻新发展理念，实现经济高质量发展，因此就有必要研究国有企业上缴利润的长期使用模式问题。要回答这些问题，研究国外国企的现行利润分配制度毫无疑问具有重要借鉴意义。虽然社会主义市场经济不同于西方资本主义经济，但是研究这些国家的国企利润分配制度，至少可以了解我国国有企业利润分配制度的阶段性特点和可能的改革方向。为了达到这些目的，本章首先简要回顾国外国企利润分配的相关文献，然后挑选挪威、法国和英国等七个国家的国企作为研究对象，从利润初次分配和利润再分配两个维度，系统总结这些国家的国企利润初次分配制度和利润再分配制度，最后进行较为全面的综合评述。

7.1　国外国企利润分配文献的简要回顾

　　涉及国外国企利润分配制度的文献主要分为以下两类。第一，论文类文献。在法国、意大利、英国、芬兰、瑞典、美国和新西兰等国家，以透明信息披露为基础，以企业产权为纽带，借助综合控股公司，通过分类分级管理，体现本国的政治和意识形态动态与经济动机情况，考虑到国企管理体制或模式差异，兼顾企业的长远发展，最终确定国有企业的分红政策（汪平等，2008）。第二，报告类文献。在经合组织国家，国有企业的分红率普遍较高，同时考虑到资本结构、商业周期、现金流、资本回购等因素，国有企业实际分红政策差别较大；大部分国家选择将国企分红上缴财政部，也有国家设立独立的国家持股基金，比如，新加坡的淡马锡控股私人有限公司、奥地利的 OIAG 基金等，这些基金将利润再投资后，仍然将部分收入转交财政部（《国有企业分红：分多少？分给谁？》，2005）。对于新西兰、挪威、瑞典、芬兰和法国等国家来说，分红政策皆由国有企业与国企管理部门协商确定，国企分红率一般较高，同时分红政策也能够考虑未来资本要求，从而保持企业的长期竞争力，实现有效约束和充分自主（《有效约束、充分自主：中国国有企业分红政策进一步改革的方向》，2010）。

　　相比现有研究，本章在如下三个方面有所创新。第一，以马克思"利润运动"的相关理论为指导，全面总结国企利润运动的规则和制度。以往的研究一般以自由现金流等理论为指导，而我们以《资本论》利润运动过程理论为指导，着眼于国企利润运动全过程，详细描述利润运动过程的规则和制度。第二，分析国企利润再分配制度。以往的研究只是分析国企利润初次分配制度，国企利润再分配制度是整个利润运动过程中不可忽视的重要环节，因此有必要分析国企利润再分配制度。第三，更为详细地分析国企利润初次分配制度。以往的研究更多地关注国企发展的历史和国企分红的比例，我们综合最新文献和相关资料，对国企利润初次分配制度的核心原则、规则和制度进行较为详细的描述。

7.2　国外国企利润分配制度

综合考虑国企规模和数据可获得性，我们挑选挪威、法国、英国、瑞典、芬兰、新西兰和新加坡七个国家。根据 IMF 的一份报告，在 OECD 国家中，按照 2000 年国企总收入占国民总收入的比例排名，挪威、法国、瑞典、芬兰和英国分别排名第 1、第 3、第 8、第 9 和第 11 位，其中，挪威的比例达到 25%，与中国的比例接近，而按照 2000 年国企市场价值占国民总收入的比例排名，挪威、芬兰、瑞典、法国和英国则分别排名第 1、第 4、第 5、第 6 和第 10 位，可见，在这些国家中，国有企业的总体表现不俗。① 为了提高样本的代表性，我们还在大洋洲国家中选择了新西兰，在亚洲国家中选择了新加坡，由此组成了我们的考察对象。

7.2.1　挪威

根据挪威国企发展白皮书②，挪威国有企业可以分为营利性国企和公益性国企。营利性国企可以分为三类，包括以营利为目标的国企、以营利和确保总部职能为目标的国企与以营利和其他特殊任务为目标的国企，营利性国企的目标是，通过培育长期竞争力，实现最高的长期投资回报；公益性国企主要满足部门政策目标，企业盈利能力不再重要，侧重于有效利用资源以符合社会利益。2018 年，挪威国企的数量为 71 家，国家所有权价值为 8330 亿克朗，国企经营性收入为 14368 亿克朗，净利润为 1400 亿克朗，向国家分红 430 亿克朗，其中，营利性国企和公益性国企的数量分别为 26 家和 45 家，经营性收入分别为 11763 亿克朗和 2605 亿克朗，净利润分别为 1240 亿克朗和 160 亿克朗。在 25 家营利性国企中，20 家由贸易、工业和渔业部行使出资人权利，剩余 5 家分别由国防部、石油和能源

---

① IMF, "IMF Country Report: Norway," 14 (260), 2014.

② Norwegian Ministry of Trade and Industry, "An Active and Long-term State Ownership," *Reporting to the Storting (White Paper)*, No. 13, 2006–2007.

部等 4 个部门行使出资人权利，而 45 家公益性国企分别由文化部、卫生和保健服务部等多达 12 个部门行使出资人权利。[①]

1.挪威国企利润初次分配制度

对于营利性国企来说，分红政策应该服务于企业目标，即有利于企业在长期内创造最高价值。为了提高国有企业的价值，挪威对于国企的分红预期通常需要在分红和保留利润之间寻找平衡，因此，国家的分红预期通常是可预测的，并且能够在一定时间内保持稳定，只有当时间较长导致企业形势发生变化时，国企分红政策才会改变。并且，国有企业需要与竞争对手在相同的情况下运营，这意味着，分红政策需要与企业目标、战略和风险组合相匹配，国有企业的分红政策不能使国有企业相比竞争对手获得某种竞争优势或者竞争劣势。具体而言，挪威政府对国有企业的分红预期，通常以年度利润的一个比率即以分红率的形式体现，并且表现为 3～5 年的平均值形式。当确定国有企业的分红率时，以下标准将被采用：第一，核心标准，包括发展战略、生命周期、成长阶段、资本结构和投资历史等；第二，其他标准，包括企业资本回报率、类似企业的分红水平等。

公益性国企需要实现各种社会目标。一般来说，公益性国企需要按照国家经济标准和国家指示进行投资和运营，许多投资无法获得商业利润，分红水平应与这种战略定位相适应。在充分考虑公益性国企的特殊性、确定这些企业的长期分红率时，企业的分红水平一般不会轻易改变。如果公益性国企承担不盈利的社会任务，且产生了额外的成本，那么补贴也是另外补贴，而不是直接减少分红。

虽然挪威国企有分红自主权，但是董事会的分红方案一般都能够满足政府预算的要求。按照挪威有限责任公司法，国有企业分红由董事会决定，董事会负责制定年度分红方案，然后提交股东大会批准，如果有公司议会（Corporate Assembly），在提交股东大会批准之前，还必须提交公司

[①]　资料来源于挪威 2018 年国有企业报告（The State Ownership Report 2018），在对挪威的分析中，克朗是指挪威克朗，在不同年份，国企数量、国企分类、行使出资人权利的部门都会有所差异。

议会审核。在该决策流程中并无政府的直接参与，且董事会中没有政府公职人员①，那么国家通过什么机制影响国企分红决策呢？第一，提名委员会。政府控制提名委员会，如果存在公司议会，那么提名委员会负责公司议会的提名工作，公司议会选举决定董事会成员及董事会主席，公司议会成员不能进入董事会和公司管理层；如果不存在公司议会，那么提名委员会将负责董事会的提名工作。公司议会和董事会的任期都为两年，提名委员会重点考察候选人维护国家和公众利益的程度。通过这种机制，国家能够确保董事会成员胜任管理工作，实现国家意图，达到分红预期。第二，定期会议。定期会议包括多对多会议和一对一会议，多对多会议是指许多政府部门和许多国企一起参加定期会议，一对一会议是指主管部门和国企之间的定期会议，这些会议都讨论国家对投资报酬的预期、企业分红等问题，从而进一步让国企了解国家的分红预期。

挪威国企分红水平与国企分类相适应。第一，挪威获得的国企分红主要来源于营利性国企，2006～2018 年，政府所获分红中来源于营利性国企的比例为 96%～99%，平均值为 97%。第二，营利性国企分红率大于公益性国企。从单个年份来看，营利性国企分红率均明显大于公益性国企，从平均水平来看，2006～2018 年，营利性国企的平均分红率为 59%，而公益性国企的平均分红率为 13%（见表 7 - 1）。公益性国企相对较低的分红率相当于间接给予公益性国企补贴。

营利性国企中，国企分红水平与国家持股比率相适应。根据挪威有限责任公司法和政府有限公司法，对于完全国有公司，股东大会可以驳回董事会和公司议会提出的分红方案，提出一个更高的分红率；而对于部分国有公司，股东大会则没有这个权力。营利性国企包括上市企业和非上市企业，在上市企业中，大部分由国家绝对控股，在非上市企业中，大部分由国家完全控股，2018 年，19 家非上市国企中，15 家的国家持股比例为

---

① 1962 年，一个国有煤矿企业发生矿难，导致 21 人死亡，由于有政府成员是董事会成员，这次事件最终导致劳动党下台。从此以后，挪威禁止任何政治家和政府公职人员进入国有企业董事会（Thurber，Istad，2010）。

100%。由于股东大会能够驳回董事会的分红方案，因此上市公司分红水平低于非上市公司。2006～2018年，上市国企平均分红率为58%，非上市国企平均分红率为68%（见表7-1）。

表7-1　挪威国有企业分红率

单位：%

年份	营利性国企 （上市企业）	营利性国企 （非上市企业）	营利性国企	公益性国企	国有企业
2006	40	89	44	28	44
2007	45	77	48	27	48
2008	38	45	40	11	38
2009	74	47	67	6	63
2010	46	78	51	13	48
2011	31	20	28	11	28
2012	39	-347	45	9	43
2013	62	-448	66	7	61
2014	80	-319	97	13	87
2015	960	194	821	14	359
2016	343	91	283	18	209
2017	60	44	57	14	54
2018	51	75	54	14	50
均值	58	68	59	13	56

注：分红率＝分红/净利润，分红率均值＝历年分红之和/历年净利润之和。

资料来源：挪威历年国有企业报告（The State Ownership Report）。

如表7-2所示，政府所获国企分红主要来源于挪威国家石油公司（Statoil）。2006～2018年，国家从Statoil获得的分红规模为128亿～169亿克朗，每年平均为150亿克朗；在国家所获得的国企分红中，来源于Statoil的比例为40%～57%，平均值为48%。之所以出现这个现象，主要有两个原因。第一，Statoil的分红率高于其他国企。2006～2018年，Statoil的平均分红率为68%，比上市国企高出10个百分点，比营利性国企高出9个百分点。2006～2018年，如果剔除Statoil，那么营利性国企平均分红率为57%，比Statoil低11个百分点。第二，Statoil的净利润占国企净利润的比重较高。2006～2018 年，由于石油价格起伏等原因，Statoil 净利润存在较大波动，不考虑 2015 年和 2016 年亏损的情况，Statoil 净利润占国企净利润的比例为 32%～63%，考虑亏损的情况，均值为 36%，剔除亏损的情况，均值为 43%。

表 7 - 2　挪威国家石油公司（Statoil）分红统计

单位：亿克朗，%

年份	Statoil 分红率	Statoil 向国家分红	Statoil 净利润/国企净利润	Statoil 向国家分红/国企向国家分红
2006	51	140	38	48
2007	61	169	38	50
2008	53	154	46	57
2009	104	128	33	57
2010	52	134	38	43
2011	26	139	51	51
2012	31	144	63	50
2013	56	150	48	50
2014	105	154	33	52
2015	- 61	154	- 259	43
2016	- 96	157	- 91	49
2017	63	159	32	44
2018	41	167	45	40
均值	68	150	36	48

注：Statoil 分红率 = Statoil 分红/Statoil 净利润，Statoil 分红率的均值 = Statoil 历年分红之和/Statoil 历年净利润之和；2015 年和 2016 年，Statoil 在亏损的情况下也进行了分红，导致这两年分红率为负值；Statoil 向国家分红的均值 = Statoil 历年向国家分红的算术平均值，Statoil 净利润/国企净利润的均值 = Statoil 历年净利润之和/国企历年净利润之和，Statoil 向国家分红/国企向国家分红的均值 = Statoil 历年向国家分红之和/国企历年向国家分红之和。

资料来源：挪威历年国有企业报告（The State Ownership Report）。

2. 挪威国企利润再分配制度

挪威国企上缴的利润主要通过两种方式进行再分配。第一，一般情况下，国企分红都将进入政府公共预算，用于公共财政开支。在充分考虑所有可能的因素影响之后，政府对所有的国企都会提出分红预期，并以政府公共预算的形式体现出来。除了 Statoil 的分红之外，政府从其余国企获得的收入都进入政府公共预算，并不进行单独的预算。

第二，Statoil 分红和其他石油相关收入进入政府全球养老基金（Government Pension Fund Global，GPFG），用另一种形式实现国企利润分配。目前，GPFG 已经成为世界上最大的主权基金，2019 年末，GPFG 市场价值为10.1 万亿克朗（相当于 1.1 万亿美元），1998~2019 年，GPFG 年均回报率为6.1%，扣除通货膨胀和管理成本，年均报酬率为 4.2%，[①] 其对保持政府财政平衡、提高人民生活水平发挥了巨大的作用。政府从石油产业获得的收入主要包括三个部分：石油企业所得税、国家直接财务权益（State's Direct Financial Interest，SDFI）收入和 Statoil 分红。作为挪威石油产业中的国有企业，Statoil 需要按照股权比例向国家分红，由于资产规模较大、盈利能力较强，其向国家的分红也成为挪威政府石油收入的重要组成部分。在扣除政府在石油活动中的支出之后，政府从石油部门获得的净收入并不会直接转移到 GPFG，只有在弥补非石油部门财政赤字后，其才能成为 GPFG 的净流入和净增资本。GPFG 成立于 1990 年，然而直到 1996 年才收到第一笔政府转移资本，原因就是 20 世纪 90 年代初期出现经济衰退，政府财政连年赤字，直到 1995 年才出现盈余，政府于 1996 年才将第一笔盈余转移给 GPFG（Skancke，2003）。

GPFG 通过进行海外投资，实现国际收支平衡，减小本国货币升值压力，从而避免国内工业部门的衰退。20 世纪 60 年代，挪威发现大量油气资源，但是政府也开始担心"荷兰病"，即油气部门繁荣导致其他部门萎缩。当时，挪威政府面临两个选择：成立民营企业或者国有企业。政府成立国有企业 Statoil 的重要考虑就是，相较民营企业，国有企业可以更好地实现全民收益共享（Thurber，Istad，2010），同时，国有企业能够处于政府的控制之下，从而更有可能防止石油产业过快发展，避免要素成本迅速上升。但是，政府的掌控也没有成功避免"荷兰病"，当时的挪威政府将石油收入投入国家保险基金（The National Insurance Fund），而后者实际

---

① 数据来源于 GPFG 2019 年年报。

上充当了政府的筹资工具，为政府进行大规模国内投资提供了重要的资金支持，最终导致了 20 世纪 60～80 年代的持续高通胀，国家保险基金实际收益率为零甚至为负值，实际上就是重蹈了荷兰等国的覆辙（Lie，2018）。正是基于这个惨痛的教训，挪威政府成立 GPFG，专门进行海外投资，通过海外投资实现资本账户逆差，以"弥补"石油出口产生的经常账户顺差，实现国际收支平衡，减小本国货币贬值压力，削弱国际产品的竞争力，从而将石油收入增加导致的本国购买力增加，转移到本国工业部门产品的需求之上，而不是外国竞争者需求之上。对本国工业产品的需求增加能有效克服成本增加对工业部门带来的不利影响，从而有效避免本国工业部门的衰退。

7.2.2　法国

当前，法国政府股权局负责管理大型国有企业。2004 年，为了将政府股东角色和其他角色分开，政府成立股权局，代行股东职能，直接管理 81 家大型国有企业。2012 年，股权局和信托局（Caisse des Dépôts et Consignations，CDC）分别持股 50% 成立法国国家投资银行（Bpifrance），主要通过利用少数股东权益（非控股股东权益）的方式间接管理众多中小型企业，致力于推动制造业和服务业技术创新。2019 年，股权局直接管理的大型企业数量上升到 88 家，主要涉及能源、制造、交通和金融等领域，在这些企业中，有 12 家为上市企业，截至 2019 年 6 月，上市企业的国有所有权价值为 751 亿欧元，主要涉及能源、航空、国防、基建和电信等领域。

1. 法国国企利润初次分配制度

法国国企分红制度遵循了一系列核心原则。第一，不存在适用于所有国有企业的千篇一律的分红政策。第二，根据公司中期和长期前景，考虑投资增长以及债务控制对现金流的需要，寻求一个可持续的再分配水平。在年度股东大会上，与私人投资者的行为类似，政府股东代表致力于寻找一个平衡：既要保障企业现金流，又要确保一个足够的投资回报和收入流支撑政府公共活动。① 第三，规定分红水平与主要的同行类似企业的分红水平大体相等，这对于缺乏收入波动性的管制部门更是如此。第四，当股票回报小于资本成本时，应加强对再投资风险的控制。

以这些原则为指导，政府从国企获得了较多分红（见表7-3）。2006~2018年，国企向政府支付的累计现金分红为450亿欧元，平均每年近35亿欧元，累计股票分红为84亿欧元，平均每年近7亿欧元，累计现金和股票分红为534亿欧元，平均每年为41亿欧元。2015~2019年，国家股权的年度平均回报率为3.4%；现金分红占比为4.5%，资本利得占比为-1.1%。由于法国电力集团（EDF）规模较大且国家持股比例超过80%，因此EDF贡献了较多的分红，2013~2018年，在上缴国家的利润中，EDF的贡献均在50%以上，而EDF的分红率也在50%及以上。

表7-3 法国国企分红统计

单位：亿欧元，%

年份	现金分红	股票分红	合计	EDF上缴利润	EDF分红率
2006	29		29		
2007	48		48		
2008	56		56		
2009	33	22	55		
2010	43	1	44		
2011	44		44	21	60
2012	32	14	46	23	55
2013	43	2	45	23	57
2014	41		41	25	52
2015	30	9	39	27	56

① 根据《国家股东报告2015~2016》，2015年，由于价格下跌，而且面临新的环境规制，法国电力集团（EDF）决定实行一项新的计划（CAP2030），通过投资可再生能源、提供能源服务、分配网络和核能，试图巩固其在世界范围内的低碳电能供应商的领导者地位。为了支持公司转型，法国政府继而决定从2015年起连续三年收取股票红利而非现金红利。与之类似，2002年，法国电信遭受巨大损失，当年就没有分红。

续表

年份	现金分红	股票分红	合计	EDF 上缴利润	EDF 分红率
2016	18	17	35	25	60
2017	15	13	28	17	60
2018	18	6	24	13	50

注：现金分红和股票分红是指国家从国企获得的现金分红和股票分红，合计是指两者合计，EDF 上缴利润是指 EDF 上缴国家的利润，即 EDF 向国家的分红，EDF 分红率 = EDF 向所有股东的分红/EDF 净利润。

资料来源：法国历年国家股东报告（Annual Report APE）和 EDF 历年年报。

2. 法国国企利润再分配制度

国有企业获得的保留利润，在国家引导下进行再分配。每年确定国有企业的分红水平时，国家会充分考虑到国有企业未来的投资需求，通过"以支定收"的模式对国有企业的保留利润再投资进行分析。法国特别重视国企投资计划的长期性和战略性，重视企业的战略转型，国企产生这样的投资需求和政府相应的分红安排，除了出于对国企长远发展自身的考虑，更为重要的是，受到了国家战略的影响和支配。

国家获得的分红收益大多进入公共财政，但是法国政府也在尝试创新投资等其他形式的利润再分配。2018 年，法国成立了创新与产业基金（Innovation and Industry Fund），政府将原本由股东持有的价值 100 亿欧元的上市企业国有股权划转至该基金，其中包括法国电力集团 25.7% 的股份和泰雷兹集团（Thales）12.8% 的股份，截至 2019 年 6 月，两者的市场价值分别为 43 亿欧元和 60 亿欧元。创新与产业基金的收入并不会转入公共财政，而是投资创新活动，特别是技术含量较高的初创企业和中小企业，以及进行突破性创新技术研发的企业。

7.2.3 英国

当前，英国的国有企业分别归中央政府、委任政府和地方政府所有。根据有关资料，截至 2017 年，英国政府通过全资、控股和参股等方式拥有 303 家国有企业，按照雇佣人数排名，苏格兰皇家银行、英格兰公路公司、NHS 物业服务公司等企业排名前 10，这 10 家国有企业雇用的员工数量超过 10 万名，收入超过 170 亿英镑（Rhodes et al. , 2018）。在属于中央政府的国有企业中，英国通过政府投资有限公司（UK Government Investments，UKGI）负责管理部分国有企业。2016 年之前，隶属于英国商业、创新与技能部（Department for Business, Innovation and Skills, BIS）的股东委员会（Shareholder Executive，ShEx）负责管理 25 家国有企业。2016 年 4 月，ShEx 与英国金融投资有限公司（UK Financial Investments Limited，UKFI）一起并入新组建的 UKGI，UKGI 直接隶属于英国财政部，同时，UKFI 与 UKGI 保持相对独立。UKFI 主要负责管理苏格兰皇家银行（Royal Bank of Scotland Group，RBS）、劳埃德银行（Lloyds Banking Group，Lloyds Bank）、英国资产处置有限公司（UK Asset Resolution Ltd，UKAR）等国有金融机构，① 但是这只是一种过渡性安排，在长期内，UKFI 仍然致力于去国有化，将这些银行资产重新交到私人投资者手中。② 随后，Lloyds Bank 等金融机构完成私有化，而 RBS 仍然是国有企业，UKFI 将剩余业务和资产转入 UKGI，UKFI 于 2018 年 3 月正式解散。当前，UKGI 负责管理 16 家国有企业，这些企业总共雇用了 5 万名员工，每年收入在 70 亿英镑左右，总资产接近 1550 亿英镑。

1. 英国国企利润初次分配制度

英国国企分红制度可概括为如下几个方面。第一，营利性国企才进行分红，非营利性国企不进行分红。比如，开发投资机构 CDC 和英国破产管理局（Insolvency Service）等 7 家国企，属于非营利性国企，不能用收入和利润来测度绩效，因而不能用利润和分红等标准来要求这些国有企

---

① 2008～2009 年金融危机期间，Lloyds Bank 总共收到英国政府 455.3 亿英镑的紧急援救，国家持有 72% 的股份；2009 年，英国政府为救助 Lloyds Bank，投入了约 200 亿英镑的资金，成为 Lloyds Bank 的大股东之一，Lloyds Bank 也由一家私营银行变为一家"半国有化"银行；英国资产处置有限公司（UKAR）于 2010 年 10 月 1 日成立，旨在促进对 Bradford&Bingley 和 NRAM 的封闭型抵押贷款（Closed Mortgage Books）进行有序管理。

② UKFI（UK Financial Investments Limited），"Annual Report and Accounts 2016/17，" 2017, p. 13.

业。第二，没有对营利性国企采用"一刀切"的分红政策。从总额上看，营利性国企上缴比例较高，2014～2015 年，国企向国家发放股利共 2.9 亿英镑，国企利润的 49% 上缴国家，而并非所有的国企都由国家 100% 持股，如果考虑国企对其他股东的分红，那么国企平均分红率达到 88%；从分红国企的分布情况来看，只有英国土地注册局（Land Registry）、核燃料公司 Urenco 等 8 家国企发放了股利，并且这 8 家国企的分红率的差异较大，英国地形测量局（Ordnance Survey）的分红率为 78%，皇家邮政（Royal Mail）仅为 2%（见表 7－4）。此外，RBS（现已改名为 NatWest Group）仍然属于国有企业，2018 年开始分红，2018 年和 2019 年的分红率分别为 93% 和 54%。

表 7－4　英国部分国企分红统计

单位：百万英镑，%

国有企业	上缴国家的利润		上缴国家利润比例		分红率	
	2013～2014 年	2014～2015 年	2013～2014 年	2014～2015 年	2013～2014 年	2014～2015 年
Royal Mail	0	1	0	1	0	2
Channel 4	0	0	0	0	0	0
NATS	30	38	37	34	76	69
Urenco	76	91	47	52	143	158
Land Registry	127	119	93	331	93	331
Royal Mint	4	4	57	33	57	33
Met Office	10	9	86	71	86	71
Ordnance Survey	19	21	69	78	69	78
NNL	0	0	0	0	0	0
Companies House	4	4	63	63	63	63
Working Links	0	0	0	0	0	0
UK Green Investment Bank	0	0	0	0	0	0
British Business Bank	0	0	0	0	0	0
均值	21	22	44	49	74	88

注：上缴国家利润比例 = 国企上缴国家的利润/国企营业利润，分红率 = 国企分红/国企营业利润，上缴国家利润比例均值 = 国企上缴国家的利润之和/国企营业利润之和，分红率均值 = 国企分红之和/国企营业利润之和；在属于 ShEx 的 25 家国有企业中，只统计了 13 家，不包括 CDC、Insolvency Service、LCR、NDA、NLF、Post Oiffce 和 UKEF 7 家非营利性国企，并且由于中途出售、公共机构转型为国有企业等原因，也不包括 Network Rail、Highways England、ESC、LCCC 和 Eurostar 5 家企业。

资料来源：Shareholder Executive Annual Review 2014－15。

在过渡期间，RBS 和 Lloyds Bank 需要支付特殊红利。在 RBS 和 Lloyds Bank 接受政府的救助时，两家银行与财政部签订了红利通道股份（Dividend Access Share，DAS）协议。根据这份协议，RBS 于 2014 年和 2016 年分别支付 3.2 亿英镑和 11.93 亿英镑红利后，DAS 才可以完全退出，而在 Lloyds Bank 支付了 4.02 亿英镑红利后，DAS 也得以完全退出。就 UKFI 本身而言，却是不一样的情形。UKFI 的使命，只是在 RBS 和 Lloyds Bank 等遇到严重危机时，通过进行国有化过渡，最终完成这些银行的重新私有化，在过渡期间，UKFI 并不会赚取利润，也没有计划进行股东分红。[①]

2. 英国国企利润再分配制度

国企获得的保留利润，在财政部、UKGI 和 UKFI 等机构的引导下进行再分配。财政部和 UKGI 的主管机构的重要职责就是看管国有资产。为做到这一点，这些主管机构拥有国企董事成员建议权，甚至是代表政府担任董事的权利；由于政策、股东和消费者等多种原因，政府具有特殊的利益，主管机构需要协调政府与国企之间的利益，建议相关部门是否同意国企的商业计划，确保国企与政府等相关部门的目标一致，国企的保留利润，自然也需要在主管机构的协调下支配以符合公共政策和公共利益。除此之外也存在特殊情形，比如，2014 年，英国铁路网公司（Network Rail）被重新划分为公共部门机构（Public Sector Body），从而有权将收入和利润再投资于铁路。UKFI 管理下的几大银行机构将部分留存于国企的利润用于再投资，以改善银行状况。2009 年，政府投资于 RBS 和 Lloyds Bank 的优先股转成了普通股，[②] 优先股的分红和赎回资金全部折合成了政府普通股投资，实际上就是危急关头的一种利润再投资安排。

国家获得的分红收益直接进入公共财政。总体上，在国企私有化的趋

---

①　UKFI（UK Financial Investments Limited），"Annual Report and Accounts 2016/17," 2017，p. 71.

②　UKFI（UK Financial Investments Limited），"Annual Report and Accounts 2016/17," 2017，pp. 22，27.

势下，尚未国有化的企业基本都是盈利能力较低的企业，比如，2014～2015 财年，由 ShEx 管理的国有企业，总共向国家发放股利 2.9 亿英镑，同年，英国政府的公共财政收入为 6680 亿英镑，公共财政支出为 7610 亿英镑，国企股利不到公共收入和支出规模的 0.1%，相对规模较小。

7.2.4 瑞典

当前，瑞典企业与创新部（Ministry of Enterprise and Innovation, MEI）负责管理所有国有企业。在瑞典，国家是一类重要的公司股东，经过议会授权，MEI 负责管理国有全资企业和国有参股企业。国有全资企业适用于国家所有权政策，国有参股企业适用于所有权政策，并且，在公司法面前，国企和私企完全平等，都需要遵守外部财务报告准则，国有企业要提升透明化程度，从而增强公众和商业团体的信心。在 MEI 看来，积极的国家所有权政策（Active Ownership）包括六个维度：投资团队合作、出任公司董事、任命董事、透明要求、股东会议持续对话、目标与追踪。2018 年，MEI 负责管理的国企数量为 46 家，大部分企业能够盈利，这些企业总共雇用了 13.1 万名员工，销售额达到 3860 亿克朗[1]，税后利润达到 389 亿克朗。

1. 瑞典国企利润初次分配制度

按照是否有公共政策任务，瑞典国企大体可以分为两类：有公共政策任务的国有企业不需要分红，可能获得国家拨款。没有公共政策任务的国有企业则需要分红，而且无法获得国家拨款。对于需要分红的国企来说，则采用适应性分红政策（Adapted Dividend Policy），从而确保国家获得可预期和可持续的红利。如果一个公司拥有诱人的投资机会，期望收益能够超过资本成本，那么就可能会被允许把保留利润用于再投资，在这个时候，相对于直接分红，公司价值增值更能够使国家获益。因此，分红政策主要取决于对公司投资计划和增长可能性

---

[1] 在关于瑞典的分析中，克朗是指瑞典克朗。

的深入分析，只要预期收益超过资本成本，即使没有达到所有者的利润目标，也应该进行投资。分红政策通常表示为当年净利润的比例，并且通常是一个区间。①

瑞典国企分红统计如表7-5所示。2003～2018年，瑞典国企上缴国家的利润达到了3736亿克朗，平均每年为234亿克朗，这些上缴给国家的利润在国企净利润中的比例达到69%，也即在考察区间内，国企将69%的净利润上缴国家。由于在一些国有企业中，国家只是控股或者参股，因此，在计算国企分红率时，需要考虑到国企对非国家股东的分红，并且由于部分国企存在亏损，部分国企即使盈利也不进行分红，我们进行了两种范围的考察：当考察对象是全部国有企业时，国企分红率的平均值为83%；当考察对象只是进行了分红的国有企业时，国企分红率的平均值为62%。实际上，瑞典国企分红非常集中，比如，2018年，在总共46家国企中，22家发放了红利，博彩公司Svenska Spel向国家分红45亿克朗，特利亚电信（Telia Company）向国家分红38亿克朗，矿业公司LKAB向国家分红32亿克朗，跨国电力公司Vattenfall向国家分红20亿克朗，投资和管理公司Akademiska Hus向国家分红17亿克朗，这五家国有企业上缴给国家的分红达到了国家所获总分红的75%。②

表7-5 瑞典国企分红统计

单位：亿克朗，%

年份	上缴国家的利润	上缴国家利润比例	分红率1	分红率2
2003	125	57	60	50
2004	172	54	56	52
2005	265	50	56	56
2006	371	67	84	82
2007	313	59	68	64
2008	218	49	58	46

① （Sweden）"Annual Report State-owned Enterprises 2015", p.15.
② （Sweden）"Annual Report State-owned Enterprises 2018," p.34.

续表

年份	上缴国家的利润	上缴国家利润比例	分红率 1	分红率 2
2009	211	61	71	52
2010	385	69	73	62
2011	278	67	82	63
2012	267	55	67	53
2013	177	124	180	70
2014	263	159	160	75
2015	154	− 963	− 1472	83
2016	136	− 289	− 405	71
2017	202	53	69	59
2018	199	51	67	64
均值	234	69	83	62

注：上缴国家的利润是指国家从国企获得的利润之和，上缴国家利润比例＝上缴国家的利润之和/国企净利润之和，分红率 1＝国企总分红之和/国企净利润之和，分红率 2 只统计了当年进行了分红的国企，分红率 2＝分红国企的分红之和/分红国企的净利润之和；2013 年和 2014 年，国企发放的红利之和超过了净利润之和，导致上缴国家利润比例和分红率 1 都大于 100%；2015年和 2016 年，部分国企亏损导致净利润之和为负值，但是由于一些国企盈利并且进行了较多的分红，最终导致上缴国家利润比例和分红率 1 小于 0。

资料来源：（Sweden）Annual Report State – owned Enterprises。

2. 瑞典国企利润再分配制度

国企获得的保留利润由国企在国家引导下支配。在确定分红目标时，会设定一个范围，这就使国企能够保留一定比例的利润。只要国企的投资计划能够更好地体现长期性和可持续性，或者符合公共政策导向，并且能够说明该投资的预期收益大于资本成本，国企就会获得更多利润，而这些利润之所以保留，就是因为用于这些长期投资计划。并且，MEI 可以担任国企董事或者任命公司董事，进行详细的包括利润和分红等目标在内的财务目标考核，这些机制可以保证利润再投资体现国家意志。可以看出，瑞典国企保留的利润需要在政府的引导下支配。

国家获得的分红收益，直接进入公共财政，按照公共财政预算统一支配。2003～2018 年，国家从国企收到红利总共为 3736 亿克朗，2018 年为

199 亿克朗，而 2018 年瑞典中央政府收入达到 1 万亿克朗，支出为 9920 亿克朗，国企分红在中央政府收入和支出中的比例都为 2%。虽然这个比例较低，但高于法国并远高于英国，国企上缴红利为中央财政做出了贡献。

7.2.5　芬兰

当前，芬兰总理办公室（Prime Minister's Office）和其他部门直接或间接管理所有国有企业。截至 2016 年，芬兰拥有 67 家国有企业，其中，39 家为营利性企业，28 家为特别任务企业（Special Assignment Companies）。在营利性企业中，包括 20 家财务利益（Financial Interest）企业和 19 家战略利益（Strategic Interest）企业。财务利益企业中，12 家企业由总理办公室通过国家投资公司（Solidium Oy）间接行使所有权；8 家企业由总理办公室通过 2016 年成立的国家商业发展公司（Vake Oy）间接行使所有权，2016 年之后开始了所有权的正式划转。战略利益企业由总理办公室直接行使所有权。在特别任务企业中，8 家企业由总理办公室直接行使所有权，其余 20 家企业由其他部门行使所有权。

1. 芬兰国企利润初次分配制度

芬兰国企实施积极的分红政策。根据 2016 年通过的国家所有权政策政府决议（Government Resolution on State-ownership Policy），国企分红额度和分红政策对于国家来说至关重要，国家实施积极的分红政策，同时考虑公司融资需求和股东利益，分红水平应该尽可能在长期内保持相对稳定，并且与部门其他类似企业接近，使企业保持大体相同的净杠杆水平。[①] 根据芬兰 2016 年通过的 Solidium 治理操作指南（Operational Guidelines Governing Solidium），Solidium Oy 收到的国企分红，必须全部转交给国家，这样才能促进进行有效的低成本管理；而出售股票得到的资

[①]　"Government Resolution on State-ownership Policy," 2016, p. 17.

金，则主要用于新增投资或者增持股份。[①]

芬兰国企分红统计如表 7-6 所示。2010～2016 年，国企向国家上缴的利润总体较为稳定，累计上缴利润为 92 亿欧元，平均每年为 13 亿欧元，上缴国家的利润在税前利润中的比例为 42%，考虑到从 2010 年开始，芬兰企业所得税税率调整为 19%，因此，可以粗略估计净利润，从而计算出上缴国家利润在净利润中的比例为 52%。2015 年，上缴国家利润比例最高，税前利润仅为 8 亿欧元，但上缴国家的利润达到 15 亿欧元，上缴国家利润是税前利润的 188%，是净利润的 231%；2011 年，上缴国家的利润比例最低，税前利润为 41 亿欧元，上缴国家的利润为 12 亿欧元，上缴国家利润是税前利润的 29%，是净利润的 36%。

表 7-6　芬兰国企分红统计

单位：亿欧元，%

年份	税前利润	上缴国家的利润	上缴国家利润比例 1	上缴国家利润比例 2
2010	5	9	174	215
2011	41	12	29	36
2012	44	13	30	37
2013	49	14	28	34
2014	51	17	34	42
2015	8	15	188	231
2016	18	12	66	82
均值	31	13	42	52

注：上缴国家利润比例 1 = 上缴国家的利润/税前利润，上缴国家利润比例 2 = 上缴国家的利润/净利润，净利润 = 税前利润 × （1 - 19%），所得税税率为 19%。

资料来源：（Finland）Government Ownership Steering Annual Report，此报告在 2017 年之后不再发布，所以数据截至 2016 年。

---

① "Operational Guidelines Governing Solidium,"2016, p.3.

2.芬兰国企利润再分配制度

国企获得的保留利润由国企在国家引导下支配。在确定分红水平时，就考虑了企业的融资需求和股东利益，分红水平需要保持与行业平均水平大体相同，且应在长期内保持相对稳定。这些做法说明国企保留利润的用途将遵循行业的普遍准则和符合企业的长远利益，这与国家推动企业价值长期增长的目标一致。根据 Solidium 治理操作指南，如果国家认为有正当理由给 Solidium 安排投资或其他任务，而 Solidium 董事会认为理由不够充分，则国家具体履行出资人责任的部门需要组织召开股东大会，以经济政策部门委员会通过的政策为依据，决定是否需要接受任务。[①] 这说明，企业保留利润的用途，将在国家意志和企业选择之间实现某种平衡。

国家获得的分红收益直接进入公共财政，按照公共财政预算统一支配。2016 年，国企向国家上缴红利 12 亿欧元，而同期中央、地方等政府财政收入合计为 684 亿欧元，国企上缴红利占政府收入的 1.8%，为政府财政做出了重要贡献。在政府收入预算中，在其他收入栏目中，专门设置了红利栏目，红利收入与税收等其他收入一起用于政府预算支出。2016 年，政府预算支出为 684 亿欧元，前五大支出项目分别是社会安全福利、给公共企业的补贴、多种其他开支、给私营企业的补贴和社会救助福利，占总开支的比例分别为 40.2%、14.1%、8.0%、7.8% 和 4.7%。

7.2.6　新西兰

当前，新西兰商业运营集团（Commercial Operations Group，COG）负责管理所有国有企业。2014 年，财政部成立了商业运营咨询委员会（Commercial Operations Advisory Board），支持包括 COG 在内的机构展开工作，致力于将 COG 打造为一个商业专长和商业实践中心，负责管理王国的商业资产（The Crown's Portfolio of Commercial Entities）。截至 2012 年 6

---

① "Operational Guidelines Governing Solidium," 2016, p. 1.

月，COG 管理的国有企业数量达到 44 家，总共雇用了大约 3.5 万名员工，总资产超过 1020 亿美元。

1. 新西兰国企利润初次分配制度

新西兰希望将国企利润用于最重要的领域，因此在"分红还是再投资"这个问题上谨慎地进行权衡取舍。如果国企当年选择分红，则国家获得当期报酬；如果国企当年选择再投资，则国家获得未来报酬。对"分红还是再投资"的权衡取舍，实际上是对"获得当期报酬和未来报酬"的权衡取舍。2002~2011 年，12 家商业优先国企的税后利润为 50 亿美元，分红为 45 亿美元，分红率达到 90%。2002~2004 年，分红率为 46%；2009~2011 年，分红率为 485%。如果剔除极值，2002~2004 年分红率为 41%，2009~2011 分红率为 79%（见表 7-7）。可以看出，新西兰国企分红率较高，不同国企分红率差异较大。

表 7-7　新西兰国企分红统计

单位：亿美元，%

时间	净利润	红利	分红率 1	分红率 2
2002~2004 年	4	2	46	41
2009~2011 年	5	24	485	79
2002~2011 年	50	45	90	

注：分红率 1 = 12 家国企分红之和/净利润之和；分红率 2 = 10 家国企分红之和/净利润之和，剔除 Meridian 和 ACP 两家分红率较高的国企，纳入统计范围的是 12 家商业优先国有企业（Commercial Priority SOEs），包括 4 家能源国有企业（Mighty River Power, Genesis, Meridian, Solid Energy）和 8 家非能源国有企业（Animal Control Products, Airways, AsureQuality, Landcorp, Learning Media, MetService, Kordia, Quotable Value）。2002 年表示 2002~2003 财年，其余年份的表示类似。

资料来源：Annual Portfolio Report（APR）2012，数据区间为 2002~2011 年，即 2002~2003 财年到 2011~2012 财年。

2. 新西兰国企利润再分配制度

国企获得的保留利润主要用于购买固定资产。具体而言，部分保留利润将用于对现有资产的维修和更新，其余部分用于购买新资产和新设备。仍然应该注意到，在确定分红比例时，国家就考虑了国企的投资需要，如果确实有好的投资机会，那么国家将分配较少的利润，从而让国企保留较多的利润，以支持国企对资金的需求，那么这笔保留利润，将按照国企的计划，用于事先商定的用途。

国家获得的分红收益直接进入公共财政，按照公共财政预算统一支配。根据新西兰政府预算，政府收入分为税收收入和其他主权收入（Other Sovereign Revenue），其他主权收入主要是商品和服务的出售、利息和分红等收入，比如，2015～2017 年，利息和分红分别为 35 亿美元、41 亿美元和 43 亿美元，表明国企分红直接进入公共财政。2012 年，国家从国企获得红利 5 亿美元，同年，政府财政支出为 696 亿美元，国企红利占财政支出的比重仅为 0.7%，就规模而言相对较小。

7.2.7　新加坡

当前，新加坡通过淡马锡控股私人有限公司（Temasek Holdings Private Limited，以下简称淡马锡）控股或参股众多企业。淡马锡成立于 1974 年 6 月 25 日，新加坡财政部长拥有 100% 股权。[①] 在股权的实现层面，淡马锡董事会成员的任免须获得总统的同意，并且，董事会对首席执行官的任免也必须获得总统的同意，总统可独立而不是必须接受内阁建议来决定是否同意任免。截至 2019 年 3 月 31 日，淡马锡的投资组合净值为 3130 亿新元（相当于 2310 亿美元），10 年期的股东年均回报率为 9%，而自 1974 年以来的股东年均回报率为 15%。在其投资组合净值中，66% 分布在亚洲，其中，新加坡和中国的占比较高，均达到 26%。

1. 新加坡国企利润初次分配制度

当前，淡马锡的利润初次分配已经纳入国家储备净投资回报（Net Investment Returns，NIR）框架。旧的净投资收益（Net Investment Income，NII）框架只允许政府使用淡马锡、金融管理局和新加坡政府投资公司这

[①]　根据《新加坡财政部长（成立）法》（第 183 章），"财政部长"为法人团体。见《淡马锡年度报告概览 2019》，第 39 页。

三家政府投资机构的实际投资收益。2009 年，NIR 框架开始实施，该框架允许政府使用这些机构所管理净资产的预期长期实际回报，包括已实现和未实现的资本回报。NIR 框架实施之初，只纳入金融管理局和新加坡政府投资公司，2016 年纳入淡马锡。利润一部分以股息的形式持续派发给股东，另一部分作为保留利润用于再投资，同时兼顾保护淡马锡过去所累积的储备金的宪法责任。2009 ~ 2015 年，通过三家政府投资机构，国家储备净投资回报年均贡献为 70 亿 ~ 90 亿新元。对于投资组合公司或者说下属公司，淡马锡倡导先进的公司治理，其股利分配由下属公司的董事会和管理层决定。

同时，新加坡采用多种制衡机制避免政府过度支出，用于政府支出的比例不超过预期长期实际回报的 50%。新加坡金融管理局董事会主席尚达曼概括了 NIR 框架的五大制衡机制：第一，进入预算的部分不能超过实际回报的 50%，较高比例的保留利润将保护和提高国家储备金规模；第二，按照实际回报而非名义回报开销，确保支出额度不会受到通货膨胀的影响；第三，框架只计算净投资回报而非全部投资回报，这意味着政府开销所依据的回报已经扣除了贷款利息支出；第四，框架采用的是长期投资回报而非短期投资回报，从而避免支出额度剧烈波动；第五，实际长期回报的确定严格按照既定程序进行，确保预期回报在长期内较为稳定且较符合实际情况。

2. 新加坡国企利润再分配制度

国企获得的保留利润主要用于丰富投资组合。当前，淡马锡继续从更长远角度平衡投资组合，在适应新兴趋势的同时兼顾商业与社会需求，投资数字化经济，关注不断增长的中产阶级需求，满足老龄化社会对医疗保健的需要。2019 年，淡马锡主要投资数字信息技术、非金融服务和生命科学等领域，合计投资为 240 亿新元。支持这些投资的资金除了涉及淡马锡债券、淡马锡欧元商业票据等外部融资渠道之外，自然也包括自身的保留利润。

国家获得的分红收益，向能够增强国家长期竞争力的计划倾斜。比如，总理李显龙就指出，这笔额外的钱应该用于能够增强新加坡长期竞争力的计划上，例如，改善基础设施、提升教育水平、加强研发、减少直接税等。这笔钱也用于加强对年长一代的帮助和支持。2014年，国家储备金投资回报被用于建国一代配套项目，大约45万名老人享受到了门诊护理、终身健保计划、保健储蓄户头填补、残疾人士援助计划等福利。[①]

7.3　国外国企利润分配制度评述

通过分析挪威、法国、英国、瑞典、芬兰、新西兰和新加坡七个国家的国企利润分配制度，我们可以总结这些国家国企利润分配制度的共同特征。

1. 各国国企分红制度皆需权衡"利润红利化"和"利润资本化"

一方面，国家是国企股东，股东需要报酬，因此要将利润用于发放红利；另一方面，国家需要发展，发展需要资金，因此要将利润用于再投资。利润总是有限的，因此需要权衡好"分红还是再投资"。各国政府对国企的分红要求有如下特征：第一，预期性、长期性和稳定性，基于对未来3~5年的预期，确定未来各年分红水平，各年分红水平相对稳定，不受经营状况的影响；第二，比率即分红率，分红预期体现为相对水平而非绝对水平；第三，考虑竞争对手和生命周期等因素，调整分红水平；第四，分红率较高，各国国企分红率大多为40%~60%。

2. 公益性国企的分红预期低于营利性国企

营利性国企基本按照市场原则运作，公益性国企则需要承担更多的国家任务和社会责任，公益性国企的盈利能力远低于营利性国企。因此，各国通行的做法是将国企按照营利性和公益性分类，进而在分红政策上体现出这种分类差别，比如，挪威就将国有企业分为营利性国企和公益性国企，并且对营利性国企进行再细分，公益性国企的分红率远低于营利性国

---

① 这些老人需要符合两个条件：第一，在1949年12月31日或之前出生；第二，在1986年12月31日或之前成为新加坡公民。

企；瑞典将国有企业分为有公共政策任务的国有企业和没有公共政策任务的国有企业，有公共政策任务的国企不仅不需要分红，而且可以获得国家拨款；芬兰则将国企分为营利性企业和特别任务企业等，进而在股东利益和分红预期上体现出差别。

3. 各国均通过协商机制实现国家的分红预期

"分红还是再投资"的冲突，反映了国家和国企两个主体之间的利益冲突，各国采用"协商机制"解决这种冲突。这种协调机制的基础是完整的生产资料所有权或者产权，在此基础上形成了一系列有效的协调机制。第一，人事权。国家保留对国企董事会甚至是总经理的最终任免或者同意权，如果董事会是由公司议会等其他组织产生的，那么国家将保留对这种组织成员的提名权。第二，会议协调。国家通过与董事会的一对一或多对多的定期会议，让国企了解国家的分红预期，也让国家了解国企的投资计划和融资需求。第三，鼓励董事会成员关心公众利益。在任免董事会成员时，特别考察候选人对公众利益的关心程度。

4. 国企获得的保留利润在国家的引导下进行"利润资本化"

国企获得的保留利润是"利润资本化"的重要资金来源，是影响国企长期竞争力的关键因素。对于符合长期分红预期而形成的保留利润，国家的分红的引导性体现为国家对国企和投资的引导性，这是一种间接引导；对于不符合长期分红预期，由于国家特殊投资需要而形成的保留利润，国家对分红的引导性体现为国家对国企的投资引导性，这是一种间接引导；对于不符合长期分红预期，由于国家特殊投资需要而形成的保留利润，国家对分红的引导性体现为对分红的直接引导；国企需要领会和执行国家投资战略，对于企业特殊投资需求而形成的保留利润，国家对分红的引导性体现为对分红的直接引导；国企需要在与国家的分红协商中，说明企业的投资需求的必要性并获得国家的同意。

5. 国家获得的分红收益主要有两种分配方式：一是通过公共预算实现"利润民生化"；二是通过投资基金和主权基金等方式实现"利润资本化"

对于部分国家来说，国企分红将直接进入公共预算，由于国企规模相对有限，国企分红占公共预算收入的比重也相对有限。按照政府公共预算支出规则，绝大部分收入将用于社会保障、健康医疗等民生领域，从而实现"利润民生化"。对于挪威、法国和新加坡等国来说，或者设立投资基金，在经过一系列的程序之后，将国企分红注入这些投资基金，进行广泛的国内外投资；或者经过特别预算，将国企分红用于教育培训、产业发展等能够增强国家长期竞争力的领域，从而实现"利润资本化"。

7.4 本章小结

关于国有资本经营预算改革，还有一些重要问题需要研究。比如，从利润初次分配角度来看，国有企业在未来应该上缴多少利润？从利润再分配角度来看，对国有企业上缴利润的使用是否还有其他可供借鉴的方式和模式？要回答这些问题，研究国外国企的现行利润分配制度毫无疑问具有重要借鉴意义。我们将挪威、法国、英国、瑞典、芬兰、新西兰和新加坡七个国家的国有企业作为分析对象，从利润初次分配和利润再分配两个维度考察这些国家的国企利润初次分配制度和国企利润再分配制度，发现如下共同特征。各国国企分红制度皆需权衡"利润红利化"和"利润资本化"，国企分红率普遍满足预期性、长期性和稳定性要求，公益性国企的分红水平远低于营利性国企，各国均通过协商机制实现国家的分红预期。对于国企获得的保留利润，在国家的引导下，实现"利润资本化"。国企上缴的利润主要有两种使用方式：一是通过公共财政预算实现"利润民生化"；二是通过投资基金和主权基金等方式而被用于生产性支出，进而完成特殊的"利润资本化"。

第8章
国有企业利润分配制度改革的政策建议

以前面的理论分析和经验研究为依据，本章提出有关国有企业利润分配制度改革的政策建议，具体包括总体思路、政策重点和保障措施三个方面。

8.1 国有企业利润分配制度改革的总体思路

国有企业利润分配制度改革的总体思路可概括为"两条腿走路"：一方面，协调推进生产资料所有权改革和国企利润初次分配制度改革；另一方面，统筹推进国企利润初次分配制度改革和再分配制度改革。这两个方面相互促进、相互影响，要把握平衡、统筹协调。

8.1.1 协调推进生产资料所有权改革和国企利润初次分配制度改革

我们发现，只有当生产资料所有权与利润控制权相匹配时，国企利润分配制度改革才能提升积累效率，才能同时实现国企做大做强和全民利润共享，因此需要协调推进生产资料所有权改革和国企利润初次分配制度改革。党的十九大报告提出，"要完善各类国有资产管理体制，改革国有资本授权经营体制"，"深化国有企业改革，发展混合所有制经济"。国企生产资料所有权的形式包括国有国营、国有国控、产权多元化等（中国宏观经济分析与预测课题组，2017）。国有国营形式是指传统的未经股份制改造由政府直接经营的国有生产资料所有权形式，这种类型的企业提供的产品一般是公共产品、准公共产品或者公益产品，政府通过"管企业"或者"管企业"和"管资产"相结合的模式管理国有企业，我们称这种类型的企业为公益性国企。国有国控形式是指经过股份制改造后政府明显占控制地位的国有生产资料所有权形式，这种类型的企业提供的产品一般是垄断性的私人产品，政府通过"管资产"或者"管资产"和"管资本"相结合的模式管理国有企业，我们称这种类型的企业为垄断性国企。产权多元化形式是指经过股份制改造后政府无明显控制地位且国有产权可转让的国有生产资料所有权形式，这种类型的企业提供的产品一般是竞争性的私人产品，政府通过"管资产"的模式管理国有企业，我们称这种类型的企业为竞争性国企。

生产资料所有权形式决定具体的国企利润分配制度改革模式。按照我们的逻辑，需要联系生产资料所有权形式思考国企利润分配制度改革模式。在国有国营企业即公益性国企中，政府直接拥有经营权，因此应由履行出资人职责的机构直接做出利润分配决策，并且由于这些企业主要提供公共产品或者公益产品，普遍需要国家补贴，利润水平普遍较低，因此分红规模应该较小，分红比例应该较低。在国有国控企业即垄断性国企中，政府居于控股股东地位，因此应由履行出资人职责的机构主导董事会做出利润分配决策，并且由于这些企业主要提供垄断性的私人产品，普遍具有较强的盈利能力，利润水平普遍较高，因此分红规模应该较大，分红比例应该较高。在产权多元化企业即竞争性国企中，履行出资人职责的机构只是众多股东之一，因此应由董事会做出利润分配决策，并且由于这些企业主要提供竞争性的私人产品，普遍具有一定的盈利能力，利润水平接近行业平均水平，因此分红规模和分红比例也应该接近行业平均水平。

8.1.2　统筹推进国企利润初次分配制度改革和再分配制度改革

统筹推进国企利润初次分配制度改革和再分配制度改革。第一，统筹推进国有资本经营收入预算制度改革和支出预算制度改革。国有资本经营收入预算制度改革方面，尽快实现所有国有企业的全覆盖，根据长期预期实际回报，确定长期利润上缴比例。国有资本经营支出预算制度改革方面，提高国有资本经营支出预算中用于民生支出的比例，加强国有资本经营支出预算与公共财政预算的衔接，避免重复交叉，提高预算效率，探索通过建立专业性投资基金、专款专用等方式使用国企上缴利润，创新国有资本经营支出预算制度。第二，统筹推进国企保留利润制度改革和保留利润再分配制度改革。国企保留利润制度改革方面，规范国企保留利润制度，完善法定公积金制度，研究其他保留利润项目的必要性。国企保留利润再分配制度改革方面，根据生产资料所有权形式确定保留利润再分配的决策主体，无论何种形式的保留利润再分配，政府都可进行一定程度的事先规划引导。第三，统筹推进国企其他利润初次分配制度改革和再分配制度改革。落实和加强对新技术、新产品、新工艺的研究开发费用的加计扣除，鼓励和支持国有企业将更多利润用于进行研发创新。

确保国企利润初次分配制度和再分配制度有效衔接。第一，确保国有资本经营收入预算制度和支出预算制度有效衔接。将所有国有企业纳入预算范围，提高利润上缴基数，同时提高国有资本经营支出预算中生产性支出的效率，不断提高用于民生支出的比例。当前，国企仍然需要不断推进体制机制改革，也需要在战略控制、国际竞争等领域发挥重要的作用，因此仍然需要安排相应比例的资金用于作为生产性支出以促进国企自身改革和发展，符合规定的国有企业可以申请使用这些资金，但是需要履行出资人职责的机构详细说明生产性支出的基本用途，包括支出思路、支出形式、重点产业、重点领域和重点项目等关键内容。另外，应规定国有企业申请使用该资金的基本要求和详细流程，并向相应层级人大常委会汇报这些资金的详细去向，国有企业和行业的利润转移规模不能超过这些企业和行业本身利润的特定比例，同时，应注意培育和发展这些企业和行业的内生能力。第二，确保国企保留利润制度和保留利润再分配制度有效衔接。在调整保留利润比例时，采用契约、纪要等规范形式详细说明重新调整保留利润规模和比例的逻辑、保留利润再分配的预期去向和预期效果，并以此为基础加强对保留利润再分配的监督和考核。第三，确保国企其他利润初次分配制度和再分配制度有效衔接。在进行技术创新相关研究开发费用的加计扣除时，要加强审计以确保国企利润确实用于研发创新。

8.2 国有企业利润分配制度改革的政策重点

国有企业国有资本经营预算的政策重点可概括为"分类推进，紧密联动，动态调整"。分类推进主要基于公益性国企、垄断性国企和竞争性国企等不同类型的国企的国有资本经营预算制度存在差异。紧密联动是指不仅要推进国有资本经营收入预算改革，而且要推进国有资本经营支出预算改革，也要实现收入预算改革和支出预算改革紧密联动。动态调整是指国有资本经营的收入预算目标和支出预算结构需要在长期内进行动态调整。中央国有资本经营预算的政策重点可概括为"不断完善，相对独立"，是指既要完善中央国有（非金融）资本经营预算制度，建立和完善中央国有金融资本经营预算制度，还要保持两种预算的相对独立。

8.2.1 推进国有资本经营预算的分类改革

第一，完善公益性国企的国有资本经营预算制度。根据生产资料所有权形式确定利润初次分配决策主体，公益性国企采用国有国营的所有权形式，政府直接拥有和管理企业，做出利润分配决策。通过定期会议、年度会议等形式，履行出资人职责的机构与国企负责人进行协商，落实政府的分红预期。公益性国企的产品具有公共性和公益性，长期预期的实际利润水平较低甚至亏损，因此，长期分红水平应该较低，在三类国企中应该处于最低水平。第二，完善垄断性国企的国有资本经营预算制度。垄断性国企采用国有国控的所有权形式。通过股东大会和董事会，履行出资人职责的机构与国企负责人进行协商，落实政府的分红预期。垄断性国企的产品具有垄断性，长期预期的实际利润水平较高，因此，长期分红水平也应该较高，并且在三类国企中应该处于最高水平。第三，完善竞争性国企的国有资本经营预算制度。竞争性国企普遍采用产权多元化的所有权形式，由于所有股东通过董事会直接拥有和管理企业，因此理应由董事会做出分配决策，通过股东大会和董事会，国家资本与民间资本、外国资本等进行协调，说明国家的分红预算情况，尊重董事会的分红意愿。由于处于竞争性行业，竞争性国企长期预期的实际利润水平处于中等水平，因此长期分红水平也应该向行业平均水平看齐，在三类国企中应该处于中等水平。

8.2.2 实现国有资本经营收入预算和支出预算紧密联动

扩大国有资本经营收入预算范围，同时提高国有资本经营支出预算中生产性支出的效率，增加民生支出在上缴收益中的比例。较多的研究发现，或者将国内外国有企业的利润上缴比例进行简单的比较也能够得出，我国的国有企业利润上缴比例的确较低。然而，根据我们的分析，真正的问题在于，将国有企业上缴利润主要用于民生支出将导致进行公平与效率的权衡取舍，将国有资本经营收入转入公共财政或者全国社保基金，有利于满足更高的公平诉求，但是由于现有预算中的生产性支出仍然具有较强的效率特征，因此将这些生产性支出转为民生支出将无法满足更高的效率诉求。我们的建议是实现收入预算和支出预算紧密联动：将所有国有企业纳入预算范围，提高利润上缴的基数；同时提高支出预算中生产性支出的效率，对国有企业和行业的利润转移幅度不能超过这些企业和行业本身利润的特定比例，注意培育和发展这些企业和行业的内生能力，同时加强其与公共财政预算和政府性基金预算等的协调，尽可能避免预算资金重复交叉；在预算收入增加和生产性支出效率提升的基础上，将更大比例的国有资本收益上缴公共财政或者转入全国社保基金等，从而有效实现兼顾效率与公平的目标。

8.2.3 推动国有资本经营预算目标和结构动态调整

从长期来看，我们需要推动国有资本经营收入预算目标和结构动态调整。第一，实现国有非金融企业利润上缴比例和方式的动态调整。根据我们的估计结果，中央非金融企业利润上缴比例的提升已经开始抑制企业效率的提升，虽然国企总体层面、地方国有企业、国企分行业和分部门的更为细致的结果有待进一步检验，但是现有结果仍然值得重视。我们要加强全国人大各委员会对国资委和国有企业的监督和管理，加强国资委对国有企业高管和员工的监管和约束，加强国有企业员工对高管的民主监督，实现对生产资料的有效节约和高效利用，减小利润上缴对利润率的不利影响，在保持国有企业长期竞争力的同时，扩大企业分红率的提升空间。从长期来看，尝试改变国有企业利润上缴的方式，具体来说，可以参考国外国企的经验，根据长期预期实际回报，确定长期利润上缴比例，以 3 ~ 5 年为一个考核周期。垄断性国企的长期分红率应该在 50% 左右，竞争性国企的长期分红率应该在 30% 左右，公益性国企的长期分红率应该在 10% 左右。

第二，推动国有金融企业利润上缴比例动态调整。根据我们的分析结论，相比中央非金融企业，四大行的利润上缴比例已经处于较高水平，而在四大行现金分红率变动的内在逻辑中，资本充足率目标扮演了非常重要的角色。从短期来看，出于防范系统性金融风险的需要，四大行仍然需要保持相对较高的核心资本充足率，如果同时提高四大行的现金分红率，就必须控制加权风险资产的增长速度。从长期来看，四大行的核心资本充足率将达到较为安全的水平，因此，四大行的现金分红率可以进一步提高，根据我们的估计，目标分红率应该在 50% 左右。我们的分析结论不适用于政策性银行，政策性银行要纳入预算范围，应允许保留绝大部分利润。对于保险公司、证券公司、资产管理公司和综合性金融控股平台等其他中央金融企业来说，或者对于地方性国有金融机构来说，尚未达到资本充足率监管要求或者资本充足率目标较高的企业可以在短期内将利润上缴比例保持在相对较低的水平，而在长期内则需要将利润上缴比例保持在较高的水平；已经达到资本充足率监管要求和资本充足率目标的企业可以在短期内提高利润上缴比例并保持在相对较高的水平。

从长期来看，我们需要推动国有资本经营支出预算目标和结构动态调整。从短期来看，中央非金融企业国有资本经营支出的主要目标仍然是支持中央企业自身进行改革和发展，生产性支出比例较高，而中央金融企业国有资本经营支出的主要目标是上缴公共财政，而用于自身改革与发展的比例较低，地方国有企业存在利润直接返还的现象。但是从长期来看，两种预算的支出目标和结构都存在较大的改进空间，可以探索其他收益支出方式。第一，可以参考挪威、法国和新加坡等国家的做法，通过专业性的投资基金，将国有企业上缴利润用于支持初创企业和中小微企业发展，支持进行突破性技术创新。汇金公司已经于2015年成立了中央汇金资产管理有限责任公司，后者是前者的全资子公司，注册资本为50亿元，主要进行资产管理。我们认为这种做法可以适度推广，汇金公司将部分所获红利用于扩大中央汇金资产管理有限责任公司的规模，国资委也可以考虑划转部分国有股权和部分红利，组建新的专业性投资基金，通过进行更加专业性的管理，支持我国进行技术创新和实现高质量发展。第二，实行部分利润专款专用，将其更多地用于民生支出和社保基金。新加坡政府通过淡马锡和众多控股或参股公司获得了大量国企利润和分红收益，这些分红收益基本能够发挥特定作用，增强国家的竞争力和提高老年人的福利水平。我国可以借鉴这种做法，将国有企业的部分利润直接用于农村地区居民、边远地区居民、特困地区居民和老年人口等弱势群体，提高底层居民的收入水平，同时，也可选择将更多的利润转入全国社保基金。在这种情况下，每个人的个人缴纳部分的规模都将相对减小，这会在更大程度上提高收入水平较低的居民收入在总收入中的份额，从而缩小居民收入之间的差距。

8.2.4 完善中央国有（非金融）资本经营预算制度

完善中央国有（非金融）资本经营预算制度。第一，加快实现对所有中央非金融企业的全覆盖。根据审计署的工作报告，截至2017年底，在中央部门所属事业单位的4900余家企业中，有4100余家（约占83%）

尚未被纳入国有资本经营预算范围，当年净利润约为 240 亿元。[①] 可见仍然有较大比例的中央企业处于预算范围之外，下一步的工作是要尽快实现对所有中央非金融企业的全覆盖。第二，健全中央企业的民主管理机制，更好地实现"两权"相匹配。根据我们的分析，中央企业利润率之所以过早地进入下降轨道，重要的原因是"两权"不匹配导致对生产资料的节约程度较为有限，而实现"两权"相匹配，就需要处理好全国人大、国资委、中央企业高管和员工等主体之间的关系，加强全国人大对国资委和中央企业的监督和管理，加强国资委对中央企业高管和员工的监管和约束，加强中央企业员工对高管的民主监督，实现对生产资料的有效节约和高效利用，提升中央企业的利润率和利润上缴比例。第三，采用更为合理的利润上缴办法。根据 2014 年颁布的《关于进一步提高中央企业国有资本收益收取比例的通知》，中央企业被分为五类，每个中央企业"对号入座"上缴规定比例的利润，这种利润上缴办法缩小了讨价还价的空间，且完全缺乏弹性，参考国外国企的经验，可以根据长期预期实际回报，确定长期利润上缴比例，允许中央企业在利润较少时上缴较少利润，而在利润较多时上缴较多利润，从而既能够保证中央企业上缴的利润达到规定的比例，也能够为企业自身的长期投资提供稳定的内部资金支持，减少利润上缴过多对企业的负面影响。

完善中央国有（非金融）资本经营支出预算制度。根据审计署的工作报告，2018 年，25.26 亿元的预算资金由于项目取消和推进速度较慢等原因而闲置，其中，16.48 亿元的预算资金被闲置超过 2 年，还有 3.36 亿元预算资金未发挥效用。[②] 根据我们的研究，国资委通过国有资本支出预算在中央企业之间形成了一个具有计划性质的"内部资本市场"，为中央企业深化改革筹集了资金，优化了中央企业结构布局，同时也应

[①] 《国务院关于 2017 年度中央预算执行和其他财政收支的审计工作报告》，中华人民共和国审计署网站，http://www.audit.gov.cn/n5/n26/c123614/content.html。

[②] 《国务院关于 2018 年度中央预算执行和其他财政收支的审计工作报告》，中华人民共和国审计署网站，http://www.audit.gov.cn/n5/n26/c133000/content.html。

该注意到，对部分支出预算的安排降低了中央企业的竞争压力和经营效率，因此，需要实现资金使用和中央企业绩效之间的关联，尽量避免国有资本经营支出预算对企业经营绩效产生负向激励效应。具体做法上，可以重点考察国有资本经营支出预算重点行业或者企业的利润水平，这些行业或者企业的利润净转移不能超过针对其利润设定的比例，对于超过设定比例的支出，则可转移至民生方面。将这部分非效率资金用于民生领域是一种效率和公平兼顾的安排。

8.2.5　建立和完善中央国有金融资本经营预算制度

建立和完善中央国有金融资本经营预算制度。第一，实现对所有中央金融企业的全覆盖。目前，中央金融企业可以分为国有商业银行、政策性银行、保险公司、证券公司、资产管理公司和综合性金融控股公司以及其他类型的金融企业，总数接近 30 家。截至 2017 年，中央国有金融企业资产总额为 149.2 万亿元，国有资产为 10.2 万亿元[①]，主要由财政部或者汇金公司控股。对这些中央金融企业的利润上缴比例和规模都缺乏统一的规定，因此需要将所有的中央金融企业纳入预算范围，加快建立和完善中央国有金融资本经营预算制度。第二，长期来看，中央金融企业利润上缴比例的提升空间较大；短期来看，如果提高利润上缴比例，则需要明确前提条件。由于中央金融企业资产规模较大，盈利能力较强，因此需要保持相对较高的利润上缴比例。截至 2017 年，在中央金融企业中，银行资产规模占到 84.8%[②]，故而在中央金融企业中，特别需要关注国有商业银行的利润上缴比例。根据我们的分析，在 2017 年汇金公司所获总红利中，来源于四大行的比例为 94.6%，而四大行的利润上缴比例已经稳定在 30% 的水平，短期内，现金分红率进一步提升的空间取决于资本充足率目标的

---

① 《国务院关于 2017 年度金融企业国有资产的专项报告》，全国人民代表大会网站，http：//www.npc.gov.cn/npc/c12435/201810/adf14b9e36074e8db2c7f530129c4395.shtml。

② 《国务院关于 2017 年度金融企业国有资产的专项报告》，全国人民代表大会网站，http：//www.npc.gov.cn/npc/c12435/201810/adf14b9e36074e8db2c7f530129c4395.shtml。

设定情况。如果设定较低的核心一级资本充足率和一级资本充足率，那么可以通过永续债补充二级资本，四大行的现金分红率能够提高到50%以上；如果设定较高的核心一级资本充足率和一级资本充足率，同时进一步提高四大行的现金分红率，那么就必须要求四大行采用现代技术以降低制造业、批发和零售业等实体部门的信贷风险，从而控制加权风险资产的增长速度。长期内，四大行核心资本充足率将达到安全水平，因此可在现行基础上大幅提高利润上缴比例。

建立和完善中央国有金融资本经营支出预算制度。第一，将绝大部分收益上缴中央公共财政。在进入经济新常态阶段后，我国进行了较大规模的减税降费，各级政府财政开始趋紧，2019年《政府工作报告》提到，减税降费给中央财政带来了较大压力，中央财政必须开源节流，增加特定国有金融机构和中央企业上缴利润，压缩一般性开支和"三公"经费。我们倾向于认为，正是在这样的背景下，我国才着手建立中央国有金融资本经营预算机制，与原有中央非金融国有资本经营预算将收益主要用于中央企业自身改革和发展不同，中央国有金融资本经营预算应将收益主要上缴中央公共财政，从而降低居民和企业所需承担的税费压力。第二，要求中央金融企业将国有股权的规定比例尽快划转到全国社保基金。2007年，国家正式要求划转国有股权的10%到全国社保基金，但是目前大部分中央金融企业的股权划转比例没有达到要求，因此接下来需要中央金融企业尽快落实此项政策。同时也要认识到，当前中央财政压力确实较大，但是这种压力仍然是短期的，而老龄化社会即将到来，那个时候，这种压力会更大且持续时间更长，但即使在中央财政压力趋紧的背景下，仍然应该全面进行国有股权规定比例的划转。

8.2.6　保持中央非金融企业与中央金融企业国有资本经营预算的相对独立

中央金融企业实际上已经将部分利润上缴中央财政，但是利润上缴规模、上缴比例和上缴利润的使用方式等方面都缺乏统一和明确的规定，因此有必要进行国有资本经营预算。同时，根据 2020 年 3 月颁布的《国有金融资本出资人职责暂行规定》，各级财政部门将负责国有金融资本经营预决算管理，组织上缴国有金融资本收益；财政部门负责制定国有金融资本经营预算管理制度和办法，编制国有金融资本经营预决算，加强预算执行监管，促进国有金融资本合理配置。这意味着我国将建立由财政部主导的中央国有金融资本经营预算，实现中央非金融企业与中央金融企业国有资本经营预算相对独立，为什么要这样做呢？我们将主要理由分述如下。

第一，从收入预算角度来看，两种预算的利润上缴比例存在较大的差异。现行中央国有资本经营预算的利润上缴比例分为五档，分别是 25%、20%、15%、10% 和 0，其中，只有中国烟草总公司适用最高档，而四大行的现金分红率达到 30%，汇金公司将绝大部分利润上缴公共财政，相比而言，中国烟草总公司的盈利能力强于四大行和汇金公司，将中央金融企业纳入中央国有资本经营预算范围将在一定程度上打破原有的利润比例设置规则，故而需要对中央金融企业进行相对独立的国有资本经营预算。

第二，从支出预算角度来看，两种预算有着不同的目的和使命。中央国有资本经营预算中的收入主要用于关系国家安全和国民经济命脉的重要行业和关键领域，弥补国有企业改革成本，将较小的比例调入一般公共预算和补充全国社会保障基金，而汇金公司所获分红主要上缴公共财政，在较大规模"减税降费"导致中央财政压力增加的背景下，有必要对中央金融企业进行相对独立的国有资本经营预算。

第三，进行相对独立的中央国有金融资本经营预算可以减少预算资金的重复交叉。审计署提交的报告多次提到公共财政预算、政府性基金预算和国有资本经营预算的功能定位不清晰和预算资金的交叉重复问题，而由于中央国有金融资本经营预算将收入转移到中央公共财政，中央金融企业上缴的利润将按照中央公共财政预算进行规范支出，因此可以避免对相同的项目重复安排资金。

第四，根据我们的逻辑和国外国企的经验，国资委并不是唯一适合进行中央企业经营预算管理的主体。问题的关键在于，履行出资人职责的部门要拥有相对完整的生产资料所有权和利润控制权，而以汇金公司为核心，中央金融企业已经形成了较有影响力的"汇金模式"，财政部和汇金公司能够较好地履行出资人职责，因此可以对中央金融企业进行相对独立的国有资本经营预算。

8.3　国有企业利润分配制度改革的保障措施

国有企业利润分配制度改革的保障手段可概括为"多管齐下"：完善组织保障、制度保障和法律保障等，为国有企业利润分配制度改革保驾护航。

8.3.1　国有企业利润分配制度改革的组织保障措施

审计署组织力量，对中央非金融企业、中央金融企业、地方非金融企业、地方金融企业的国有资本经营预算进行了一次全面的审计，并向全国和各级人民代表大会常务委员会提交专门的报告。关于国有资本经营预算，虽然审计署多次提到现有预算范围不完整和功能定位不清楚等问题，但是仍然缺乏一次完整的审计，我们建议在国务院和各级政府的统一领导下，由审计署组织力量，对中央企业和地方国有企业的国有资本经营预算进行一次专门的审计。从收入预算角度来看，要对国有企业母公司的盈利水平、利润上缴国家的比例和规模及国有企业子公司的利润水平、利润上缴母公司的比例和规模等情况进行全面的摸底；从支出预算角度来看，要对经营支出中的生产性支出、上缴公共财政的支出和转入全国社保基金的支出进行细致的统计，统计生产性支出时应关注项目资金的分布、项目支持的时间长度、项目预期效益和实际效益等内容。

国资委和财政部负责打造国企资产阳光评估交易平台。在国有资本经营预算中，国有资产转让收入和从国家出资企业取得的清算收入都涉及国有资产的交易，更为重要的是，国企资产阳光评估交易平台与国企利润分配相辅相成，只有管理好国企的资产，才能保持长期稳定的利润分配；只有做好生产资料的所有者，国企利润分配才不会舍本逐末。在股份制改造和混合所有制改革的大背景下，对国企资产的管理的最为核心的工作是对国有资产的评估和组合，确保国有资产保值增值，关键是要打造国企资产阳光评估交易平台。国企资产阳光评估交易平台负责记录所有相关国企的资产交易，提供评估和交易信息，包括国企资产价值的重新评估、国企资产所有者的变动、国企与民企相互入股、国企员工持股等，形成开放、公平和公开的评估和竞价机制等。

8.3.2 国有企业利润分配制度改革的制度保障措施

完善各级政府向相应层级人大常委会报告国有资本经营预算的制度。我国政府预算包括公共财政预算、政府性基金预算、国有资本经营预算和社会保险基金预算四个部分，在国有资本经营预算报告中，我们建议将中央国有资本经营预算分为中央国有非金融资本经营预算和中央国有金融资本经营预算，地方国有资本经营预算分为地方国有非金融资本经营预算和地方国有金融资本经营预算，国有非金融资本经营预算需要清楚地呈现详细的国有非金融企业国有资本经营收入预算和支出预算情况，包括国有非金融企业分类、上缴利润的比例、上缴利润的总规模、上缴利润分别有多大比例用于生产性支出和民生支出等；国有金融资本经营预算需要清楚地呈现详细的国有金融企业国有资本经营收入预算和支出预算情况，包括不同类别国有金融企业的分红率和规模、汇金公司和中投公司等主要金融机构的利润上缴比例和规模、上缴利润有多大比例转入各级公共财政等，各级人大常委会应该及时、充分地了解国有资本经营预算进程。

完善《中央企业财务预算管理暂行办法》。在《中央企业财务预算管理暂行办法》中，增加长期预算相关内容，建议时间跨度为 3～5 年。剔除价格因素，结合政府对企业的预期、企业财务状况、企业生命周期等因素，进行长期预期实际回报预算，调整中央企业分类，确定分红率区间和长期利润上缴比例，最后结合预期实际回报和利润上缴比例确定分红规模。一般来说，它们在确定之后，在预算期间内不能再调整。如需调整，无论是调高还是调低，都应以重大事件的形式进行特别说明。《中央企业财务预算管理暂行办法》第二十四条中企业年度财务预算报表重点反映的"企业预算年度内预计实现经营成果及利润分配情况"，建议改为"企业预算年度内预计实现经营成果及利润分配情况，并说明年度预计分红率与长期预计分红率的差异及其原因"。

出台"地方国有企业财务预算管理指导原则"。参考借鉴《中央企业财务预算管理暂行办法》，出台"地方国有企业财务预算管理指导原则"，指导各省区市修改地方国有企业"财务预算管理暂行办法"。该文件主要要求增加长期预算，首先说明长期预算的重要意义，长期预算的时间跨度为3~5年，长期预算包括长期总资产回报率、长期净资产回报率、长期利润率等指标；在利润分配方面，主要体现为长期现金分红率，说明股票分红的适用情境和范围、股票分红与现金分红相互替代的原则和条件等。对于长期分红率与年度分红率的差异，均要求在相关会议上与国资委协商以达成一致意见，并以重大事件的形式进行特别说明。

8.3.3 国有企业利润分配制度改革的法律保障措施

完善《中华人民共和国企业国有资产法》。《中华人民共和国企业国有资产法》第六十条中的"国有资本经营预算按年度单独编制，纳入本级人民政府预算，报本级人民代表大会批准"，建议修改为"国有资本经营预算实行长期编制与年度编制相结合，长期编制时间建议3~5年，报本级人民代表大会批准，年度编制纳入本级人民政府预算，报本级人民代表大会批准"。第六十条后半部分，"国有资本经营预算支出按照当年预算收入规模安排，不列赤字"，建议在其后增加"优化国有资本经营预算支出结构，提升国有资本经营预算支出效率，提高国有资本收益上缴公共财政的比例，创新国有资本经营预算用于民生领域的方式"。

完善《中华人民共和国公司法》。在《中华人民共和国公司法》中，

第二章第四节是"国有独资公司的特别规定"，建议改为"国有独资公司和国有控股公司的特别规定"。定义国有控股公司，明确国有独资公司和国有控股公司的董事会不仅要做年度预算，而且要做长期预算。董事会不仅负责制定公司的年度利润分配方案，而且要做长期利润分配方案，还要说明年度利润分配与长期利润分配的差异，由履行出资人职责的机构负责审议批准，如不符合分类标准或者出现明显差异且无足够理由，则履行出资人职责的机构均应拒绝其通过。另外，可以各国有企业长期利润分配方案为重要参考，形成国有资本经营预算草案。

8.4　本章小结

国有企业利润分配制度改革政策建议包括总体思路、政策重点和保障措施三个方面。国有企业利润分配制度改革的总体思路可概括为"两条腿走路"：一是协调推进生产资料所有权改革和国企利润初次分配制度改革；二是统筹推进国企利润初次分配制度改革和再分配制度改革。国有企业国有资本经营预算的政策重点可概括为"分类推进，紧密联动，动态调整"。分类推进基于公益性国企、垄断性国企和竞争性国企等不同类型国企的国有资本经营预算制度存在差异。紧密联动是指不仅要推进国有资本经营收入预算改革，而且要推进国有资本经营支出预算改革，还要实现收入预算改革和支出预算改革紧密联动。动态调整是指国有资本经营的收入预算目标和支出预算结构需要在长期内动态调整。中央国有资本经营预算的政策重点可概括为"不断完善，相对独立"，是指既要完善中央国有（非金融）资本经营预算制度，建立和完善中央国有金融资本经营预算制度，还要保持两种预算的相对独立。国有企业利润分配制度改革的保障措施可概括为"多管齐下"：完善组织保障、制度保障和法律保障等，为国有企业利润分配制度改革保驾护航。

结论与展望

一 结论

改革开放以来，我国国有企业不断发展壮大，但是关于国企利润分配制度的争议没有减少，重要原因是没有对国有企业利润分配制度改革进行较长时间的跟踪与评估。为此，本书立足《资本论》的思想和方法，充分借鉴激进政治经济学和制度经济学等流派的优秀成果，对国有企业利润分配制度改革进行长期动态跟踪与系统的效果评估，得出以下五个主要结论。

第一，新中国成立以来，国企利润分配制度改革是国企积累效率变迁的主要原因。计划经济时期，国企将利润几乎全部上缴，这些利润的绝大部分用于生产性支出，国有企业的积累效率并不低，也正是由于利润较少用于非生产性支出，工人住房和医院等条件没有得到显著改善；在改革开放之后的较长时间里，国企积累效率之所以不断下降，重要的原因是国企社会性负担较重，国企利润被大量用于福利房、医院和学校等非生产性投资方面；1998 年之后，国企积累效率之所以快速上升，重要的原因是国企社会性负担的剥离，利润被重新用于生产性支出。

第二，中央非金融企业的利润上缴已经开始抑制企业利润率的提升，接下来需要深化中央企业体制机制改革，并且尝试改变利润上缴的方式。体制机制层面，要加强全国人民代表大会对国资委的民主监管，加强国资委对中央企业的管控和监督，加强国企内部劳动者对于企业经营管理者的民主监督，更好地实现生产资料所有权和利润控制权的匹配。当前的利润上缴分类有利于缩小讨价还价的空间，但是由于缺乏弹性，其可能存在改进的空间，接下来可以尝试改变利润上缴的方式，如先估计中央企业的长期预期实际回报，再确定长期利润上缴比例。具体方法方面，可以考虑剔除价格因素，结合政府对企业的预期、企业财务状况和企业生命周期等因素，进行长期预期实际回报预算，确定分红率区间和长期利润上缴比例。

第三，中央国有资本经营支出主要用于中央非金融企业自身进行改革与发展，这些生产性支出在一定范围内表现出较强的经济效率，但是部分支出的经济效率较低，接下来要提高生产性支出的效率，以将更多的收益用于民生方面。按照党的十八届三中全会的要求，应提高国有资本收益上缴公共财政的比例，2020 年提高到 30%，这并不是指将国有企业利润上缴比例普遍提高到 30%，而是指调入一般公共预算的支出占国有资本经营预算收入的比例提高到 30%。如果将更多的国有资本经营收益用于公共财政或者民生方面，那么必须提高生产性支出的效率，减少中央国有资本经营支出与公共财政预算和政府性基金预算之间的交叉重复。

第四，对于中央金融企业来说，既要进行国有资本经营预算，又要保持这种预算的相对独立性。中央金融企业实际上已经将部分利润上缴中央财政，但是现有利润上缴缺乏统一的预算管理框架，利润上缴规模、上缴比例和利润支出方式等方面都缺乏明确的规定，因此有必要进行国有资本经营预算；同时，相较于中央非金融企业，中央金融企业现有利润上缴比例相对更高，上缴的利润主要进入公共财政，在"减税降费"导致中央财政压力增加的背景下，有必要对中央金融企业进行相对独立的国有资本经营预算。除此之外，由于资本充足率与现金分红率之间的内在冲突，我们也不能期待中央金融企业的利润上缴比例在短时间之内大幅提高，在长期内，中央金融企业利润上缴比例的提升空间较大。

第五，国外国有企业的利润上缴比例普遍较高，但是上缴的利润并非全部进入公共财政，较多的国家已经形成或者正在探索不同的利润再分配方式，以更好地支持国家创新发展和为国民提供长远福利。世界银行的两份报告都对国外国企的利润分配制度进行了介绍，我们也对此进行了研究，与世界银行进行的研究得到的相同结论是，国外国企的利润上缴比例确实较高，明显高于我国国有企业的利润上缴比例，但与之不同的是，国外国企上缴利润转入公共财政只是政府的选择之一，国外政府在不断探索和创新利润再分配方式，以更好地服务于国家创新战略和为国民提供长远的福利。

二　展望

根据我们的分析，国企利润分配制度在很大程度上决定国企的积累效率，但是由于国有资本经营支出预算等数据和资料的限制，我们只是在总体层面上分析了国有企业、中央非金融企业和中央金融企业，对地方国有企业则缺乏足够的分析，因此接下来需要对地方国有企业利润分配制度展开研究。

随着我国开启国有资本经营预算进程，中央企业和地方国有企业都进行了国有资本经营预算，由于地方国有企业掌握在地方政府手中，地方国有企业的国有资本经营预算可能存在"地方特色"。比如，现有文献发现，部分地方国有企业存在较多的利润返还行为，并由此推断所有的国有企业都存在类似的行为，我们所研究的中央企业不存在这种行为，中央企业上缴的利润并不会原路返还，不过，对于地方国有企业，这种现象值得研究，我们需要分析地方国有资本经营预算改革如何影响国企效率和社会公平。

参考文献

[1] Bakir E. , Campbell A. , "Business Cycles Short Term Dynamics, " in Brennan D. , Kristjanson-Gural D. , Mulder C. , Olsen E. , eds. , *Routledge Handbook of Marxian Economics* (New York, U. S. : Routledge, 2016).

[2] Bernard A. B. , Fort T. C. , "Factoryless Goods Producing Firms," *The American Economic Review*, 105 (5) , 2015.

[3] Buttrick J. , "The Inside Contract System," *The Journal of Economic History*, 12 (3) , 1952.

[4] Cheng E. F. , Ding X. Q. , "A Theory of China's 'Miracle' Eight Principles of Contemporary Chinese Political Economy," *Monthly Review*, 68 (8) , 2017.

[5] Cull R. , Xu L. C. , "Institutions, Ownership, and Finance: The Determinants of Profit Reinvestment among Chinese Firms," *Journal of Financial Economics*, 77 (1) , 2005.

[6] Enfu C. , Xiaoqin D. , "A Theory of China's 'Miracle': Eight Principles of Contemporary Chinese Political Economy," *Monthly Review*, 68 (8) , 2017.

[7] Groves T. , Hong Y. , McMillan J. , Naughton B. , "Autonomy and Incentives in Chinese State Enterprises," *The Quarterly Journal of Economics*, 109 (1) , 1994.

[8] Groves T. , Hong Y. , McMillan J. , Naughton B. , "China's Evolving Managerial Labor Market," *Journal of Political Economy*, 103 (4) , 1995.

[9] Huat C. B. , "State-owned Enterprises, State Capitalism and Social Distribution in Singapore," *The Pacific Review*, 29 (4), 2016.

[10] Jensen M. C. , "Agency Costs of Free Cash Flow, Corporate Finance, and Takeovers," *The American Economic Review*, 76 (2), 1986.

[11] Johnson S. , McMillan J. , Woodruff C. , "Property Rights and Finance," *The American Economic Review*, 92 (5), 2002.

[12] Ju J. , Lin J. Y. , Wang Y. , "Endowment Structures, Industrial Dynamics, and Economic Growth," *Journal of Monetary Economics*, 76, 2015.

[13] Kraemer K. L. , Linden G. , Dedrick J. , "Capturing Value in Global Networks: Apple's iPad and iPhone," Research Supported by Grants from the Alfred P. Sloan Foundation and the US National Science Foundation (CISE/IIS), 2011.

[14] Lazonick W. , Moss P. , Salzman H. et al. , "Skill Development and Sustainable Prosperity: Cumulative and Collective Careers versus Skill-biased Technical Change," *Institute for New Economic Thinking Working Paper Series (15)*, 2014.

[15] Lazonick W. , "Industrial Relations and Technical Change: The Case of the Self-acting Mule," *Cambridge Journal of Economics*, 3 (3), 1979.

[16] Lazonick W. , "Profits without Prosperity," *Harvard Business Review*, 92 (9), 2014.

[17] Lazonick W. , "The Theory of Innovative Enterprise: Methodology, Ideology, and Institutions," in Moudud J. K. , Bina C. , Mason P. L. , eds. , *Alternafive Theories of Competition: Challenges to the Orthodoxy* (New York, U. S. : Routledge, 2013).

[18] Lie Einar, "Learning by Failing: The Origins of the Norwegian Oil Fund," *Scandinavian Journal of History*, 43 (2), 2018.

[19] Naughton B. , "Chinese Institutional Innovation and Privatization from

Below," *The American Economic Review*, 84（2）, 1994.

［20］ Peoples J., Sugden R., "Divide and Rule by Transnational Corporations," in Pitelis C., Sugden R., eds., *The Nature of the Transnational Firm* (New York, U. S.：Routledge, 2000).

［21］ Rhodes, Booth, Brown, Butcher et al., "Public Ownership of Industries and Services," *Briefing Paper CBP 8325*, 2018.

［22］ Rozeff M. S., "Growth, Beta and Agency Costs as Determinants of Dividend Payout Ratios," *Journal of Financial Research*, 5（3）, 1982.

［23］ Schiller D., "Rosa Luxemburg's Internet? For a Political Economy of State Mobilization and the Movement of Accumulation in Cyberspace," *International Journal of Communication 8*, 2014.

［24］ Skancke M., "Fiscal Policy and Petroleum Fund Management in Norway," in Davis J. M., Fedelino A., Ossowski R., eds., *Fiscal Policy Formulation and Implementation in Oil-producing Countries* (International Monetary Fund, 2003).

［25］ Thurber M. C., Istad B. T., "Norway's Evolving Champion：Statoil and the Politics of State Enterprise," *Program on Energy and Sustainable Development Working Paper 92*, 2010.

［26］ Weisskopf T. E., "Marxian Crisis Theory and the Rate of Profit in the Postwar US Economy," *Cambridge Journal of Economics*, 3（4）, 1979.

［27］ Wolff, *Growth, Accumulation, and Unproductive Activity：An Analysis of the Postwar US Economy* (New York, U. S.：Cambridge University Press, 2006).

［28］〔意〕乔万尼·阿里吉：《亚当·斯密在北京——21 世纪的谱系》，路爱国等译，社会科学文献出版社，2009。

［29］白重恩：《综合实施 合理促进民间投资》，《经济界》2016 年第 5 期。

［30］〔美〕塞缪尔·鲍尔斯、理查德·爱德华兹、弗兰克·罗斯福：《理解资本主义：竞争、统制与变革》，孟捷等译，中国人民大学出版

社，2009。

[31] 北京市总工会劳动关系考察团：《关于日本工会组织及劳资关系的考察报告》，《北京市工会干部学院学报》2011年第1期。

[32] 陈少晖、朱珍：《国有上市公司利润分配与国有资本经营预算的建构——以钢铁行业为例》，《东南学术》2011年第6期。

[33] 陈艳利、迟怡君：《央企投资效率与资本运营：由国有资本经营预算观察》，《改革》2015年第10期。

[34] 陈钊、陈杰、刘晓峰：《安得广厦千万间：中国城镇住房体制市场化改革的回顾与展望》，《世界经济文汇》2008年第1期。

[35] 崔之元：《鞍钢宪法与后福特主义》，《读书》1996年第3期。

[36] 〔美〕丹·克劳逊、玛丽·安·克劳逊：《美国工会状况及其复兴战略》，郭懋安译，《国外理论动态》2010年第5期。

[37] 邓久根、贾根良：《英国因何丧失了第二次工业革命的领先地位?》，《经济社会体制比较》2015年第4期。

[38] 丁友刚、严艳：《中国商业银行贷款拨备的周期效应》，《经济研究》2019年第7期。

[39] 封凯栋、赵亭亭、付震宇：《生产设备与劳动者技能关系在工业发展中的重要性：从工业4.0模式谈起》，《经济社会体制比较》2015年第4期。

[40] 冯钢：《企业工会的"制度性弱势"及其形成背景》，《社会》2006年第3期。

[41] 冯昭奎：《"世界工厂"的变迁》，《世界经济与政治》2002年第7期。

[42] 高奥、龚六堂：《国有资本收入划拨养老保险、人力资本积累与经济增长》，《金融研究》2015（a）年第1期。

[43] 高奥、龚六堂：《国有资本收入划拨养老保险下的经济转型研究》，《浙江社会科学》2015（b）年第10期。

[44] 高奥、谭娅、龚六堂：《国有资本收入划拨养老保险、社会福利与

收入不平等》，《世界经济》2016 年第 1 期。

[45] 高超群：《科学管理改革与劳资关系——以申新三厂和民生公司为中心》，《中国经济史研究》2008 年第 3 期。

[46] 顾钰民：《国企利润分配制度改革的回顾与启示》，《社会科学》1999 年第 2 期。

[47] 郭晋刚：《利润留成制对中国国有企业生产行为的影响》，《数量经济技术经济研究》1992 年第 7 期。

[48] 郭彦男、李昊楠：《国有资本收益、利润转移与国企利润》，《财经研究》2020 年第 2 期。

[49] 〔英〕大卫·哈维：《资本的限度》，张寅译，中信出版集团，2017。

[50] 何德旭、冯明：《新中国货币政策框架 70 年：变迁与转型》，《财贸经济》2019 年第 9 期。

[51] 姬旭辉、邱海平、冯志轩：《非生产劳动与经济增长——基于 39 个国家面板数据的实证分析》，《经济学家》2016 年第 1 期。

[52] 贾根良：《美国学派：推进美国经济崛起的国民经济学说》，《中国社会科学》2011 年第 4 期。

[53] 蒋建湘：《国企利润分配、公司治理及改进》，《政法论坛》2013 年第 2 期。

[54] 〔美〕威廉·拉佐尼克：《车间的竞争优势》，徐华、黄虹译，中国人民大学出版社，2007。

[55] 李标、杨英：《马克思借贷资本理论的现实还原与国有商业银行竞争力重塑研究》，《当代经济研究》2020 年第 2 期。

[56] 李丽琴、陈少晖：《国有资本经营预算民生支出的优度检验——基于适度普惠型社会福利视角》，《福建师范大学学报》（哲学社会科学版）2015 年第 2 期。

[57] 李燕、唐卓：《国有企业利润分配与完善国有资本经营预算——基于公共资源收益全民共享的分析》，《中央财经大学学报》2013 年第 6 期。

[58] 李钟瑾、陈瀛、齐昊、许准：《生存工资、超时劳动与中国经济的可持续发展》，《政治经济学评论》2012 年第 3 期。

[59] 林岗：《马克思主义与经济学》，经济科学出版社，2007。

[60] 林岗、王裕雄、吴崇宇、杨巨：《2010～2030 年中国经济增长基本条件研究》，经济科学出版社，2015。

[61] 林岗、张晨：《关于进一步推进国有经济改革发展的一些意见》，《经济理论与经济管理》2013 年第 2 期。

[62] 凌晨：《国营企业必须积极地有步骤地试行利润留成制度》，《经济管理》1979 年第 12 期。

[63] 刘平：《马克思利润平均化理论与我国经济结构调整》，《中国青年政治学院学报》2001 年第 5 期。

[64] 刘青山：《从九龙治水到专业"老板"》，《国资报告》2019 年第 8 期。

[65] 刘银国、焦健、于志军：《国有企业分红、自由现金流与在职消费——基于公司治理机制的考察》，《经济学动态》2016 年第 4 期。

[66] 刘英：《20 世纪 70 年代以来美国工人实际工资的变动趋势》，《当代经济研究》2003 年第 1 期。

[67] 刘元春：《国有企业宏观效率论——理论及其验证》，《中国社会科学》2001 年第 5 期。

[68] 卢周来：《国企改革与社会公平》，《政治经济学评论》2015 年第 6 期。

[69] 罗宏、黄文华：《国企分红、在职消费与公司业绩》，《管理世界》2008 年第 9 期。

[70] 《资本论》（第一卷），人民出版社，2004。

[71] 《资本论》（第三卷），人民出版社，2004。

[72] 孟建民：《完善国有资本经营预算工作增强中央企业核心竞争力》，《国有资产管理》2011 年第 2 期。

[73] 孟捷、冯金华：《部门内企业的代谢竞争与价值规律的实现形

式——一个演化马克思主义的解释》，《经济研究》2015 年第 1 期。

［74］孟捷：《技术创新与超额利润的来源——基于劳动价值论的各种解
释》，《中国社会科学》2005 年第 5 期。

［75］〔美〕道格拉斯·诺斯、罗伯斯·托马斯：《西方世界的兴起》，厉
以宁、蔡磊译，华夏出版社，1999。

［76］庞杰、王光伟：《国有资本净收入对养老保险的最优划拨率——劳
动力人口增长率变化情况下的研究》，《经济与管理研究》2016 年
第 2 期。

［77］钱雪松、孔东民：《内部人控制、国企分红机制安排和政府收入》，
《经济评论》2012 年第 6 期。

［78］任焰、潘毅：《跨国劳动过程的空间政治：全球化时代的宿舍劳动
体制》，《社会学研究》2006 年第 4 期。

［79］沙南安、杨敏：《国营企业实行企业基金利润留成制度的演变情况
（上）》，《财政研究》1981（a）年第 5 期。

［80］沙南安、杨敏：《国营企业实行企业基金利润留成制度的演变情况
（下）》，《财政研究》1981（b）年第 6 期。

［81］沈民鸣：《马克思的例子：如何确定商业资本和商业利润》，《经济
学家》2010 年第 5 期。

［82］盛松成、吴培新：《中国货币政策的二元传导机制——"两中介目
标，两调控对象"模式研究》，《经济研究》2018 年第 10 期。

［83］史正富：《劳动、价值和企业所有权——马克思劳动价值论的现代
拓展》，《经济研究》2002 年第 2 期。

［84］《国有企业分红：分多少？分给谁？》，世界银行研究报告，2005。

［85］《有效约束、充分自主：中国国有企业分红政策进一步改革的方
向》，世界银行研究报告，2010。

［86］孙刚：《国企分红再分配与投资决策价值相关性研究——基于国有
资本红利返还的初步证据》，《经济理论与经济管理》2015 年第
4 期。

[87] 谭啸:《试论坚持和完善国有资本经营预算制度的相对独立性——基于政策文件的解读与思考》,《政治经济学评论》2012 年第 3 期。

[88] 陶友之:《破解国企利润上缴的十个难题》,《上海市经济管理干部学院学报》2006 年第 6 期。

[89] 佟健、张坤:《深化政策性金融改革若干问题的思考》,《经济问题》2018 年第 4 期。

[90] 汪昊、娄峰:《中国财政再分配效应测算》,《经济研究》2017 年第 1 期。

[91] 汪立鑫、刘钟元:《竞争性行业中央企业利润最优上交比例:内部代理成本与外部融资成本的权衡》,《中国工业经济》2014 年第 2 期。

[92] 汪平、李光贵、袁晨:《国外国有企业分红政策:实践总结与评述》,《经济与管理研究》2008 年第 6 期。

[93] 王佳杰、童锦治、李星:《国企分红、过度投资与国有资本经营预算制度的有效性》,《经济学动态》2014 年第 8 期。

[94] 魏明海、柳建华:《国企分红、治理因素与过度投资》,《管理世界》2007 年第 4 期。

[95] 魏下海、董志强、黄玖立:《工会是否改善劳动收入份额?——理论分析与来自中国民营企业的经验证据》,《经济研究》2013 年第 8 期。

[96] 吴晓红:《我国国有企业利润分配制度的历史、现状及其完善》,《学术界》2015 年第 5 期。

[97] 吴易风:《马克思的产权理论与国有企业产权改革》,《中国社会科学》1995 年第 1 期。

[98] 谢富胜、李安:《人力资本理论与劳动力价值》,《马克思主义研究》2008 年第 8 期。

[99] 谢富胜:《资本主义的劳动过程:从福特主义向后福特主义转变》,《中国人民大学学报》2007 年第 2 期。

[100] 〔美〕谢千里、〔美〕罗斯基、郑玉歆、王莉:《所有制形式与中国工业生产率变动趋势》,《数量经济技术经济研究》2001 年第

3 期。

[101] 徐文秀、朱珍：《60 年嬗变：国家与国企利润分配制度的演替》，《西安建筑科技大学学报》（社会科学版）2012 年第 1 期。

[102] 许金柜：《论我国国有企业利润分配制度 60 年变迁》，《安徽工业大学学报》（社会科学版）2009 年第 6 期。

[103] 许怡、叶欣：《技术升级劳动降级？——基于三家"机器换人"工厂的社会学考察》，《社会学研究》2020 年第 3 期。

[104] 严金国：《关于中央金融企业国有资本经营预算问题的几点思考》，《财政研究》2015 年第 5 期。

[105] 杨锦英、肖磊：《超额利润的性质及其对一般利润率的影响——马克思剩余价值分配理论的扩展》，《马克思主义与现实》2015 年第 5 期。

[106] 杨巨、李犁、韩雷：《中国工业企业资本有机构成的变化及原因研究》，《政治经济学评论》2017 年第 4 期。

[107] 杨巨、刘长庚、毛章勇：《国企利润分配制度改革与资本积累》，《政治经济学评论》2016 年第 4 期。

[108] 杨俊、龚六堂：《国有资本收入对养老保险的划拨率研究》，《金融研究》2008 年第 11 期。

[109] 杨兰品、郑飞：《我国国有垄断行业利润分配问题研究——以电力行业为例》，《经济学家》2013 年第 4 期。

[110] 杨思远：《资本主义企业制度的创新》，《政治经济学评论》2015 年第 4 期。

[111] 游正林：《60 年来中国工会的三次大改革》，《社会学研究》2010 年第 4 期。

[112] 张炳雷：《国有资本经营预算对企业控制力与投机行为的制度约束研究》，《经济体制改革》2015 年第 2 期。

[113] 张建文、丁婕、钱慧琴：《省级金融企业国有资本经营预算调研报告》，《山西财税》2020 年第 2 期。

［114］张雷声：《马克思的资本积累理论及其现实性》，《山东社会科学》2017 年第 1 期。

［115］张衔、薛宇峰：《对置盐定理的批判性解构》，《中国社会科学》2020 年第 6 期。

［116］张馨：《论国企的根本问题是资本问题——〈资本论〉框架下的国企改革分析》，《财贸经济》2014 年第 7 期。

［117］张宇、谢富胜、刘凤义等：《中级政治经济学》，中国人民大学出版社，2016。

［118］张宇：《论公有制与市场经济的有机结合》，《经济研究》2016 年第 6 期。

［119］赵峰、张晨、冯志轩：《试论国有企业是后发国家资本积累的有效制度安排》，《教学与研究》2012 年第 11 期。

［120］中国宏观经济分析与预测课题组：《新时期新国企的新改革思路——国有企业分类改革的逻辑、路径与实施》，《经济理论与经济管理》2017 年第 5 期。

［121］周建锋：《马克思经济学视域下利润分享的逻辑》，《经济纵横》2017 年第 8 期。

［122］周剑云：《试论美国劳资集体谈判的确立——1935 年〈瓦格纳法〉的缘起》，《世界历史》2009 年第 4 期。

［123］周炜、宋晓满、白云霞：《国有企业利润分配制度研究》，《财会月刊》（上）2011 年第 8 期。

致　谢

感谢刘长庚教授。在我进入博士后流动站时，刘老师指导我确定了"国有企业利润分配制度改革"这个研究主题，我围绕这个主题申请到了国家社科基金青年项目和博士后科学基金面上项目，在核心期刊上发表了相关论文。刘老师让我明白什么是真正的领导和导师：总是领导大家做正确的事，总是在关键时候给予学生指导，总是将取得的成就归功于学生的付出。他要求学生正心诚意，做到正直中和，对于这些古圣先贤的智慧，刘老师以身体力行的方式传授给学生。我想，正是由于有刘老师这样的传道之人，中华文明才会生生不息、源远流长。

感谢林岗教授。感谢林老师在我攻读博士学位期间的悉心指导，感谢林老师在我工作之后对我的不断关怀。林老师是马克思主义政治经济学领域的领军人物，他指引我走进马克思主义经济学殿堂，让我初步掌握了马克思主义政治经济学基本方法，学会了从不同的角度看世界。学术讨论之余，林老师对毛主席的了解让在毛主席家乡工作的我感到汗颜，林老师对音乐的认知让我知道了什么叫才华横溢。

感谢拉佐尼克教授。拉佐尼克教授长期研究企业创新问题，分析战略控制、组织整合和财务承诺等影响创新水平的"三重奏"，并由此展开相关研究，分析经济社会条件，构建了系统的创新型企业理论。感谢拉佐尼克教授提供的机会，让我能够在美国马萨诸塞大学洛威尔分校从事访问研究。从每周展示、论文完善到生活交流，拉佐尼克教授都对我进行了耐心的指导，他的智慧、谦逊和热心，让我感觉到中美之间并不遥远。

感谢谭燕芝教授的关心和帮助，谭老师的理论解释和经验指导经常给

216

我重要启发。感谢张宇教授、杨瑞龙教授、邱海平教授、谢富胜教授、龚志民教授、卓越教授等的鼓励和支持，感谢韩雷教授、毛章勇馆长、何召鹏副教授、张磊副教授等的帮助与建议，感谢硕士研究生方恬能够阅读初稿并发现其中较多有待修改、完善之处，感谢社会科学文献出版社工作人员耐心和专业的工作。

感谢我的家人。感谢父母和姐姐，正是他们的坚持和付出，我才能够顺利完成学业，有机会从事教学、科研工作。感谢申丽媛长期以来的理解和支持。感谢壮壮和铃铛，他们的成长和陪伴，让我重新认识到传承的价值和生活的意义。

感谢生命中的所有过往，感谢一路走来的所有亲朋，愿你们眼有星辰大海，心有繁花似锦，不负山河壮阔，不负似水流年。

杨　巨

于经管附楼

图书在版编目（CIP）数据

国有企业利润分配制度改革：动态跟踪与效果评估/
杨巨著. -- 北京：社会科学文献出版社，2022.4（2023.8 重印）
ISBN 978 - 7 - 5201 - 9912 - 4

Ⅰ.①国… Ⅱ.①杨… Ⅲ.①国有企业 - 企业利润 -
收入分配 - 分配制度改革 - 研究 - 中国 Ⅳ.
①F279.241

中国版本图书馆 CIP 数据核字（2022）第 047144 号

国有企业利润分配制度改革：动态跟踪与效果评估

著　　者／杨　巨

出 版 人／冀祥德
组稿编辑／恽　薇
责任编辑／孔庆梅
责任印制／王京美

出　　版／社会科学文献出版社·经济与管理分社（010）59367226
　　　　　　地址：北京市北三环中路甲 29 号院华龙大厦　邮编：100029
　　　　　　网址：www. ssap. com. cn
发　　行／社会科学文献出版社（010）59367028
印　　装／唐山玺诚印务有限公司

规　　格／开　本：787mm × 1092mm　1/16
　　　　　　印　张：14.25　字　数：210 千字
版　　次／2022 年 4 月第 1 版　2023 年 8 月第 2 次印刷
书　　号／ISBN 978 - 7 - 5201 - 9912 - 4
定　　价／89.00 元

读者服务电话：4008918866